사랑의 수고로 쓰여진
사랑의 복음

**신학을 전공한 정신과 의사의
성경인물 이야기, 여섯 번째**

사랑의 수고로 쓰여진
사랑의 복음

지은이 | 최관호
표지 디자인 | 한영애
펴낸이 | 원성삼
펴낸곳 | 예영커뮤니케이션
초판 1쇄 발행 | 2025년 12월 4일
등록일 | 1992년 3월 1일 제2-1349호
주소 | 03128 서울시 종로구 대학로3길 29, 313호 (연지동, 한국교회100주년기념관)
전화 | (02) 766-8931
팩스 | (02) 766-8934
이메일 | jeyoung_shadow@naver.com
ISBN 979-11-24083-00-0 (03230)

본 저작물은 저작권법에 의하여 한국 내에서 보호를 받는 저작물이므로
무단 전재와 무단 복제를 금합니다.

* 이 책의 성경 인용은 '개역개정판'을 사용했습니다.

값 23,000원

모든 인간은 하나님의 형상을 닮은 존귀한 존재입니다. 사람은 인종, 민족, 피부색, 문화, 언어에 관계없이 모두 다 존귀합니다. 예영커뮤니케이션은 이러한 정신에 근거해 모든 인간이 존귀한 삶을 사는 데 필요한 지식과 문화를 예수 그리스도의 사랑으로 보급함으로써 우리가 속한 사회에 기여하고자 합니다.

신학을 전공한 정신과 의사의
성경인물 이야기, 여섯 번째

사랑의 수고로 쓰여진
사랑의 복음
누가, 요한

최관호 지음

예영

이광우 목사님의 퇴임을 맞아,
사부님의 '사랑의 수고'로 성장한 제자가
'하나님께서 허락하신 사랑'을 담아,
이 책을 올려 드립니다.

LUKE
JOHN

차 례

서문　8

1부　누가

누가, 바울을 향한 하나님의 위로　● 22
이방인 누가, 완성된 사도 바울의 소명　● 55
성령 하나님과 좌절된 계획 뒤에 숨겨진 하나님의 선물　● 85
하나님 나라는 모두에게 열려 있다　● 110

2부　요한

계약은 성립되었다　● 148
'보아너게'에서 '사랑의 사도'로　● 184
예수께서 사랑하시는 그 제자　● 214
우리가 들은 바요, 눈으로 본 바요, 손으로 만진 바라　● 244
밧모라 하는 섬에 있었더니　● 271
요한은 어떤 사람이었을까?　● 297

서문

나는 소위(所謂) '성경 덕후'다. 나는 성경을 읽다가 '회심(回心)'했다. 이제 막 스무 살을 넘긴 때였다. 그렇게 회심하고 바로 이어 입대한 군대에서 시간이 날 때마다 읽었던 성경이었다. 어쩌면, 그 당시 군대에서 허용된 책이 '성경'뿐이어서였을까?[1] 어쩌면, 그 시절 강압적이던 군대 분위기 가운데 '유일한 자유'로 느껴져서였을까? 그 당시, 나는 성경 말씀이 꿀처럼 달았다. 비유적 표현이 아니다. 정말이지, 성경을 읽을 때마다 내 호흡에서 '달콤한 향기'가 느껴졌다.

그렇게 30개월의 군 생활을 마치고, 4개월간 수능을 준비한 후, 의대에 입학했다. 수능 준비 시절, 공부하는 과목을 바꿀 때마다 30분 정도씩 성경을 읽었다. 의대에 입학한 이후에도 과목만 바뀌었을 뿐, 여전히 나는 공부하는 과목을 바꿀 때마다 성경을 읽었다. 군대 시절과 달라진 점이 있다면,

---

[1] 정확히는 신병(新兵)도 '눈치 보지 않고 읽을 수 있는 책'

성경을 읽을 때마다 내 호흡이 아니라 내 입안에서 '단맛'이 느껴졌다. 그렇게 의대를 졸업하고 예수병원에서 '수련의 생활'[2]을 시작하기 전까지, 나는 '신약은 100독, 구약은 30독' 넘게 성경을 읽을 수 있었다. 그 결과, 나는 성경과 다른 말을 구분하기 시작했다. '어, 저 말씀은 성경에 없는 말씀인데? 성경에서는 저렇게 말씀하시지 않는데?' 동시에, 성경에서 하시는 말씀과 같은 맥락의 설교에는 반응할 수 있었다. '그렇지, 저 말씀은 성경 어느 부분에서 하시는 말씀이지. 그렇지, 저 말씀은 직접적으로 나오지는 않지만 하나님이시라면 당연히 저렇게 말씀하셨을 거야.'

지금에 와서 돌아보면, 사역자로서의 기본 준비를 하던 시기였던 것 같다. 물론 그 당시에 나는 내가 이 자리까지 올 것이라고는 꿈에도 생각하지 못했다. 나는 그냥 성경이 좋았다. 말씀이 좋았다. 정말이지, 성경 말씀이 꿀송이처럼 달았을 뿐이다. 그래서 항상 몸에 지니고 다녔던 성경이었다. 그래서 항상 읽었던 성경이었다. '하나님의 은혜'였다.

초등학교 저학년 시절, 나는 약간 말을 더듬었다. 내 기억이 맞다면, 초등학교 2학년 때였던 것 같다. 정확히는 내 발음이 정확하지 않았다. 약간 '혀 짧은 소리'를 냈다. 어느 날, 친구들의 놀림에 속이 상했던 나는 엄마 앞에서 울었다. 그때 엄마가 내게 해주셨던 말씀은 이러했다. "똥내미[3]야, 책을 많이 읽으면 발음이 정확해진단다." 책이 귀했던 시절이었지만, 다행히

---

[2] '인턴(intern)'과 '정신과 레지던트(resident)'
[3] 내 아명(兒名)이다. 그때 우리 엄마의 정확한 발음은 "똥남아"였다.

우리 집에는 책이 많았다. 당시는 외판원(外販員)들이 가가호호(家家戶戶) 집을 방문해 책을 팔던 시절이었다. 그런데 우리 집에 방문하는 외판원들은 "책을 사라"는 말을 차마 꺼내지 못했다. 그저 "집에 책이 엄청 많네요"라며 마실 것을 하나 얻어 드시고는 발길을 돌릴 정도였다. 어찌됐든, 책을 많이 읽으면 발음이 정확해진다는 말을 들은 날부터 나는 책을 읽기 시작했다. 내 발음을 흉내 내며 웃어대는 아이들과 노는 것보다는 훨씬 마음이 편했다. 그리고 어느 순간부터 아이들의 놀림도 없어졌다. 엄마의 조언대로 책 읽기가 정말 효과가 있었던 것일까? 이 또한 '하나님의 은혜'였다.

나는 초등학교 시절부터 '배앓이'를 했다. 아마도 내 기억이 맞다면, 초등학교 4학년 무렵부터였다. 배앓이를 하긴 했지만, 먹성은 좋았다. 그래서인지, 아무도 내 '배앓이'를 인정하지 않았다. 배가 아프다고 하면, 다들 화를 냈다. '꾀병'을 부린다고 도덕적으로 비난했다. 그 결과, 나는 정말 견딜 수 없어서 드러나는 경우가 아니면 괜찮은 척하는 버릇이 생겼다. 의사가 되고 보니, 아주 심한 '과민성 대장 증후군(Irritable Bowel Syndrome)'이었다. 지금도 이 증상으로부터 자유롭지는 못하다. 어찌됐든, 배앓이가 시작되면서 자연스레 나는 집에만 있게 되었다. 다행히 초등학교 시절, 우리 집은 학교와 가까웠다. 이후, 나는 일상생활을 유지하기 위해 오가야 하는 길의 '최단(最短) 거리'와 '사용 가능한 화장실의 위치'를 정확히 파악하는 버릇이 생겼다. 그리고 초등학교 4학년 때부터 해마다 맡아 했던 '반장'은 아이러니하게도 내 행동반경을 자유롭게 해주었다. 쉽게 말해 '선생님의 심부름'은 나에게 짧은 시간이나마 화장실에 갈 수 있는 기회를 주었다.

하지만 정해진 일정 외에 집에만 있어야 하는 상황은 솔직히 많이 심심했다. 그때 문득 눈에 띈 책이 있었다. 집안 서재 한쪽에 꽂혀 있던 '사자성어(四字成語)와 한문(漢文) 책'[4]이었다. 그때부터 나는 하루 종일 집에 앉아 한문을 쓰기 시작했다. 한시(漢詩)를 외워 빈 종이마다 쓰고 다녔다. 그 모습을 보신 우리 아빠는 내가 사달라는 책을 사주시기 시작했다. 가끔 우리 집에 방문하시던 책 외판원의 얼굴에 함박웃음이 피어나던 시절이었다. 일례(一例)로, 1984년에 출판된 '동아원색세계대백과사전' 30권은 발매(發賣)와 동시에 우리 집에 도착했다. 나는 그 엄청난 대작(大作)을 처음부터 끝까지 여러 번 통독했다. 어쩌면 성경 통독의 버릇도 그때 생겼는지도 모른다. 지금 와서 돌아보면, 사역자로서의 기본 준비를 하던 시기였던 것 같다. 모든 것이 '하나님의 은혜'였다.

그렇게 집에만 있어야 하는 상황은 내가 만나는 사람들의 성별(性別)과 나이를 바꾸었다. 골목 전체가 문을 열어놓고 살던 시절이었다. 한 골목에 사는 아줌마들이 한곳에 모여 집안일도 하고 아이도 함께 키우던 시절이었다. 쉽게 말해, 콩나물도 같이 다듬고 김치 겉절이도 같이 하던 시절이었다. 자연스럽게 나는 한 세대 앞선 아줌마들의 애환(哀歡)을 들으며 자랐다. 삼 형제 중 둘째로 태어났지만, 마치 여자 형제 중에 아들 하나만 있는 것처럼 자라게 되었다. 남성성을 강조하던 시절이었다. 자연스럽게 나는 같은 사안(事案)에 대한 양쪽 입장을 들으며 자라게 되었다. '겉으로 드러나는 주장'과

---

4   정확히는 '한시(漢詩)'

'이면(裏面)에서 흔적 없이 수고해야 하는 사람들의 마음'을 동시에 들을 수 있었다. 그 과정을 통하여 나는 세상의 모든 공동체는 그냥 유지되는 것이 아니라는 사실을 알게 되었다.

무슨 말을 하려고 성경 인물이 아닌 내 이야기를 하는 것일까? 내 세 번째 책 『예수의 피를 힘입어－기드온, 바락, 삼손, 입다』에 쓴 내용을 인용한다. 참고로 이 책은 "제40회 한국기독교출판문화상 신앙일반 국내부문 우수상" 수상작이다.

["기드온이 사자들을 보내서 에브라임 온 산지로 두루 다니게 하여." 이 본문을 보고도 아직 무엇이 문제인지 눈에 보이지 않는 독자가 있다면 스스로의 삶을 돌아보아야 한다. 약간 생뚱맞을 수도 있지만, 이 상황에서 무엇이 문제인지 눈에 보이지 않는 독자들을 위해서 예를 들면 이러하다. 우리 CMF 캠퍼스 중 어느 캠퍼스의 신입생들이 "우리 캠퍼스는 사랑이 넘쳐요"라고 말한다면, 그것은 그 캠퍼스 '고학년 선배들의 영광'이다. 하지만 고학년이 해맑게 웃으면서 "우리 캠퍼스는 사랑이 넘쳐요"라고 한다면, 생각해 볼 문제다. 장담하건대, 그 고학년 지체가 그렇게 해맑게 웃을 수 있는 것은 누군가가 그의 뒤에서 수고하고 있기 때문이다.

지역교회 또한 마찬가지다. 어느 지역교회의 초신자(初信者)가 "우리 교회는 사랑이 넘쳐요"라고 한다면, 그것은 그 교회 '중직자들의 영광'이다. 하지만 중직자들이 해맑게 웃으면서 "우리 교회는 사랑이 넘쳐요"라고 한다면, 우리는 그 교회의 어떤 집사님을 찾아봐야 한다. 아마도 그 집사님은 하나님으로부터 받은 타고난 사랑과 겸손의 달란트를 지닌 분일 것이다. 그리고 그 집사님의 눈에는 기드온의 사자들이 에브라임 지파가 거주하는 온 산지를 두루 다닌 상황이 왜 기가 막힌 일인지 명료하게 보일 것이다.]

> 너희의 믿음의 역사와 **사랑의 수고와** 우리 주 예수 그리스도에 대한 소망의 인내를 우리 하나님 아버지 앞에서 끊임없이 기억함이니(데살로니가전서 1:3)

본의 아니게, 나는 어린 시절부터 '앞에서 큰소리를 치는 남자 어른들'보다는 '보이지 않는 곳에서 수고하는 여자 어른들'을 보며 자랐다. 그리고 '앞에서 큰소리를 치는 남자 어른들'의 대부분 본모습이 얼마나 허울뿐인지 분명히 보았다. 이 땅에서 명절 때마다 갈등을 빚는[5] 제사를 없애는 가장 빠르면서도 확실한 방법은 의외로 간단하다. 전통 유교 방식대로 제사 준비의 모든 과정을 남자 어른들이 하도록 하면 된다.[6] [7] 이렇게 될 경우, 장담하건대 제사는 대한민국 땅에서 수년 내에 자취를 감출 것이다. 즉, 절대다수의 남자 어른들이 소리 높여 외치던 '조상(祖上) 사랑'은 거짓말이다.

왜냐하면, 사랑은 '수고하는 것'이기 때문이다. 사랑하면 수고가 '수고로 느껴지지 않기 때문'이다. 그런데 이 땅에서 울려 퍼지는 거짓말이 과연 '조

---

[5] 물론 요즘은 많이 줄었지만
[6] 이제는 어느 정도 알려진 사실이듯이, 전통 유교에서 제사는 '식재료의 준비도, 음식 준비도' 모두 남성이 하도록 되어 있다.
[7] 신앙이 없는 집안에서 제사를 없애는 방법을 말하는 것이다.

상 사랑'만 있을까? 물론 이 땅의 '남자 어른들'은 자신들이 거짓말을 하고 있다는 사실을 꿈에도 모를 것이다. 당연히 그들은 '자신의 진심(?)'을 굳게 믿고 있을 것이다. 그렇다면 우리는 다를까?

얼마 전, 내가 사역하는 한국누가회(CMF)에서 회의가 있었다. 주제는 '끊임없이 새로운 세대가 캠퍼스(campus)에 들어오는 상황에서 우리의 사역은 어떻게 변화해야 하나?'였다. 먼저 각자가 바라보는 현 상황에 대해 의견을 나누기로 했다. '의사, 치과의사, 한의사, 간호사' 각 지체 한 명씩 발표를 했고, 나눔이 이어졌다. 회의가 끝날 무렵, 회의 내내 미소를 짓던 내게 사회자(?)가 한마디하라고 권했다. 내 미소의 의미 또한 궁금하다고 했다. 나는 이렇게 답했다. "듣고 보니, 몇 시간 동안 여러 지체들이 했던 말을 두 문장으로 요약할 수 있을 것 같아요. 첫 번째, 지금 들어보니 다들 각자 자기 이야기만 하는데요. 그러니까 쉽게 말해 'CMF가 내 이야기를 들어주지 않아서 서운하다. 왜 내 사정을 들어주지 않냐?'라고 하고 있고요. 두 번째, '우리 CMF가 성경에서 말씀하시는, 그러니까 뭔가 멋있는 혹은 번듯한 신앙적인 일을 했으면 좋겠는데 그러지를 못하는 것 같아서 속상하다'는 말을 하고 있잖아요. 일단 오늘은 각자의 이야기를 했으니까요. 서로의 사정을 들을 수 있었잖아요. 그러니 계속 만나서 회의를 해보는 게 좋을 것 같아요. 그러다 보면, 어느 순간부터인가 공통 분모가 생기겠지요."

정말 무슨 말을 하려고 사역지에서 있었던 일까지 이야기하는 것일까? 이번 책의 마지막 단원 중 일부를 인용한다.

[이분들의 주장에 대한 내 입장은 뭐랄까? '글쎄다'이다. 이것을 '요한의 겸손함'으로 해석할 수 있다면, 우리는 '겸손의 정의'에 대해 다시 논의해 보아야 한다. 생각해 보라. 불과 몇 달 전에 요한은 "주여, 우리가 불을 명하여 하늘로부터 내려 저들을 멸하라 하기를 원하시나이까?"라고 외쳤다. 그 때문에 예수님께 꾸지람을 받았다. 설마 사람이 몇 달 만에 바뀌는 경우를 본 적이 있는가? 더구나 불과 '보름 정도 전'에 그의 어머니를 통하여 "나의 이 두 아들을 주의 나라에서 하나는 주의 우편에, 하나는 주의 좌편에 앉게 명하소서"라고 요구했던 요한이었다. 이때 요한의 요구는 베드로보다 높은 자리를 달라는 것이었다. 그러니 예수님의 무덤에 먼저 도착했지만, 베드로가 도착할 때까지 무덤 안에 들어가지 않은 요한의 행위를 '겸손함'으로 해석하는 것은 무리가 있다.

이러한 해석이 난무하는 이유는, 은연중에 성경에 나오는 인물들을 '우리와 다른 성정(性情)[8]을 가진 존재'로 보기 때문이다. 성경에 나오는 인물들을 아예 우리와는 다른 수준의 사람으로 이상화(理想化)하기 때문이다. 이런 시도는 사실이 아닐뿐더러 '신앙적 유익'도 없다. 내가 이 부분을 지적하는 이유는 이와 같다. 누군가를 '이상화(理想化)'한다는 것은 결국 그의 삶과 나의 삶이 상관없다는 결과를 가져온다. 성경에 나오는 인물들이 처음부터 우리와는 다른 사람들이었다면, 우리는 그들의 삶을 통해서 배울 수 있는 것이 없게 된다.

그런데 사람들은 왜 이럴까? 그것은 성경에 나오는 인물들의 소위 '인간

---

8   성질과 심정, 타고난 본성, 성품.

적 요소(human factors)'를 무시하고 싶기 때문이다. 즉, 그가 가지는 '사람으로서의 한계와 아픔 그리고 어려움'을 외면하고 싶기 때문이다. 왜냐하면 그가 나와 같은 사람이라는 것을 인정하는 순간, '그의 한계와 아픔 그리고 어려움'에 공감해 줘야 하는데 그럴 생각이 없기 때문이다. 그가 나와 같은 사람이라는 것을 인정하는 순간, 나도 예수님의 제자로서, 그와 같이 '육신을 가진 사람이기에 가질 수밖에 없는 한계와 아픔 그리고 어려움'에도 불구하고, 이를 극복하고 대가(代價)를 치르는 삶을 살아내야 하기 때문이다. 쉽게 말해 오직 나의 사정만 무한대로 늘려 생각하고, 오직 나의 사정만 무한대로 늘려 배려받고 싶기 때문이다.]

내가 맨 처음 '성경인물 설교'를 하게 된 계기는 '젊은 세대'에게 성경을 읽히고 싶어서였다. 익숙한 친구가 있는 모임에는 발 길이 가는 법, '젊은 세대'가 성경을 읽지 않는 이유 중 하나는 성경에 '익숙한 인물'이 없어서이기 때문이라고 생각했다. 즉, 성경에 나오는 인물들이 '인쇄물에 기록된 문자'로만 인식되는 것이 아니라, '우리와 함께 숨 쉬는 친구'처럼 느껴지게 하고 싶었다. 그들도 우리와 같은 성정(性情)을 가진 보통 사람이라는 사실을 알려주고 싶었다. 그렇게 시간이 흐른 뒤, 내가 알게 된 사실이 하나 더 생겼다.

이 땅에서 선포되는 많은 설교들에는 전제(前提)가 있었다. 적지 않은 설교들이 '유교적 색채'에서 벗어나지 못하고 있었다. 쉽게 말해, 성경에 나오는 인물의 삶을 항상 '뭔가 번듯해 보이는 그 무엇'으로 포장하려는 경향이 보였다. 그것을 '은혜로운 일'이라고 생각했다. 좋은 의도로 하는 일이었다.

하지만 그 결과, 성도들도 일상생활에서 같은 말을 하고 있다. 성도들도 일상생활에서 '유교적 색채'에 갇혀 있다.

앞서 말했던 것을 다시 반복하자면, "두 번째, '우리 CMF가 성경에서 말씀하시는, 그러니까 뭔가 멋있는 혹은 번듯한 신앙적인 일을 했으면 좋겠는데 그러지 못하는 것 같아서 속상하다'라는 말을 하고 있잖아요." 바로 이 일을 위해, 현재의 생업(生業)을 내려놓을 수 있는 지체가 몇이나 될까? 쉽게 말해, 좋아 보이거나 번듯한 일을 위해 '개업'을 접거나 '의대 교수직'을 내려놓을 수 있는 지체가 과연 몇이나 될까? 사실 우리 한국누가회(CMF) 지체들이 꿈꾸는 '뭔가 멋있는 혹은 번듯한 신앙적인 일'은 쉬운 일이 아니다. 정말 많은 지체들의 삶이 온전히 바쳐져야 가능한 일이다. 즉, 우리는 우리 존재보다 훨씬 큰 이야기를 아무 생각 없이 진심을 담아 말하는 경향이 있다.[9]

'성경인물 설교'를 시작한 이후, 나는 '성경에 등장하는 인물들의 사정을 자세히 추적하는 것'이 왜 중요한지 깨닫게 되었다. '성경인물 설교'가 뭔가 번듯해 보이는, 그래서 남들이 볼 때 그럴듯해 보이는 그 무엇을 추구하는 '유교적 습관'을 걷어내 준다는 사실을 알게 되었다. 그 결과, 그들의 삶 가운데 역사하는 '사랑의 수고'가 보이기 시작했다. 그들의 '사정'이 보이기 시작했다. 성경에 등장하는 인물들의 '사람으로서의 한계와 아픔 그리고 어려

---

[9] 그럼에도 불구하고, 내가 미소를 지었던 이유는 '꿈꾸는 그 모습'이 사랑스러웠기 때문이다. 그 꿈마저 없어져 가는 시대 아니던가?

움'을 더 깊이 알게 될수록, '우리가 꿈꾸는 곳'과 '우리가 밟고 있는 땅'이 점점 가까워진다는 사실을 알게 되었다. 지식으로 배운 '성경에서 말씀하시는 사랑'이 우리의 삶 가운데 '어떤 얼굴과 몸짓'으로 다가오는지 조금씩 더 깊게 느끼게 되었다. 물론 아직도 더 많이 배우고, 좀 더 철이 들어야 하며, 성숙해야 한다는 사실을 잘 알고 있다. 비록 아직 부족함이 많지만, 그 길에 서게 하신 하나님께 감사한 마음이다. 동시에, '수없이 많은 당신의 사람들이 걷고 있는 인생길에 함께하셨던 하나님의 숨결'이 '성경인물 이야기'를 읽는 독자들의 귓가에도 느껴지기를 기도한다.

사랑은 '수고하는 것'이다. 우리 주 예수 그리스도께서는 우리를 사랑하셨기 때문에 '이 땅에 사람의 몸으로 오시는 수고'를 하셨다. 그렇게 예수님은 우리에게 '당신 자신'을 주셨다. 즉, '존재' 자체를 주셨다. 이것이 바로 '사랑'이고, '사랑의 수고'다.

> **피차 사랑의 빚 외에는 아무에게든지 아무 빚도 지지 말라** 남을 사랑하는 자는 율법을 다 이루었느니라(로마서 13:8)

이 책에서 다루게 될 '누가와 요한' 또한 마찬가지다. 누가와 요한 설교문을 쓰는 내내 던졌던 질문이다. '두 인물을 한 권의 책으로 묶어내야 하는데, 둘 사이에 공통점이 뭐였지? 물론 '복음서의 저자'라는 공통점이 있었지만, 이미 마태와 마가를 한 권의 책으로 출판한 후였다. '그 외에, 둘 사이에 공통점이 뭐가 있지?' 그렇게 시간이 흘러, 요한 마지막 단원을 완성한 뒤에

밀려드는 감동이 있었다. '우리 모두가 누가와 요한에게 사랑의 빚을 졌구나! 이 둘의 삶과 존재 자체가 사랑의 수고구나!' 그리고 수없이 많은 다른 이름을 가진 '누가와 요한'들이 오늘 내가 서 있는 곳의 '터'[10]가 되었다는 깨달음이 있었다.[11] 그 결과, 이 책의 이름을 "사랑의 수고로 쓰여진 사랑의 복음—누가, 요한"으로 정하게 되었다. 이 모든 것이 '하나님의 은혜'였다.

---

10 "[20]너희는 사도들과 선지자들의 터 위에 세우심을 입은 자라 그리스도 예수께서 친히 모퉁잇돌이 되셨느니라 [21]그의 안에서 건물마다 서로 연결하여 주 안에서 성전이 되어 가고 [22]너희도 성령 안에서 하나님이 거하실 처소가 되기 위하여 그리스도 예수 안에서 함께 지어져 가느니라" (에베소서 2:20-22).

11 사실 앞에서는 '유교적 색채'를 벗어나지 못했다고 지적했지만, 내 자신, 그분들의 삶과 존재에 '사랑의 빚'을 지고 있음을 잘 알고 있다. 우리 중 어느 누가 우리가 발을 디디고 살고 있는 이 땅에서 자유로울수 있을까? 내 이전 책에서 반복해서 밝혔듯이, '시대의 아들'일 수밖에 없는, 그리하여 '오류투성이인 설교자'를 통하여서도 당신의 나라를 이루어 가시는 것이 '하나님의 계획'이다. 그러한 '오류투성이인 설교자'를 통해서도 당신의 나라를 온전히 이루실 수 있는 것이 바로 '하나님의 위대하심'이다. '하나님의 은혜'다.

1부
누가

누가,
바울을 향한 하나님의 위로

[11]**누가만 나와 함께 있느니라** 네가 올 때에 마가를 데리고 오라 그가 나의 일에 유익하니라 [12]두기고는 에베소로 보내었노라 [13]네가 올 때에 **내가 드로아 가보의 집에 둔 겉옷을 가지고 오고 또 책은 특별히 가죽 종이에 쓴 것을 가져오라**(디모데후서 4:11-13)

"누가만 나와 함께 있느니라." 로마에서의 2차 투옥(投獄) 때, 바울이 디모데에게 전한 말이다. "전제와 같이 내가 벌써 부어지고, 나의 떠날 시각이 가까웠도다."[1] 이 시기는 사도 바울이 순교를 앞둔 상황이었다. 그리고 바울은 이 사실을 누구보다 잘 알고 있었다. "내가 드로아 가보의 집에 둔 겉옷을 가지고 오고." 그러나 낡을 대로 낡아버린 노(老) 사도는 매일 그를 괴롭히던 추위가 참기 힘들었던 것 같다. 가택연금(家宅軟禁)으로 그를 방문하

---

1 디모데후서 4:6

는 사람들과 자유롭게 교제할 수 있었던[2] 1차 투옥(投獄) 때와는 달리 바울의 처지는 비참했다. 그러한 시기, 노(老) 사도의 곁을 지킨 단 한 명의 사람이 바로 '누가'다.

누가복음과 사도행전의 저자로도 알려진 누가만이 최후의 순간을 기다리던 노(老) 사도의 곁을 지키고 있었다. 그런데 누가가 곁을 지켰던 노(老) 사도는 예수님을 만난 뒤로는 세상 어디에도 마음 편히 거(居)할 수 없는 처지였다.

> [19]내가 말하기를 주님 내가 주를 믿는 사람들을 가두고 또 각 회당에서 때리고 [20]또 주의 증인 스데반이 피를 흘릴 때에 내가 곁에 서서 찬성하고 그 죽이는 사람들의 옷을 지킨 줄 그들도 아나이다 [21]나더러 또 이르시되 떠나가라 내가 너를 멀리 이방인에게로 보내리라 하셨느니라 [22]이 말하는 것까지 그들이 듣다가 소리 질러 이르되 **이러한 자는 세상에서 없애 버리자 살려 둘 자가 아니라** 하여 [23]떠들며 옷을 벗어 던지고 티끌을 공중에 날리니(사도행전 22:19-23)

위에 인용한 기록은 바울이 로마로 압송되기 전, 예루살렘에서 체포되었

---

2 "[16]우리가 로마에 들어가니 바울에게는 자기를 지키는 한 군인과 함께 따로 있게 허락하더라 … [30]**바울이 온 이태를 자기 셋집에 머물면서** 자기에게 오는 사람을 다 영접하고 [31]하나님의 나라를 전파하며 주 예수 그리스도에 관한 모든 것을 담대하게 거침없이 가르치더라"(사도행전 28:16, 30-31).

을 때 있었던 일이다. 바울이 제3차 전도 여행을 마치고 소아시아의 성도로부터 걷은 '구제 헌금'을 전달하려 예루살렘에 방문했을 때였다. "이러한 자는 세상에서 없애 버리자. 살려 둘 자가 아니라." 바울을 향한 이 외침을 들을 때, 얼핏 유대인들의 '복음에 대한 반감' 때문이라고 쉽게 넘길 수도 있다. 그러나 바울이 예루살렘에 도착하던 순간에 대한 기록을 볼 때, 유대인들의 이러한 외침은 '복음과는 다른 이유'라는 것을 알 수 있다.

> [17]예루살렘에 이르니 **형제들이 우리를 기꺼이 영접하거늘** [18]그 이튿날 바울이 우리와 함께 **야고보에게로 들어가니 장로들도 다 있더라**(사도행전 21:17-18)

바울 일행이 예루살렘에 도착하자 형제들이 그들을 영접했다. 그리고 이튿날, 바울 일행은 예수님의 친동생인 야고보와 장로들을 만났다. 이것이 무엇을 의미하는가? 바울이 예루살렘에 도착하기 전에도 복음을 전하는 사람들이 예루살렘에 있었다. 바울은 이들에게 '제3차 전도 여행의 결과'와 '이방 형제들이 보내온 구제 헌금'을 전하려 예루살렘에 방문한 것이었다. 그러니 "이러한 자는 세상에서 없애 버리자. 살려 둘 자가 아니라"라는 유대인들의 그 외침은 바울이 전하는 '복음에 대한 반감'과는 사뭇 거리가 있는 것이었다.

> [17]여러 해 만에 내가 내 민족을 구제할 것과 제물을 가지고 와서 [18]드리는 중에 내가 결례를 행하였고 모임도 없고 소동도 없이 성전에 있는 것

을 그들이 보았나이다 **그러나 아시아로부터 온 어떤 유대인들이 있었으니** [19]그들이 만일 나를 반대할 사건이 있으면 마땅히 당신 앞에 와서 고발하였을 것이요 [20]그렇지 않으면 이 사람들이 내가 공회 앞에 섰을 때에 무슨 옳지 않은 것을 보았는가 말하라 하소서(사도행전 24:17-20)

물론 바울이 처음 예루살렘 성전에서 체포될 때, 그 계기를 제공한 유대인들은 예루살렘에 거주하던 사람들이 아니었다. "그러나 아시아로부터 온 어떤 유대인들이 있었으니." 바울이 예루살렘에서 가이사랴로 압송된 후[3], 그곳 총독인 벨릭스에게 했던 말이다. 바울이 성전에서 체포된 것은 '아시아로부터 온 어떤 유대인들' 때문이었다.

바울의 '제3차 전도 여행'은 기원후 53년부터 57년경 사이에 이루어진 것으로 알려져 있다. 이 시기는 로마의 제4대 황제인 글라우디오(Claudius, 41-54)[4]에서 제5대 황제인 네로(Nero, 54-68)로 권력이 넘어가던 때였다. 네로에 의한 기독교 탄압은 이미 널리 알려진 사실이다. 그렇다면, 글라우디오 시절은 달랐을까? 그렇지 않다. 글라우디오 때부터 이미 유대인들의 종교적 자유를 제한하는 정책이 시행되었다.

---

3   "그들이 가이사랴에 들어가서 편지를 총독에게 드리고 바울을 그 앞에 세우니"(사도행전 23:33).
4   보통 '클라우디우스'라고 부른다. 그러나 여기서는 '개역개정 성경'에 번역된 이름을 따랐다.: "그 후에 바울이 아덴을 떠나 고린도에 이르러 [2]아굴라 하는 본도에서 난 유대인 한 사람을 만나니 **글라우디오가 모든 유대인을 명하여 로마에서 떠나라 한 고로** 그가 그 아내 브리스길라와 함께 이달리야로부터 새로 온지라 바울이 그들에게 가매 [3]생업이 같으므로 함께 살며 일을 하니 그 생업은 천막을 만드는 것이더라"(사도행전 18:1-3).

'로마의 관용 정책(寬容 政策)'에 대해 들어본 적이 있을 것이다. 로마는 식민지의 종교를 인정하고 '종교의 자유'를 보장했다. 이로 인해, 로마 제국 내에서 식민지의 백성들은 그들의 종교를 자유롭게 믿을 수 있었다. 뿐만 아니라, 로마는 식민지 고유의 문화를 존중하는 것을 넘어 적극적으로 수용하는 정책을 펼쳤다. 그리고 식민지 내의 민족들에게 정치적 자율성을 부여하고 자치(自治)를 허용했다. 식민지의 백성들은 그들의 대표를 선출하여 로마 제국의 정치에도 참여할 수도 있었으며, 그들 중 로마에 혁혁한 공을 세울 경우 누구든지 로마의 고위 관리가 될 수 있었다. 심지어 로마 본토가 아닌 '식민지 출신'이 로마 황제가 된 경우도 있었다.[5]

이러한 관용 정책은 로마 제국이 오랜 세월 동안 유지될 수 있었던 중요한 요인(要因)이 되었다. 이는 조금만 생각해 보아도 당연한 일이었다. 로마 제국의 변방(邊方)에 위치한 어느 식민지의 유력 집안에 뛰어난 자질(資質)을 가진 자녀가 태어났다고 해보자. 이 경우, 부모 입장에서 그 아이를 제국의 변방(邊方)에서 키우고 싶을까? 아니면, 당시 세계의 중심인 로마로 유학 보내 그곳에서 교육시키고 싶었을까? 더군다나 로마 시민권자의 경우, 출신지에 상관 없이 로마에 공을 세울 경우 최고위직까지 올라갈 수 있었다면 어떠할까? 게다가 로마는 그들에게 항복한 민족의 귀족들에게 '로마 시민권'을 부여했다.

---

[5] 제13대 황제 트리야누스(Caesar Nerva Trajanus), 제14대 황제 하드리아누스(Publius Aelius Hadrianus): 이들은 로마의 속주 '이탈리카(스페인) 출신'으로 알려져 있다.

그러나 글라우디오는 유대인들이 로마 제국의 법과 질서를 위반하고 있다고 판단했다. 그 결과 유대인들을 탄압했다. 앞에서 언급했듯이, 로마는 식민지의 종교를 인정하고 '종교의 자유'를 보장했다. 이로 인해, 로마 제국 내에서 식민지의 백성들은 그들의 종교를 자유롭게 믿을 수 있었다. 그 결과, '식민지의 종교'와 '로마의 종교'가 공존(共存)할 수 있었다. '그리스-로마 신화'를 생각해 보면, 이 상황이 쉽게 이해될 것이다. 그러나 '식민지 종교'와 '로마 종교'의 **"공존(共存)이라는 표현"**에서 알 수 있듯이, 유대인들에게 있어서 이러한 로마의 정책은 받아들일 수 없는 정책이었다. "하나님을 믿는다"의 반대말은 "하나님을 믿지 않는다"가 아니다. "하나님을 믿는다"의 반대말은 "하나님도 믿는다"이다. 즉, 유일신(唯一神) 사상을 가졌던 유대인들에게 있어서 그들의 신앙과 로마의 종교 정책은 공존(共存)할 수 없는 것이었다. 그 결과, '황제 숭배'[6]를 강요했던 글라우디오는 유대인들이 하나님께 제사 지내는 것을 금지했다. 로마 제국 내에서 유대인들의 종교집회를 금지했다.

이러한 상황에서, 유대인들의 회당을 후원하고 보호했던 사람들이 있었다. 히브리어로 기록된 구약을 헬라어로 번역한 '70인역 성경'에 대해 들어본 적이 있을 것이다. 기원전 3세기에서 2세기 사이에 이집트의 알렉산드리아에서 번역된 것으로 추정되는 '70인역 성경'은 1세기 당시 이미 로마 제국에 널리 퍼져 있는 상황이었다. 또한 이 시기 헬라어는 로마인들에게 있

---

[6] 글라우디오 당시 로마에는 '선정(善政)을 베푼 황제'가 사망한 경우, 그를 '로마를 지키는 신'으로 선포해 숭배하는 전통이 있었다.

어서 '고급 언어'로 인식되었다. 즉, 로마는 '헬라 문화와 철학의 영향' 하에 있었다. 헬라어는 로마 제국의 공용어 중 하나였으며, 심지어 로마 제국의 수도인 로마를 포함하여 중요한 각 지역의 첫 번째 혹은 두 번째 언어가 되었다. 그 결과, 1세기 당시 로마의 지식층 중에는 헬라어로 번역된 '70인역 성경'을 읽고 '하나님을 경외하는 사람들'이 생기게 되었다. 바로 이 '하나님을 경외하는 사람들'이 로마 제국의 유대인 탄압에 대한 보호막이 되었다.

물론 21세기 대한민국 상황에서는 잘 이해되지 않을 수도 있다. 지금과 같이 중앙에서 결정된 사항이 국토의 최말단(最末端)까지 그대로 영향을 주는 정치 체제에서는 낯선 상황일 수도 있다. 예를 들면 이와 같다. 무소불위(無所不爲)의 권력을 가졌던 것으로 알려진 중국 황제와 21세기 대한민국 정부를 비교할 때, 중앙의 결정이 지방 최말단 조직까지 그대로 시행될 확률이 어느 쪽이 더 많을까? 중앙의 결정이 그대로 시행되는지 확인할 수 있는 쪽은 어디일까? 물론 바로 눈앞에 있을 때의 권력은 중국 황제가 더 강력할 것이다. 황제는 법 위에 있는 존재이니 말이다. 하지만, 보이지 않는 곳에서도 중앙의 결정이 그대로 시행되는 곳은 현실적으로 어디일까? 교통과 통신이 발달 되지 않은 시대, 각 지역의 유력자들은 중앙의 결정에 대해 더 많은 재량권을 가질 수 있었다. 쉽게 말해, '하나님을 경외하는 사람들'로 불리는 '각 지역의 이방인 실력자들'은 로마 제국의 유대인 탄압에 대한 보호막이 되었다.

[15]율법과 선지자의 글을 읽은 후에 회당장들이 사람을 보내어 물어 이르되 형제들아 만일 백성을 권할 말이 있거든 말하라 하니 [16]바울이 일어

나 손짓하며 말하되 **이스라엘 사람들과 및 하나님을 경외하는 사람들아** 들으라 … ²⁶**형제들아 아브라함의 후손과 너희 중 하나님을 경외하는 사람들아** 이 구원의 말씀을 우리에게 보내셨거늘(사도행전 13:15-16, 26)

이러한 사실은 '비시디아 안디옥'[7]에 위치한 회당에서 바울이 했던 말을 통해서도 확인할 수 있다. "이스라엘 사람들과 및 **하나님을 경외하는 사람들아**." "아브라함의 후손과 너희 중 **하나님을 경외하는 사람들아**." 즉, '하나님을 경외하는 사람'으로 지칭(指稱)된 이들이 바로 '로마 제국의 유대인 탄압'에 보호막이 되어준 사람들이었다. 그들은 유대인들이 모이는 회당의 보호막이자 후원자들이었다고 전해진다. 그 결과, 그들은 유대인의 회당에 자유롭게 출입할 수 있었다. 그러나 '절박한 현실적 필요'에 의해 그들의 회당 출입을 묵인했을 뿐 유대인들은 이들을 '진정한 형제'로 여기지 않았다. 유대인과 같이 생활해 본 경험이 있는 사람들은 이것이 무엇을 의미하는지 생생하게 느낄 것이다.

¹⁹바울이 문안하고 하나님이 자기의 사역으로 말미암아 이방 가운데서 하신 일을 낱낱이 말하니 ²⁰그들이 듣고 하나님께 영광을 돌리고 바울더러 이르되 **형제여 그대도 보는 바에 유대인 중에 믿는 자 수만 명이 있**

---

[7] "그들은 버가에서 더 나아가 비시디아 안디옥에 이르러 안식일에 회당에 들어가 앉으니라"(사도행전 14:13).: 바울을 파송한 교회는 '비시디아 안디옥'이 아니라 '수리아 안디옥'에 있었다.

으니 다 율법에 열성을 가진 자라 ²¹네가 이방에 있는 모든 유대인을 가르치되 모세를 배반하고 아들들에게 할례를 행하지 말고 또 관습을 지키지 말라 한다 함을 그들이 들었도다 ²²그러면 어찌할꼬 그들이 필연 그대가 온 것을 들으리니 ²³우리가 말하는 이대로 하라 서원한 네 사람이 우리에게 있으니 ²⁴그들을 데리고 함께 결례를 행하고 그들을 위하여 비용을 내어 머리를 깎게 하라 그러면 모든 사람이 그대에 대하여 들은 것이 사실이 아니고 그대도 율법을 지켜 행하는 줄로 알 것이라(사도행전 21:19-24)

이러한 배경에서 예수님의 친동생 야고보와 장로들이 바울에게 했던 말이다. "형제여, 그대도 보는 바에 **유대인 중에 믿는 자 수만 명이 있으니** 다 율법에 열성을 가진 자라. 네가 이방에 있는 모든 유대인을 가르치되 모세를 배반하고 아들들에게 할례를 행하지 말고 또 관습을 지키지 말라 한다 함을 그들이 들었도다." 이 말을 통해서도 우리는 바울을 죽이겠다고 나선 이유가 '복음에 대한 반감'이 아니었음을 알 수 있다. '복음에 대한 반감' 때문에 바울을 죽이려 했다면 '유대인 중에 믿는 자 수만 명'은 어떻게 설명할 수 있을까?

바울이 '제3차 전도 여행' 중 '할례와 유대인의 관습을 지키지 않아도 구원받을 수 있다'라고 선포한 것은 '예루살렘 제1차 공의회'의 결정이었다.[8]

---

[8] "²³그 편에 편지를 부쳐 이르되 사도와 장로 된 형제들은 안디옥과 수리아와 길리기아에 있는 이방인 형제들에게 문안하노라 ²⁴들은즉 우리 가운데서 어떤 사람들이 우리의 지시도 없이 나가서 말로 너희를 괴롭게 하고 마음을 혼란하게 한다 하기로 ²⁵사람을 택하여 우리 주 예수 그

즉, 예수님을 믿는 것에 더해 할례까지 받아야만 구원받을 수 있다는 '유대주의자들의 주장'이 거짓임을 선포한 것이었다.

그런데 '예루살렘 제1차 공의회'의 결정을 전한 바울의 선포는 "이스라엘 사람들과 하나님을 경외하는 사람들" 사이에 '서로 다른 반응'을 불러일으켰다. "혈통적 아브라함의 후손과 하나님을 경외하는 사람들" 사이에 '전혀 다른 반응'을 불러일으켰다. 우선 이방인 출신의 '하나님을 경외하는 사람들'의 후원과 보호를 받으면서도, 이들을 무시하던 '디아스포라(diaspora)[9] 유대인들'은 격노했다. 이것이 바울이 가는 곳마다 겪게 된 고난의 원인이었다. 반면 이방인 출신의 '하나님을 경외하는 사람들'은 열광했다. 바울이 전한 메시지(message)는 더 이상 그들이 하나님 나라에서 '2등 시민'이 아니라는 선포였다. 그러니 그들의 반응은 폭발적이었다. 그리고 '하나님을 경외하는 사람들'의 이러한 반응은 '디아스포라 유대인들'을 더욱더 자극하게 되었다. 그 결과, 그들은 그들이 거주하던 도시를 넘어 쫓아다니면서 바울을 핍박했다. 바울이 '모세의 율법을 배신하라'고 가르친다는 '거짓 소문'을 퍼뜨리고 다녔다.

그러한 이유로 야고보와 장로들이 바울에게 권면했던 말이다. "그러면

리스도의 이름을 위하여 생명을 아끼지 아니하는 자인 우리가 사랑하는 바나바와 바울과 함께 너희에게 보내기를 만장일치로 결정하였노라 [26] (없음) [27] 그리하여 유다와 실라를 보내니 그들도 이 일을 말로 전하리라 [28] 성령과 우리는 이 요긴한 것들 외에는 아무 짐도 너희에게 지우지 아니하는 것이 옳은 줄 알았노니 [29] 우상의 제물과 피와 목매어 죽인 것과 음행을 멀리할지니라 이에 스스로 삼가면 잘되리라 평안함을 원하노라 하였더라"(사도행전 15:23-29).

9 특정 민족이 자의(自意)든 타의(他意)든 원래 살던 땅을 떠나 다른 지역에 집단을 형성하는 경우 그 집단을 '디아스포라(diaspora)'라고 한다.

어찌할꼬, 그들이 필연 그대가 온 것을 들으리니 우리가 말하는 이대로 하라. 서원한 네 사람이 우리에게 있으니 그들을 데리고 함께 결례를 행하고, 그들을 위하여 비용을 내어 머리를 깎게 하라. 그러면 모든 사람이 그대에 대하여 들은 것이 사실이 아니고, 그대도 율법을 지켜 행하는 줄로 알 것이라." 야고보와 장로들은 바울에게 악감정을 가진 '디아스포라 유대인들'의 거짓 소문을 믿지 않았다. 즉, 바울은 예수님으로 충분하지, 구원받기 위해 이방인들이 유대인처럼 살 필요는 없다는 진리를 선포했지만[10], 그 자신은 유대인으로서 유대인의 규례에 충실했다.[11] 이러한 바울의 태도는 전적으로 복음을 위한 것이었다.

> [19]내가 모든 사람에게서 자유로우나 스스로 모든 사람에게 종이 된 것은 더 많은 사람을 얻고자 함이라 [20]**유대인들에게 내가 유대인과 같이 된 것은 유대인들을 얻고자 함이요** 율법 아래에 있는 자들에게는 내가 율법 아래에 있지 아니하나 율법 아래에 있는 자 같이 된 것은 율법 아래에 있는 자들을 얻고자 함이요 [21]**율법 없는 자에게는 내가 하나님께는 율법 없는 자가 아니요 도리어 그리스도의 율법 아래에 있는 자이나** 율

---

10 "[3]그러나 나와 함께 있는 헬라인 디도까지도 억지로 할례를 받게 하지 아니하였으니 [4]이는 가만히 들어온 거짓 형제들 때문이라 그들이 가만히 들어온 것은 그리스도 예수 안에서 우리가 가진 자유를 엿보고 우리를 종으로 삼고자 함이로되 [5]그들에게 우리가 한시도 복종하지 아니하였으니 이는 복음의 진리가 항상 너희 가운데 있게 하려 함이라"(갈라디아서 2:3-5).

11 "[4]그러나 나도 육체를 신뢰할 만하며 만일 누구든지 다른 이가 육체를 신뢰할 것이 있는 줄로 생각하면 나는 더욱 그러하리니 [5]나는 팔일 만에 할례를 받고 이스라엘 족속이요 베냐민 지파요 히브리인 중의 히브리인이요 율법으로는 바리새인이요 [6]열심으로는 교회를 박해하고 율법의 의로는 흠이 없는 자라"(빌립보서 3:4-6).

법 없는 자와 같이 된 것은 율법 없는 자들을 얻고자 함이라 ²²약한 자들에게 내가 약한 자와 같이 된 것은 약한 자들을 얻고자 함이요 내가 여러 사람에게 여러 모습이 된 것은 아무쪼록 몇 사람이라도 구원하고자 함이니 ²³내가 복음을 위하여 모든 것을 행함은 복음에 참여하고자 함이라(고린도전서 9:19-23)

"율법 없는 자에게는 내가 하나님께는 율법 없는 자가 아니요, 도리어 그리스도의 율법 아래에 있는 자이나, 율법 없는 자와 같이 된 것은 율법 없는 자들을 얻고자 함이라." 위에 인용한 바울의 말처럼 야고보와 장로들은 바울의 의도를 알고 있었다. "유대인들에게 내가 유대인과 같이 된 것은 유대인들을 얻고자 함이요. 율법 아래에 있는 자들에게는 내가 율법 아래에 있지 아니하나, 율법 아래에 있는 자 같이 된 것은 율법 아래에 있는 자들을 얻고자 함이요." 그래서 야고보와 장로들이 바울에게 권했던 일이었다. "그러면 어찌할꼬, 그들이 필연 그대가 온 것을 들으리니 우리가 말하는 이대로 하라. 서원한 네 사람이 우리에게 있으니 **그들을 데리고 함께 결례를 행하고, 그들을 위하여 비용을 내어 머리를 깎게 하라**. 그러면 모든 사람이 그대에 대하여 들은 것이 사실이 아니고, 그대도 율법을 지켜 행하는 줄로 알 것이라."

¹³나실인의 법은 이러하니라 **자기의 몸을 구별한 날이 차면** 그 사람을 회막 문으로 데리고 갈 것이요 … ¹⁸자기의 몸을 구별한 나실인은 회막 문에서 **자기의 머리털을 밀고** 그것을 화목제물 밑에 있는 불에 둘지며

> [19]자기의 몸을 구별한 나실인이 그의 머리 털을 민 후에 제사장이 삶은 숫양의 어깨와 광주리 가운데 무교병 하나와 무교전병 하나를 취하여 나실인의 두 손에 두고 [20]여호와 앞에 요제로 흔들 것이며 그것과 흔든 가슴과 받들어올린 넓적다리는 성물이라 다 제사장에게 돌릴 것이니라 그 후에는 나실인이 포도주를 마실 수 있느니라(민수기 6:13, 18-20)

이때, 야고보와 장로들이 바울에게 권한 것은 민수기에 기록된 '나실인의 서원 규례'에 대한 것이었다. 특별히 위에 인용한 말씀은 나실인이 정한 기간 동안 서원을 어기지 않았을 때 행하는 규례였다. 즉, 야고보와 장로들이 바울에게 권한 것은 '바울이 나실인으로서 규례를 어긴 적이 없다'는 가장 강력한 증거였다.

> [26]바울이 이 사람들을 데리고 이튿날 **그들과 함께 결례를 행하고 성전에 들어가서 각 사람을 위하여 제사 드릴 때까지의 결례 기간이 만기된 것을 신고하니라** [27]그 이레가 거의 차매 **아시아로부터 온 유대인들이 성전에서 바울을 보고 모든 무리를 충동하여 그를 붙들고** [28]외치되 이스라엘 사람들아 도우라 이 사람은 각처에서 우리 백성과 율법과 이곳을 비방하여 모든 사람을 가르치는 그 자인데 또 헬라인을 데리고 성전에 들어가서 이 거룩한 곳을 더럽혔다 하니 [29]이는 그들이 전에 에베소 사람 드로비모가 바울과 함께 시내에 있음을 보고 바울이 그를 성전에 데리고 들어간 줄로 생각함이러라(사도행전 21:26-29)

야고보와 장로들의 권면은 바울의 '사역 원칙'과도 일치하는 것이었다. "유대인들에게 내가 유대인과 같이 된 것은 유대인들을 얻고자 함이요. 율법 아래에 있는 자들에게는 내가 율법 아래에 있지 아니하나, 율법 아래에 있는 자 같이 된 것은 율법 아래에 있는 자들을 얻고자 함이요." 그러한 이유로 바울은 권면을 받은 다음 날 서원한 네 사람과 함께 성전에 들어가 결례를 행했다. 바울과 그들의 결례 기간이 만기(滿期) 된 것을 신고했다. "아시아로부터 온 유대인들이 성전에서 바울을 보고 모든 무리를 충동하여 그를 붙들고." 그런데 성전에서 바울을 본 '디아스포라 유대인들'이 바울을 붙들고 외쳤다. "이스라엘 사람들아, 도우라. 이 사람은 각처에서 우리 백성과 율법과 이곳을 비방하여 모든 사람을 가르치는 그 자인데 또 헬라인을 데리고 성전에 들어가서 이 거룩한 곳을 더럽혔다."

아시아에서 온 '디아스포라 유대인들'의 이러한 소동은 오해에 의한 것이었다. "이는 그들이 전에 에베소 사람 드로비모가 바울과 함께 시내에 있음을 보고 바울이 그를 성전에 데리고 들어간 줄로 생각함이러라." 이것이 바로 선입견(先入見)의 무서움이다. 어쩌면 그들은 바울과 함께한 네 사람 중 한 명을 '에베소 사람 드로비모'와 헛갈렸을 수도 있다. 이렇게 유대인들의 오해를 풀기 위해 계획했던 일이 오히려 유대인들의 오해에 불을 붙이는 계기가 되었다. 이러한 일은 인생 중에 비교적 흔하게 일어나는 일이다. 그러나 이 일은 로마 제국의 심장에 복음을 전하기 위한 하나님의 커다란 그림 가운데 일어난 일이었다. 즉, '하나님의 섭리' 가운데 일어난 일이었다.[12]

---

[12] "사람이 마음으로 자기의 길을 계획할지라도 그의 걸음을 인도하시는 이는 여호와시니라"(잠

^{30}온 성이 소동하여 백성이 달려와 모여 바울을 잡아 성전 밖으로 끌고 나가니 문들이 곧 닫히더라 ^{31}그들이 그를 죽이려 할 때에 온 예루살렘이 요란하다는 소문이 군대의 천부장에게 들리매 ^{32}그가 급히 군인들과 백부장들을 거느리고 달려 내려가니 그들이 천부장과 군인들을 보고 바울 치기를 그치는지라 ^{33}이에 천부장이 가까이 가서 바울을 잡아 두 쇠사슬로 결박하라 명하고 **그가 누구이며 그가 무슨 일을 하였느냐 물으니** … ^{39}바울이 이르되 나는 유대인이라 소읍이 아닌 길리기아 다소 시의 시민이니 청컨대 백성에게 말하기를 허락하라 하니 ^{40}천부장이 허락하거늘 **바울이 층대 위에 서서 백성에게 손짓하여 매우 조용히 한 후에 히브리 말로 말하니라**(사도행전 21:30-33, 39-40)

아시아에서 온 '디아스포라 유대인들'의 외침에 온 성이 소동했다. 격분한 백성들이 달려와 바울을 잡아 성전 밖으로 끌고 나가자, 성전 문들이 닫혔다. 그렇게 격분한 유대인들이 바울을 죽이려 할 때, 예루살렘에 소요가 났다는 소문을 들은 천부장이 달려왔다. 이 당시 소요는 민란(民亂)으로 번질 가능성 때문에 치안을 담당한 로마 군인들에게는 중요한 문제였다.[13] "청컨대 백성에게 말하기를 허락하라." 그렇게 자신을 체포한 천부장에게 바울

언 16:9).
[13] "^{35}서기장이 무리를 진정시키고 이르되 에베소 사람들아 에베소 시가 큰 아데미와 제우스에게서 내려온 우상의 신전지기가 된 줄을 누가 알지 못하겠느냐 … ^{40}오늘 아무 **까닭도 없는 이 일에 우리가 소요 사건으로 책망 받을 위험이 있고** 우리는 이 불법 집회에 관하여 보고할 자료가 없다 하고 ^{41}이에 그 모임을 흩어지게 하니라"(사도행전 19:35, 40-41).: 에베소 지역의 서기장의 말을 통해서도, 이 시기 '소요'에 대해 로마 당국이 얼마나 민감했는지 알 수 있다.

이 말할 기회를 요청했고, 천부장의 허락으로 백성들에게 말하던 중에 일어난 일이 바로 이번 단원 초반에 인용했던 내용이다.

> [19]내가 말하기를 주님 내가 주를 믿는 사람들을 가두고 또 각 회당에서 때리고 [20]또 주의 증인 스데반이 피를 흘릴 때에 내가 곁에 서서 찬성하고 그 죽이는 사람들의 옷을 지킨 줄 그들도 아나이다 [21]나더러 또 이르시되 떠나가라 내가 너를 멀리 이방인에게로 보내리라 하셨느니라 [22]이 말하는 것까지 그들이 듣다가 소리 질러 이르되 **이러한 자는 세상에서 없애 버리자 살려 둘 자가 아니라** 하여 [23]떠들며 옷을 벗어 던지고 티끌을 공중에 날리니(사도행전 22:19-23)

"이러한 자는 세상에서 없애 버리자. 살려 둘 자가 아니라." 이 일의 시작은 아시아에서 온 '디아스포라 유대인들'의 잘못된 선민의식(選民意識)과 바울에 대한 악감정에서 시작된 일이었다. '디아스포라 유대인들'의 바울에 대한 잘못된 선입견(先入見)으로부터 시작된 일이었다. 바울에 대한 거짓 소문을 해명하기 위해 야고보와 장로들이 생각해 낸 방법이 오히려 와전(訛傳)되어 생긴 일이었다.

> [1]부형들아 내가 지금 여러분 앞에서 변명하는 말을 들으라 [2]**그들이 그가 히브리 말로 말함을 듣고 더욱 조용한지라** 이어 이르되(사도행전 22:1-2)

"부형들아, 내가 지금 여러분 앞에서 변명하는 말을 들으라." 유대인들이 흥분했던 바울의 변명은 이렇게 시작되었다. "그들이 그가(바울이) 히브리 말로 말함을 듣고 더욱 조용한지라." 그렇게 바울은 자신이 교회를 핍박하다가 회심하게 된 경위를 설명해 내려갔다. "이에 대제사장과 모든 장로들이 내 증인이라. 또 내가 그들에게서 다메섹 형제들에게 가는 공문을 받아 가지고 거기 있는 자들도 결박하여 예루살렘으로 끌어다가 형벌 받게 하려고 가더니, 가는 중 다메섹에 가까이 갔을 때에 오정쯤 되어 홀연히 하늘로부터 큰 빛이 나를 둘러 비치매, 내가 땅에 엎드러져 들으니 소리 있어 이르되, 사울아 사울아 네가 왜 나를 박해하느냐? 하시거늘, 내가 대답하되 주님 누구시니이까? 하니, 이르시되 나는 네가 박해하는 나사렛 예수라 하시더라."[14]

그렇게 히브리 말로 자신에게 일어난 일에 대해 설명하는 바울의 말을 듣다가 유대인들이 흥분하여 했던 말이다. **"이러한 자는 세상에서 없애 버리자. 살려 둘 자가 아니라."** 이때 유대인들의 흥분이 얼마나 격렬했던지, 누가는 "그들이 떠들며 옷을 벗어 던지고 티끌을 공중에 날렸다"라고 기록하고 있다.

그렇다면, 유대인들은 바울의 말 중 어느 부분에서 그렇게 흥분했을까? "날이 새매 유대인들이 당을 지어 맹세하되, 바울을 죽이기 전에는 먹지도 아니하고 마시지도 아니하겠다 하고, 이같이 동맹한 자가 사십여 명이더

---

14 사도행전 22:5-8

라."¹⁵ 심지어 바울을 죽이기 전에는 먹지도 마시지도 않겠다고 맹세한 자의 수가 사십여 명에 달했다. 그렇다면, 유대인들은 왜 이렇게 흥분했을까? 바울이 '제3차 전도 여행'을 마치고 예루살렘에 도착했을 때, 형제들은 "기꺼이" 그와 그의 일행을 영접했다. 야고보와 장로들을 만나 그들의 권면을 들을 수 있었다. 즉, 예루살렘은 예수님을 믿는 초대 교회 교인들과 유대인들이 공존(共存)하는 공간이었다.¹⁶ 그러니, 바울을 향한 유대인들의 분노는 그가 '예수님을 전하는 것'과는 다른 이유일 수밖에 없다.

"또 **주의 증인 스데반이 피를 흘릴 때에** 내가 곁에 서서 찬성하고 그 죽이는 사람들의 옷을 지킨 줄 그들도 아나이다. 나더러 또 이르시되 떠나가라. 내가 너를 멀리 **이방인에게로 보내리라** 하셨느니라." 유대인들은 여기까지 듣고 소리 질렀다. 이성을 잃고 분노했다. 이때 흥분했던 유대인 중에는 두 부류가 있었을 것이다. 우선 '예루살렘에 거주하던 유대인들'은 이 부분에 이성을 잃고 분노했을 것이다. "또 **주의 증인 스데반이 피를 흘릴 때에 내가 곁에 서서 찬성하고 그 죽이는 사람들의 옷을 지킨 줄 그들도 아나이다.**" 그리고 아시아에서 온 '디아스포라 유대인들'은 이 부분에서 격분했을 것이다. "나더러 또 이르시되 떠나가라. 내가 너를 멀리 **이방인에게로 보내리라** 하셨느니라."

즉, '예루살렘에 거주하던 유대인들'은 스데반을 알고 있었을 것이다. 그

---

15 사도행전 23:12-13
16 정확히는 '예수님을 믿는 유대인들'과 '유대주의에 물든 유대인들'이 공존하는 공간이었다.

리고 스데반이 순교할 때 증인 섰던 '스데반의 친구'를 알고 있었을 것이다. "그 죽이는 사람들의 옷을 지킨 줄 그들도 아나이다." 옷을 지킨다는 것은, 스데반을 돌로 쳐 죽이는 행위가 옳다는 사실에 보증을 섰다는 의미였다. "바리새인 가말리엘은 율법교사로 모든 백성에게 존경을 받는 자라. 공회 중에 일어나 명하여 사도들을 잠깐 밖에 나가게 하고."[17] 또한 그들은 그들에게 존경받던 가말리엘에게 닥친 불행을 잘 알고 있었을 것이다. 수제자(首弟子) 둘을 한꺼번에 잃어버린 가말리엘의 아픔에 대해 공감하고 있었을 것이다. 스데반과 바울은 가말리엘 문하(門下)에서 동문수학(同門受學)한 사이로 알려져 있고, 가말리엘의 대표적인 수제자였던 것으로 전해진다. 그러니 예루살렘에 거주했던 유대인들 사이에는 그들이 존경하던 가말리엘의 가장 뛰어난 제자 둘 사이에 일어났던 일이 회자(膾炙)되었을 것이다.

그러나 예수님을 믿는다는 이유로 스데반이 순교했을 때, 그 죽이는 사람들의 옷을 지킨 바울의 행위까지는 속으로는 혀를 찼을망정 대놓고 뭐라고 하지는 못했을 것이다. 차마 입 밖으로 쉽게 '기가 막히다'는 말을 내놓지 못했을 것이다. 기가 막힌 일이지만, 바울을 탓할 명분이 없었으니 말이다. "사울이 주의 제자들에 대하여 여전히 위협과 살기가 등등하여 대제사장에게 가서 다메섹 여러 회당에 가져갈 공문을 청하니, 이는 만일 그 도를 따르는 사람을 만나면 남녀를 막론하고 결박하여 예루살렘으로 잡아오려 함이라."[18] 이러한 바울의 살기(殺氣)는 '예수를 믿지 않는 유대인들'에게도 직접

---

17   사도행전 5:34
18   사도행전 9:1-2

마주치고 싶지 않은 그 무엇이었을 것이다. 그렇게 바울은 피하고 싶은 대상이었을 것이다. 그런데 그렇게 살기 등등하게 대제사장에게 공문까지 받아 간 바울이 예수를 믿게 된 것이다.

게다가 그런 그가 할례를 받지 않아도 구원받을 수 있다고 온 천하에 다니며 '예수의 도(道)'를 전한다는 것이다. 예수님만으로 충분하다고 전한다는 것이다. 이방인도 하나님의 백성이 될 수 있다고 온 천하에 선포하고 다닌다는 것이다. 자신을 가리켜 '이방인의 사도'라고 주장한다는 것이다. 물론, 우리에게는 바울의 이러한 사역이 은혜로 다가온다. **그러나 그 시절 예수를 믿지 않는 '예루살렘의 유대인들'과 소아시아에서 온 '디아스포라 유대인들'은 바울에게 어떤 감정을 느꼈을까?** 더 이상 설명이 필요할까?

그렇게 바울은 다메섹 도상에서 예수님의 부르심을 받은 후, 그의 동족(同族)인 유대인이 있는 땅이라면 그곳이 예루살렘이든 이방 지역이든 상관없이 머물 곳이 없게 되었다. "예수께서 이르시되 **여우도 굴이 있고 공중의 새도 집이 있으되 인자는 머리 둘 곳이 없도다** 하시고." 누가복음 9장 58절 말씀이다. 누가복음은 바울의 '로마 1차 투옥' 때 기록된 것으로 알려져 있다. 이 시기, 누가는 가택연금 중이던 바울과 같은 공간에 있었을 것이다. 그러니 누가는 이 말씀을 기록하다가 고개를 들어 그의 앞에 있던 바울을 측은한 눈으로 바라봤을지도 모를 일이다.

그렇다면, 누가는 바울을 언제 처음 만났을까? 바울은 누가를 '제2차 전도 여행' 중 소아시아의 '드로아'에서 처음 만난 것으로 알려져 있다. 그 근거는 다음과 같다.

¹**바울이** 더베와 루스드라에도 이르매 거기 디모데라 하는 제자가 있으니 그 어머니는 믿는 유대 여자요 아버지는 헬라인이라 … ⁶**성령이 아시아에서 말씀을 전하지 못하게 하시거늘** 그들이 브루기아와 갈라디아 땅으로 다녀가 ⁷무시아 앞에 이르러 비두니아로 가고자 애쓰되 **예수의 영이 허락하지 아니하시는지라** ⁸무시아를 지나 드로아로 내려갔는데 ⁹밤에 환상이 바울에게 보이니 마게도냐 사람 하나가 서서 그에게 청하여 이르되 마게도냐로 건너와서 우리를 도우라 하거늘 ¹⁰바울이 그 환상을 보았을 때 **우리가 곧 마게도냐로 떠나기를 힘쓰니** 이는 하나님이 저 사람들에게 복음을 전하라고 **우리를 부르신 줄로 인정함이러라** ¹¹**우리가 드로아에서 배로 떠나** 사모드라게로 직행하여 이튿날 네압볼리로 가고 ¹²거기서 빌립보에 이르니 이는 마게도냐 지방의 첫 성이요 또 로마의 식민지라 이 성에서 수일을 유하다가 ¹³안식일에 우리가 기도할 곳이 있을까 하여 문 밖 강가에 나가 거기 앉아서 모인 여자들에게 말하는데 ¹⁴두아디라 시에 있는 자색 옷감 장사로서 하나님을 섬기는 루디아라 하는 한 여자가 말을 듣고 있을 때 **주께서 그 마음을 열어 바울의 말을 따르게 하신지라** ¹⁵그와 그 집이 다 세례를 받고 우리에게 청하여 이르되 만일 나를 주 믿는 자로 알거든 내 집에 들어와 유하라 하고 강권하여 머물게 하니라(사도행전 16:1, 6-15)

바울의 '제2차 전도 여행' 때 있었던 일에 대한 기록이다. 위의 본문은 바울이 '디모데, 누가, 루디아'를 동역자로 얻는 장면이다. 참고로, 위의 본문에서 주목해야 할 부분은 바로 '**주어**'다. 우선 바울이 디모데를 얻는 장면을 살펴보자. "**바울이** 더베와 루스드라에도 이르매 거기 디모데라 하는 제자가 있으니." 이후, 디모데는 바울이 가장 사랑하고 아끼는 제자가 되었다. 성경에는 바울이 디모데를 향하여 아들이라고 부르는 장면이 다섯 번이나 나온다.[19] 신학자들은 디모데가 '세밀하고 부드러운 성품의 소유자'였을 것이라고 주장한다. 이러한 주장을 하는 학자들은 디모데에게 맡겨진 사역지를 근거(根據)로 든다.

내가 마게도냐로 갈 때에 너를 권하여 에베소에 머물라 한 것은 어떤 사람들을 명하여 다른 교훈을 가르치지 말며(디모데전서 1:3)

바울의 '제3차 전도 여행' 때, 디모데는 에베소 교회의 감독이 되어 사역한 것으로 알려진다. 참고로 '제2차 전도 여행' 때, 디모데는 마게도냐를 넘어 고린도까지 바울과 함께했다.[20] 에게해와 지중해를 잇는 교통 요지(要地)

---

[19] "이로 말미암아 내가 주 안에서 내 **사랑하고 신실한 아들 디모데를** 너희에게 보내었으니 그가 너희로 하여금 그리스도 예수 안에서 나의 행사 곧 내가 각처 각 교회에서 가르치는 것을 생각나게 하리라"(고린도전서 4:17). "**믿음 안에서 참 아들 된 디모데에게** 편지하노니 하나님 아버지와 그리스도 예수 우리 주께로부터 은혜와 긍휼과 평강이 네게 있을지어다"(디모데전서 1:2). "**아들 디모데야** 내가 네게 이 교훈으로써 명하노니 전에 너를 지도한 예언을 따라 그것으로 선한 싸움을 싸우며"(디모데전서 1:18). "**사랑하는 아들 디모데에게** 편지하노니 하나님 아버지와 그리스도 예수 우리 주께로부터 은혜와 긍휼과 평강이 네게 있을지어다"(디모데후서 1:2). "내 **아들아** 그러므로 너는 그리스도 예수 안에 있는 은혜 가운데서 강하고"(디모데후서 2:1).

[20] "그 후에 바울이 아덴을 떠나 **고린도에 이르러** … ⁵실라와 **디모데가 마게도냐로부터 내려오매** 바울이 하나님의 말씀에 붙잡혀 유대인들에게 예수는 그리스도라 밝히 증언하니"(사도행전 18:1, 5).: "우리 형제 곧 그리스도의 복음을 전하는 하나님의 일꾼인 **디모데를 보내노니** 이는 너희를 굳건하게 하고 너희 믿음에 대하여 위로함으로"(데살로니가전서 3:2).: 그리고 고린도에서 '유대인들의 방해로 급하게 떠나온 데살로니가 교회'에 문제가 생겼다는 소식을 듣고, 디

에 위치한 에베소는 상업과 무역이 발달했다. 그 결과, 경제적으로 풍요로운 곳이었다. 그리고 이러한 경제적 배경으로 인해 에베소에는 철학, 문학, 예술 등 다양한 분야에서 뛰어난 인물들이 활동했던 것으로 알려져 있다. 즉, 에베소는 '깊은 학식(學識)과 언변(言辯)이 필요한 곳'이었다. 당연히 만만한 곳이 아니었다. 그러나 물리적으로 척박한 곳은 아니었다. 오히려 '정신노동'이 많이 필요했던 곳이었다.[21] 즉, '세밀한 성품'이 필요한 곳이었다.

그런데 '디모데, 누가, 루디아'를 처음 만나던 때, 바울은 '정신적으로 가장 피폐한 시기'였던 것으로 보인다.

> [36]며칠 후에 바울이 바나바더러 말하되 우리가 주의 말씀을 전한 각 성으로 다시 가서 형제들이 어떠한가 방문하자 하고 [37]**바나바는 마가라 하는 요한도 데리고 가고자 하나** [38]바울은 밤빌리아에서 자기들을 떠나 함께 일하러 가지 아니한 자를 데리고 가는 것이 옳지 않다 하여 [39]서로 심히 다투어 피차 갈라서니 바나바는 마가를 데리고 배 타고 구브로로 가고 [40]바울은 실라를 택한 후에 형제들에게 주의 은혜에 부탁함을 받고 떠나 [41]수리아와 길리기아로 다니며 교회들을 견고하게 하니라(사도행전 15:36-41)

모데를 통하여 '데살로니가전서와 후서'를 보낸 것으로 알려져 있다.
21 "[12]누구든지 네 연소함을 업신여기지 못하게 하고 오직 말과 행실과 사랑과 믿음과 정절에 있어서 믿는 자에게 본이 되어 [13]내가 이를 때까지 읽는 것과 권하는 것과 가르치는 것에 전념하라"(디모데전서 4:12-13).

『하나님은 사람을 고쳐서 쓰신다-마태, 마가』에서 자세히 다루었듯이, 이 시기 바울은 마가 문제로 '그의 은인(恩人) 바나바'와 갈라선 직후였다. 이 둘이 갈라선 이유는 '제1차 전도 여행' 당시 선교팀을 이탈한 마가의 행동 때문이었다. 비록 마가의 행동이 옳지 않았으나 기회를 다시 한번 주자는 바나바와 "밤빌리아에서 자기들을 떠나 함께 일하러 가지 아니한 자를 데리고 가는 것은 옳지 않다"라는 바울은, 결국 '제2차 전도 여행'을 시작하기 직전 갈라져 각자 길을 가게 되었다. 그렇게 바나바는 마가를 데리고 뱃길로 그의 고향인 구브로로 향했다. 그곳은 바울과 함께 '제1차 전도 여행'을 시작한 곳이었다. 그 결과, 같은 장소로 갈 수 없었던 바울은 실라와 함께 안디옥 교회가 위치했던 수리아와 그의 고향 다소가 있는 길리기아로 향했다. 그렇게 바울은 '제1차 전도 여행' 때 복음을 전했던 곳 중, 육로(陸路)로 갈 수 있는 곳에 방문해 '예루살렘 제1차 공의회'에서 결정된 규례들을 전달했다. '우리 주 예수 그리스도만으로 충분하다'라는 진리를 전달했다. 구원받기 위해서는 '할례가 필요하다'라는 유대주의자들의 주장이 거짓임을 분명히 했다. 그 결과 여러 교회의 믿음이 더 굳건해지고 수가 날마다 늘어났다.

그런데 거기까지였다. "성령이 아시아에서 말씀을 전하지 못하게 하시거늘 그들이 브루기아와 갈라디아 땅으로 다녀가 무시아 앞에 이르러 비두니아로 가고자 애쓰되 **예수의 영이 허락하지 아니하시는지라.**" 그렇게 바울이 '제2차 전도 여행'을 출발하며 계획했던 에베소로 가는 길을 '성령 하나님'께서 막으셨다.[22] 하나님께서 직접 나서셔서 아시아에서 말씀을 전하지

---

22 '제2차 전도 여행'에서 돌아오는 길에 잠깐 에베소에 들를 수 있었다.

못하게 하셨다. 어쩔 수 없이 "그들(바울과 실라 그리고 디모데)"은 소아시아의 북쪽에 위치한 브루기아와 갈라디아에 복음을 전했다. 그리고 바로 이어 브루기아의 서쪽에 위치한 비두니아로 가고자 애썼으나 이번에도 '성령 하나님(예수의 영)'께서 허락하지 않으셨다. 그렇게 다메섹 도상(道上)에서 그를 부르신 '예수의 영'이 직접 나서 그의 앞길을 막으셨다.

앞에서도 잠깐 언급했듯이, 바나바는 바울에게 있어서 '둘도 없는 은인(恩人)'이었다. 바나바는 예루살렘 교회에 바울의 '신앙에 대한 보증'을 섰으며[23], 안디옥에서 첫 번째 '사역의 장(場)'을 열어준 은인(恩人)이었다.[24] 바나바는 고향 땅에 10년간 은둔한 채 잊혀져 가던 바울을 찾아 '타우르스 산맥'을 넘었었다. 당시 바나바가 있던 '수리아 안디옥'에서 '다소'까지의 거리는 약 200km에 달했다. 편도(片道)로만 걸어서 일주일 정도 걸리는 거리였다. 더군다나 안디옥과 다소 사이에는 거대한 '타우르스 산맥'이 가로놓여 있어 지금도 사람들이 다니기 꺼려하는 험난한 길이었다. 그렇게 바나바는 바울을 안디옥 교회로 불러 '사역의 장(場)'을 열어준 은인(恩人)이었다.[25]

---

[23] "[26]사울이 예루살렘에 가서 제자들을 사귀고자 하나 다 두려워하여 그가 제자 됨을 믿지 아니하니 [27]바나바가 데리고 사도들에게 가서 그가 길에서 어떻게 주를 보았는지와 주께서 그에게 말씀하신 일과 다메섹에서 그가 어떻게 예수의 이름으로 담대히 말하였는지를 전하니라"(사도행전 9:26-27).

[24] "[25]바나바가 사울을 찾으러 다소에 가서 [26]만나매 안디옥에 데리고 와서 둘이 교회에 일 년간 모여 있어 큰 무리를 가르쳤고 제자들이 안디옥에서 비로소 그리스도인이라 일컬음을 받게 되었더라"(사도행전 11:25-26).

[25] 이 부분에 대한 자세한 설명은 『하나님은 사람을 고쳐서 쓰신다-마태, 마가』 '바울이 바나바에게 이런 주장을 할 처지가 아니지 않나?' 단원에 해두었다.

그런데 그렇게 은혜를 입은 바울이 마가와 관련하여 바나바에게 들이댄 이유는 "밤빌리아에서 자기들을 떠나 함께 일하러 가지 아니한 자를 데리고 가는 것은 옳지 않다"라는 것이었다. 그러니 입장을 바꾸어서, 계획했던 지역으로 마가와 함께 순회하며 복음을 전하고 있었을 바나바를 생각하며 "바울은 무슨 생각을 했을까?" 그러니까 바울은 자신을 보면서 '옳고 그름에 따라 생각할 때', 과연 자신이 이 일에 합당한 사람이라는 생각이 들었을까? 아니면 합당하지 않은 사람이라는 생각이 들었을까? 더군다나, 그를 '이방인의 사도'로 부르신 '예수의 영'이 직접 나서서 그의 앞길을 막는 상황에서 우리라면 무슨 생각이 들었을까?

이 시기, 바울이 '어떤 심정과 어떤 생각'에 빠져 있었을지 따로 더 설명할 필요가 있을까? 그러니, 이때는 바울에게 있어서 '정신적으로 가장 피폐한 시기'였을 것이다. 이번 단원 내내 설명한 내용은 다메섹 도상(道上)에서 예수님을 만나 회심(回心)한 후, 바울이 처하게 된 처지(處地)에 대한 것이었다. 정말이지, 바울은 회심한 후 로마 제국 내에 그 어디에도 머리 둘 곳이 없는 처지가 되었다. "이 말하는 것까지 그들이 듣다가 소리 질러 이르되 **이러한 자는 세상에서 없애 버리자 살려 둘 자가 아니라** 하여 떠들며 옷을 벗어 던지고 티끌을 공중에 날리니."[26] 비록 이 일이 '제3차 전도 여행' 직후에 일어난 일이라 할지라도[27], 회심(回心) 후 바울의 처지는 항상 '적대적인 환

---

26 사도행전 22:22
27 에베소에 교회를 세운 뒤에 일어난 일이라 할지라도

경'에 노출된 상황이었다. "당신은 그들의 청함을 따르지 마옵소서. 그들 중에서 **바울을 죽이기 전에는 먹지도 않고 마시지도 않기로 맹세한 자 사십여 명**이 그를 죽이려고 숨어서 지금 다 준비하고 당신의 허락만 기다리나이다 하니."[28] 예수님을 믿지 않는 유대인들은 바울에게 살기(殺氣)를 드러내는 데 거침이 없었다. "사울이 주의 제자들에 대하여 여전히 **위협과 살기가 등등하여** 대제사장에게 가서."[29] 그것은 이전에 바울이 예수 믿는 사람들에게 드러내었던 살기(殺氣)를 그에게 떠올렸을 것이다.

그렇다면, 바울을 향한 '예수 믿는 유대인들의 시선'은 어떠했을까? "예루살렘에 이르니 형제들이 우리를 **기꺼이** 영접하거늘."[30] 물론 다른 번역에는 "따뜻한, 반가이, 반갑게, warmly"로 번역되어 있지만 **"기꺼이?"** 예를 들어보겠다. "고향을 떠나 다른 도시에서 공부하던 내가 방학이 되어 집으로 돌아오자, 우리 엄마가 나를 **기꺼이(?)** 맞아주셨다." 이제 보이는가? 다수의 신학자들의 지적처럼, 바울 일행에 대한 환영은 공식적이지 않은 것이었다. 예루살렘 교회 전체의 환영 또한 아니었다. 바울 일행을 따뜻하게 맞아준 형제들은 예루살렘 교회의 일부였으며, 그들의 환영 또한 '비공식적'인 것이었다. 즉, 바울은 여전히 마음 놓고 환영할 수 없는 존재였다. 모든 사람 앞에서 두 팔을 벌려 기쁘게 맞을 수 없는 존재였다. 더군다나 이때 바울은 '소아시아의 이방인 형제들'로부터 걷은 '구제 헌금'을 예루살렘 교회에

---

[28] 사도행전 23:21
[29] 사도행전 9:1
[30] 사도행전 21:17

전달하기 위해 방문한 상황이었는데도 그러했다.

즉, 바울을 향한 '예수 믿는 유대인들의 시선' 또한 바나바에 기댄 것이었을 것이다. "구브로에서 난 레위족 사람이 있으니 이름은 요셉이라 **사도들이 일컬어 바나바라 (번역하면 위로의 아들이라) 하니**."[31] 바나바라는 이름은 본명(本名)이 아니었다. 그는 요셉이라는 본명(本名)을 가진 레위 지파 사람이었다. 바나바라는 이름은 사도들이 붙여준 '별명(別名)'이었다. 이 사실을 통해서도 우리는 '예수 믿는 유대인들' 사이에 바나바가 어떤 위치를 가진 사람이었는지 쉽게 유추할 수 있다. 즉, '예수 믿는 유대인들'은 바울 때문이 아니라 '바나바 때문에' 바울에게 친절을 베풀었던 것으로 보인다. 바울을 '진정한 형제'이기보다는 '형제로 대우해 준' 것뿐인 것으로 보인다. 물론 그를 진정한 형제로 받아들인 사람들도 있었겠지만, 대부분은 바나바 때문에 그를 형제로 '대우해 준' 것뿐이었을 것이다.

그러니 정말이지, 바울에게는 예수님밖에는 붙들 것이 아무것도 없었다. 정말이지, 예수님밖에는 아무것도 남아있지 않은 처지였다. 그러한 상황 가운데 '울타리가 되어준 바나바'였다. 그런데 그러한 그와 '마가의 문제'로 갈라선 상황이었다. 이때 매정하게 군 쪽은 바울이었다. 그렇게 바나바와 갈라선 뒤, 수리아와 고향인 다소가 있는 길리기아까지 '제1차 예루살렘 공의회'의 결정을 전했다. 그런데 그 뒤로 '예수의 영'이 직접 나서서 그의 앞길을 막기 시작하는 것이었다. '제1차 전도 여행' 중 바울을 통해 일어난 기적과 복음의 열매가 있는 지역 중 일부는 가보지도 못했다. 더군다나, 그가

---

[31] 사도행전 4:36

'제2차 전도 여행'을 시작할 때 목표했던 에베소에는 접근조차 못하게 하시는 것이었다.

그 상황에서 바울은 어떤 감정에 휩싸이게 되었을까? **"끝을 알 수 없는 고립감."** 그렇다. 바울은 이 세상에 홀로 남겨진 '고립감'에 싸여 있었을 것이다. 그 상황에서 바울은 무슨 생각을 하게 되었을까? 그렇다. 바울은 그 시기 자신이 '복음 사역자로서 자격이 있는 자일까?'라는 생각에 빠져 있었을 것이다. 그러한 시기에 하나님께서 연이어 바울에게 주신 사람들이 바로 '디모데, 누가, 루디아'였다.

> [13]**데살로니가에 있는 유대인들은** 바울이 하나님의 말씀을 베뢰아에서도 전하는 줄을 알고 **거기도 가서 무리를 움직여 소동하게 하거늘** [14]형제들이 곧 바울을 내보내어 바다까지 가게 하되 실라와 디모데는 아직 거기 머물더라 [15]바울을 인도하는 사람들이 그를 데리고 아덴까지 이르러 그에게서 실라와 **디모데를 자기에게로 속히 오게 하라는 명령을 받고** 떠나니라 (사도행전 17:13-15)

하나님은 가장 먼저 '세밀하고 섬세한 감정의 소유자'인 '디모데'를 바울에게 붙여주셨다. 이후 춥고 외로울 때마다 디모데는 바울이 간절히 찾는 사람이 되었다. 당연히 섬세하고 세밀한 디모데의 성품은 바울이 '정서적인 추위와 외로움'에 떨 때마다 그를 감싸 안는 환경이 되어주었을 것이다. 이러한 경험은 하나님의 사람이라면 누구나 일상적으로 경험하는 일이다. 물론 그 당시에는 모를 수 있으나, 그 어려운 환경을 통과한 뒤에는 반드시 깨닫게 되는 '하나님의 은혜'다.

앞에서 바울이 '디모데, 누가, 루디아'를 동역자로 얻는 장면에서 주목해야 할 부분은 **'주어'**라고 했다. "무시아를 지나 **드로아로 내려갔는데**, 밤에 환상이 바울에게 보이니 마게도냐 사람 하나가 서서 그에게 청하여 이르되 마게도냐로 건너와서 우리를 도우라 하거늘 바울이 그 환상을 보았을 때 **우리가 곧 마게도냐로 떠나기를 힘쓰니** 이는 하나님이 저 사람들에게 복음을 전하라고 **우리를 부르신 줄로 인정함이러라**." 결국, 성령 하나님의 제지(制止)로 바울은 '제1차 전도 여행' 때 개척한 교회 중 일부를 방문할 수 없었다. 그 결과, 드로아로 내려갔는데 밤에 환상이 바울에게 보였다. 이것이 바로 그 유명한 바울의 '마게도냐 환상'이다. 즉, 바울은 "드로아"에서 '마게도냐 환상'을 보게 되었다. 그리고 바로 이때부터 '제2차 전도 여행'의 주어(主語)가 '바울'에서 '우리'로 바뀌게 된다. 무슨 뜻인가? '누가복음과 사도행전'의 저자(著者)인 '누가'가 바울에게 합류하게 되었다는 의미다. 그렇게 실라와 함께 출발한 바울의 전도팀에 디모데와 누가가 함께 하게 되었다.

"**우리가 드로아에서 배로 떠나** 사모드라게로 직행하여 이튿날 네압볼리로 가고, 거기서 빌립보에 이르니 이는 마게도냐 지방의 첫 성이요 또 로마의 식민지라. 이 성에서 수일을 유하다가, 안식일에 우리가 기도할 곳이 있을까 하여 문 밖 강가에 나가 거기 앉아서 모인 여자들에게 말하는데, 두아디라 시에 있는 자색 옷감 장사로서 하나님을 섬기는 **루디아라 하는 한 여**

자가 말을 듣고 있을 때 **주께서 그 마음을 열어 바울의 말을 따르게 하신지라**. 그와 그 집이 다 세례를 받고 우리에게 청하여 이르되 만일 나를 주 믿는 자로 알거든 내 집에 들어와 유하라 하고 강권하여 머물게 하니라." 그렇게 '디모데와 누가'를 얻은 바울은 배를 타고 마게도냐로 건너갔다. 소아시아 지역을 넘어 '유럽으로 복음이 전파되는 순간'이었다.[32]

그렇게 빌립보에 이르러 안식일에 기도할 곳을 찾아 강가에 나갔다가 바울은 '자색 옷감 장사'로서 하나님을 섬기는 루디아라 하는 여자를 만나게 되었다. 루디아 그녀는 '사업하는 여성'이었다. 그 당시 자색은 '왕족과 부자들의 색'이었다. 그러한 이유로 그 당시 자색 옷은 최고가품(最高價品)이었다. 그 당시 자색은 '조개의 피로부터 얻은 염료'로 염색했기에 생산하기가 매우 어려운 물건이었다. 그렇다면 '루디아는 어떤 여성이었을까?' 이는 어렵지 않게 추론할 수 있는 부분이다. 역사 드라마에서 '거대 상단(商團)'을 이끄는 '신중하면서도 강인한 동시에 보는 시야가 넓고 넉넉한 품성'을 가진 여성을 상상하면 될 것이다.

주께서 그러한 여성의 마음을 열어 바울의 말을 따르게 하셨다. 그 결과

---

[32] "⁷다 놀라 신기하게 여겨 이르되 보라 이 말하는 사람들이 다 갈릴리 사람이 아니냐 ⁸우리가 우리 각 사람이 난 곳 방언으로 듣게 되는 것이 어찌 됨이냐 ⁹우리는 바대인과 메대인과 엘람인과 또 메소보다미아, 유대와 갑바도기아, 본도와 아시아, ¹⁰브루기아와 밤빌리아, 애굽과 및 구레네에 가까운 리비야 여러 지방에 사는 사람들과 로마로부터 온 나그네 곧 유대인과 유대교에 들어온 사람들과 ¹¹그레데인과 아라비아인들이라 우리가 다 우리의 각 언어로 하나님의 큰 일을 말함을 듣는도다 하고 … ¹⁴베드로가 열한 사도와 함께 서서 소리를 높여 이르되 유대인들과 예루살렘에 사는 모든 사람들아 이 일을 너희로 알게 할 것이니 내 말에 귀를 기울이라" (사도행전 2:7-11, 14).: 물론 '오순절 성령 강림' 때 베드로와 열한 사도에게 복음을 들은 후 고향으로 돌아간 '디아스포라 유대인들'을 통하여 복음은 유럽으로 퍼져나간 상태였다.

그녀와 그녀의 온 집이 다 세례를 받고 바울 일행을 그녀의 집으로 초청했다. "만일 나를 주 믿는 자로 알거든 내 집에 들어와 유하라." '루디아'라는 이름은 '리디아 지방 사람'이라는 뜻으로, 이는 그녀가 이방인이었다는 것을 의미했다. 또한 '루디아'라는 이름은 그녀의 본명(本名)이 아니었을 것이다. 지금은 아니지만, 우리나라에서도 결혼한 여자의 이름을 고향을 따서 '남원 댁' 혹은 '전주댁'이라 불렀던 시절이 있다. 즉, 바울은 사람들이 그녀를 향하여 '루디아' 즉, '리디아 댁'이라고 부르는 순간, 자신을 향한 **하나님의 미소와 섭리**를 느낄 수 있었을 것이다. 그 이유는 간단하다. '리디아 지방'의 대표적인 도시가 바로 '에베소'이기 때문이다. 그러고 보면, 하나님께서는 바울이 원래 계획했던 에베소로 가는 길을 막는 대신 '에베소 출신의 유력자'를 동역자로 붙여주셨음을 알 수 있다. 아마도 바울은 루디아를 통해 '에베소에 대한 사전 정보'를 충분히 얻을 수 있었을 것이다. 쉽게 말해, 루디아를 통해 '에베소 전도를 위한 예비 교육'을 받게 되었을 것이다. 더군다나 루디아는 '상단(商團)을 이끄는 여인'이었다. 이것이 의미하는 것이 무엇일까? 루디아 그녀만큼 '특정 지역의 정보와 그 지역 사람들의 성향'을 정확히 파악하고 있는 사람은 없었을 것이다. 즉, 바울은 루디아를 통해 에베소 지역에 대한 정보를 접하며, 아직 그가 에베소에 복음을 전할 준비가 덜 되어 있다는 사실 또한 알게 되었을 것이다. 이것 또한 하나님과 동행하다 보면 일상적으로 겪게 되는 일이다.

그리고 '루디아'는 그녀 집안의 가장(家長)이었다. 이러한 사실은 그녀의 인도에 따라 가족들 모두가 복음에 반응했다는 점에서 충분히 예측할 수 있다. 그렇게 바울은 루디아의 집에서 '실라와 디모데 그리고 누가'와 함께 짧은 시간이나마 쉼을 누릴 수 있었다. 바나바와 갈라선 후, 처음 맞이하는 안식이었을 것이다. 그렇게 하나님은 바울이 바나바와 갈라선 뒤 정신적으로 가장 피폐해 있었을 때, 세 번에 걸쳐 그를 세워 주셨다. "디모데"를 주시고 이어 "누가"를 주셨다. 그리고 그들과 함께 "루디아의 집"에서 쉼을 주셨다. 이 모든 것은 "바울에게 주신 하나님의 위로"였다. 이 또한 하나님과 동행하다 보면 일상적으로 겪게 되는 일이다. 그리고 하나 더, 이러한 모습을 보고 부활하신 뒤 오셔서 베드로를 세 번에 걸쳐 회복시켜 주신 예수님을 떠올리는 것은 나만이 아닐 것이다.[33]

그렇다면, 바울의 '제2차 전도 여행'의 주어(主語)를 '바울'에서 '우리'로 바꾼 '누가'는 어떤 사람이었을까? 다음 단원에서 자세히 살펴보겠다.

---

[33] "[15]그들이 조반 먹은 후에 예수께서 시몬 베드로에게 이르시되 **요한의 아들 시몬아 네가 이 사람들보다 나를 더 사랑하느냐** 하시니 이르되 주님 그러하나이다 내가 주님을 사랑하는 줄 주님께서 아시나이다 이르시되 **내 어린 양을 먹이라** 하시고 [16]또 두 번째 이르시되 **요한의 아들 시몬아 네가 나를 사랑하느냐** 하시니 이르되 주님 그러하나이다 내가 주님을 사랑하는 줄 주님께서 아시나이다 이르시되 **내 양을 치라** 하시고 [17]세 번째 이르시되 **요한의 아들 시몬아 네가 나를 사랑하느냐** 하시니 주께서 세 번째 네가 나를 사랑하느냐 하시므로 베드로가 근심하여 이르되 주님 모든 것을 아시오매 내가 주님을 사랑하는 줄을 주님께서 아시나이다 예수께서 이르시되 **내 양을 먹이라**"(요한복음 21:15-17).

이방인 누가,
완성된 사도 바울의 소명

²⁴**예수께서 그를 보시고 이르시되 재물이 있는 자는 하나님의 나라에 들어가기가 얼마나 어려운지** ²⁵**낙타가 바늘귀로 들어가는 것이 부자가 하나님의 나라에 들어가는 것보다 쉬우니라 하시니**(누가복음 18:24-25)

내가 처음으로 진지하게 누가를 인식(認識)하게 된 계기는 위에 인용한 말씀 덕분이었다. 때는 2001년 예수병원에서 '정신과 주치의'를 하던 시절이었다. 2001년 10월 30일 『깨끗한 부자』³⁴라는 책이 출판된 뒤, 소위(所謂) "청부론(淸富論) 청빈론(淸貧論) 논쟁"이 한국교회를 휩쓴 적이 있었다. 한자를 직역하면 "'깨끗한 부자'와 '깨끗한 가난' 논쟁"으로, 『깨끗한 부자』에 대한 반박 입장인 『바늘귀를 통과한 부자』³⁵라는 책이 2003년 7월 30일에 출판

---

34 저자: 김동호, 출판사: 규장문화사
35 저자: 김영봉, 출판사: IVP

되었다.

그 당시 나는 이 두 책에 대해 별생각이 없었다. 2001년에는 '정신과 주치의'로, 2003년에는 '정신과 치프(Chief)'로 정신없는 시간을 보내던 때였다. 더군다나, 시간이 날 때마다 2002년에 태어난 딸아이를 보러 처갓집으로 총알처럼 날라다니던 시절이었다. '산부인과 전공의'였던 아내와 달리 '정신과 전공의'였던 나는 그래도 딸아이를 자주 볼 수 있었다. 딸아이를 안고 "하나님은 너를 지키시는 자"라는 CCM을 '음치 실력'으로 몇 시간씩 눈을 마주한 채 불러주던 때였다. 그러니 위에 언급한 두 권의 책을 읽어볼 엄두조차 못 내던 시절이었다. 그저 요즘 한국 교회에 이런 논쟁이 있다는 소식을 전해 듣는 정도였다.

그러한 때, 나를 CMF 간사로 양육하신 목사님으로부터 들었던 이야기다.[36] 앞에 인용한 누가복음 18장 말씀에 대해서 하셨던 이야기다. "이 말씀을 기록한 누가는 '노예 출신'이었어. 그런 점에서 볼 때, 누가복음에서 언급한 '바늘귀'는 진짜 '바늘귀'를 뜻하지 않을까?"

당시 내가 이해했던 바를 좀 더 자세히 설명하면 이와 같다. **"낙타가 바늘귀로 들어가는 것이 부자가 하나님의 나라에 들어가는 것보다 쉬우니라."** 바로 이 말씀에 언급된 '바늘귀'에 대한 '청부론(淸富論)과 청빈론(淸貧論)' 각각의 해석이 다르다는 것이었다. 청빈론은 예수님께서 말씀하신 '바

---

[36] 이 설교문을 쓴 뒤 목사님께 확인해 보니, 그 당시 '어느 책에서 읽었던 내용'으로 정확한 책 제목은 기억나지 않는다고 하셨다. 나는 학생 시절, '이광우 목사님'과 '나를 CMF 간사로 양육하신 목사님' 두 분에게 주로 가르침을 받았다.

늘귀'는 '바늘에 실을 꿰는 구멍'을 의미한다고 주장했다. 반면, 청부론은 예수님께서 말씀하신 '바늘귀'는 예수님 당시에 '팔레스타인 지역에 있었던 작은 성문'을 의미한다고 주장했다. 화약이 발명되기 전, 전쟁에서 가장 무서운 존재는 '기마병(騎馬兵)'이었다. 특별히 전열(戰列)이 갖추어지지 않은 상태에서 '기마병(騎馬兵)에게 기습을 당하는 경우' 전멸(全滅)을 피할 수 없었다. 그러한 이유로 특별한 행사가 있는 경우를 제외하고는 기마병이 달려서 통과할 수 있었던 성의 정문은 항상 닫혀 있었다. 즉, 사람들은 평상시에는 정문 옆에 따로 만들어 놓은 '작은 문'을 통해서 왕래(往來)했는데, 이 '작은 문'이 '바늘귀'라는 주장이었다. 쉽게 말해 정문이 닫힌 평소, 사람들은 '바늘귀'라고 불리는 '작은 문'에 도착하면 낙타에 지웠던 짐을 내린 후, 낙타만 '작은 문'을 통해 들여놓은 뒤, 성안에서 다시 짐을 낙타에 실었다는 설명이었다. 즉, "예수님이 말씀하신 '바늘귀'는 그 옛날 눈이 어두워지신 할머니들이 손주에게 실을 꿰어 달라던 그 구멍이 아니라 '낙타가 꽉 찰 정도로 작은 성문'을 의미한다고 청부론은 주장하지만, 이 말씀을 기록한 '노예 출신'인 누가가 과연 그러한 의미로 기록했겠느냐?"라는 말씀이었다.

이 외에도 이 말씀에 대한 '여러 해석'이 존재했다. 일례(一例)로, '두루마리 성경'을 묶을 때 사용되었던 '두꺼운 실'을 의미하는 헬라어 '카밀로스'[37]와 낙타를 의미하는 '카멜로스'를 후대 성경 필사자들이 혼동하여 기록했다는 주장이 그것이었다. 쉽게 말해, 바늘귀에 쉽게 들어갈 수 있는 '가느다란 실'과는 전혀 다른 차원의 크기인 '낙타'가 아니라 '두꺼운 실'을 성경 필사자

---

[37] 혹자는 '두꺼운 실'이 아니라 '배에서 사용되던 밧줄'이라고 주장한다.

들이 혼동하여 기록했다는 주장이었다.

즉, 청부론은 '바늘귀'의 크기를 키워 '작은 문'이라고 주장하거나 혹은 '낙타'의 크기를 줄여 '두꺼운 실'이라고 주장하는 셈이었다. 아무리 생각해도, '낙타'는 절대 '바늘귀'에 들어갈 수 없으니까… 그러나 나는 청부론의 이러한 해석에 동의하지 않는다. 물론 내가 청부론의 해석에 동의하지 않는 이유는 '누가가 노예 출신이었기 때문'은 아니다. 내가 청부론의 해석에 동의하지 않는 이유는 간단하다. 예수님께서 청부론과는 전혀 다른 말씀을 하셨기 때문이다. 즉, 청부론은 예수님과는 상관없는 자들이 하는 주장이다. 앞에 인용했던 누가복음 18장 말씀에 바로 이어지는 말씀이다.

> ²⁶듣는 자들이 이르되 그런즉 누가 구원을 얻을 수 있나이까 ²⁷이르시되 무릇 사람이 할 수 없는 것을 하나님은 하실 수 있느니라(누가복음 18:26-27)

"그런즉 누가 구원을 얻을 수 있나이까?", "낙타가 바늘귀로 들어가는 것이 부자가 하나님의 나라에 들어가는 것보다 쉬우니라"라는 예수님의 말씀에 대한 '제자들의 반응'이었다. 예수님께서는 제자들의 이러한 반응에 이와 같이 답하셨다. **"무릇 사람이 할 수 없는 것을 하나님은 하실 수 있느니라."** 이것이 바로 구원과 연관하여 예수님께서 일관되게 해주시는 말씀이다.[38]

---

[38] "예수께서 그들을 보시며 이르시되 사람으로는 할 수 없으나 하나님으로서는 다 하실 수 있느니라"(마태복음 19:26). "예수께서 그들을 보시며 이르시되 사람으로는 할 수 없으되 하나님으로는 그렇지 아니하니 하나님으로서는 다 하실 수 있느니라"(마가복음 10:27).

사람이 할 수 없는 것을, 하나님께서 대신 이루어 주셨기 때문에 '구원이 복음(福音)'인 것이다. 구원은 100% '하나님의 일'이다. 구원은 '사람의 일'이 아니다.

복음이란 '명령하신 분이 그 명령하신 것을 친히 다 이루어 주심'을 의미한다. 율법의 조성자(造成者)는 하나님이시다. 율법을 만들어서 우리에게 주신 분은 '성자 하나님'이시다.[39] 이렇듯, 율법을 만들어 우리에게 주신 그분이 사람이 되셔서 친히 율법의 모든 요구를 이루신 것이 바로 '복음'이다. 우리는 성자 하나님이신 예수님께서 십자가에서 하신 말씀인 "다 이루었다"를 끊임없이 묵상해야 한다.[40]

구원론의 관점에서 볼 때, '바늘귀'의 크기를 키워 '작은 문'이라고 주장하거나 혹은 '낙타'의 크기를 줄여 '두꺼운 실'이라고 주장하는 것은 4세기에 '이단으로 정죄'되었던 '펠라기우스'의 주장을 닮았다. 펠라기우스는 '하나님의 명령은 우리의 능력의 척도'라고 주장했던 인물이다. 즉, 그의 주장에 따르면, 하나님은 우리의 능력을 넘어서는 것을 명령하시는 분이 아니라는 것이었다. 쉽게 말해, 사람은 '하나님의 명령을 지킬 수 있는 존재'라는 주장이다. 물론 펠라기우스의 주장은 '선악과 사건' 이전에는 가능했던 일이었다. 그의 주장은 '선악과 사건' 이전의 인류인 아담과 하와에게는 가능했던 일이

---

[39] "그런즉 율법은 무엇이냐 범법하므로 더하여진 것이라 천사들을 통하여 **한 중보자의 손으로 베푸신 것인데** 약속하신 자손이 오시기까지 있을 것이라"(갈라디아서 3:19).
[40] "예수께서 신 포도주를 받으신 후에 이르시되 **다 이루었다** 하시고 머리를 숙이니 영혼이 떠나가시니라"(요한복음 19:30).: 이때 예수님의 "다 이루었다"는 말씀은 '율법의 모든 요구를 다 이루었다는 말씀이다. 그로 말미암아 '율법의 저주를 온전히 푸셨다는 말씀이다.

었다. '선악과 사건' 이전 아담과 하와는 분명히 '죄를 지을 수도, 죄를 짓지 않을 수도 있는' 상태에 머물고 있었다. 그러한 까닭에, 선악과와 연관해 '하나님과 아담 사이에 있었던 최초의 언약'을 '행위 언약'이라고 하는 것이다. 그러나 펠라기우스의 주장은 '선악과 사건' 이후 '원죄(原罪)'로 인해 '전적으로 타락하고 무능해진 인류'에게는 적용될 수 없는 주장이었다. 즉, '인간의 가능성'을 주장한 펠라기우스의 주장은 '원죄(原罪)를 부정'하는 것이었다.

선악과 사건 이후, 하나님은 '우리가 행할 수 있는 것'만 명령하시지 않았다. 선악과 사건 이후, 하나님의 명령은 '우리의 능력의 척도'가 아니게 되었다. 선악과 사건 이후, 하나님은 '우리가 행할 수 있는 것'을 명령하시는 것이 아니라 '우리가 행해야 하는 것'을 명령하셨다. 그런 점에서 '선악과 사건' 이후, 우리가 '하나님의 명령을 행할 수 없게 된 것'은 '하나님의 탓'이 아니다. 결과적으로 하나님께서 '우리가 행할 수 없는 것'마저 명령하게 되신 것은 최초의 인류였던 '아담과 하와의 원죄'로 말미암은 것이었다.

선악과 사건 이후, 하나님은 '우리가 행할 수 있는 것'에 근거하여 명령하지 않으시고 '당신의 어떠하심에 근거'하여 우리에게 명령하셨다. '거룩하신 하나님'은 '당신의 거룩'에 근거하여 우리에게 '거룩'을 명령하셨다. '사랑의 하나님'은 '당신의 사랑'에 근거하여 우리에게 '사랑'을 명령하셨다.

이렇게 우리 스스로 우리의 힘으로 할 수 없는 것을 명령하신 하나님께서 우리에게 은혜를 덧입혀 주셨음을 성경은 신구약 모두를 통하여 증언하고 있다. 그렇다면 하나님의 이러한 명령을 통하여 우리가 깨닫게 되는 것은 무엇일까? 그것은 우리의 '전적인 무능(無能)'이다. 그 결과, '하나님의 명령'은 우리를 '우리 주 예수 그리스도의 십자가로 이끄는 초등교사'가 되었다.[41] 그 결과, 우리로 하여금 "중보자의 필연성"을 깨닫게 했다. 이 말을 쉽게 옮기면 이와 같다. **"우리에게는 예수님이 필요하다!"** 이러한 삼위일체 하나님의 은혜는 신구약 가운데 풍성히 증언되어 있다.

> 나는 너희의 하나님이 되려고 너희를 애굽 땅에서 인도하여 낸 여호와라 **내가 거룩하니 너희도 거룩할지어다**(레위기 11:45)

이렇게 선악과 사건으로 말미암아 전적으로 무능해진 당신의 백성에게 '당신의 거룩을 근거로 거룩을 명령하신 하나님'께서는 항상 '명령'과 더불어 '약속'을 더해 주셨다.[42]

> 너희는 내 규례를 지켜 행하라 **나는 너희를 거룩하게 하는 여호와이니라**(레위기 20:8)

---

[41] "이같이 율법이 우리를 그리스도께로 인도하는 초등교사가 되어 우리로 하여금 믿음으로 말미암아 의롭다 함을 얻게 하려 함이라"(갈라디아서 3:24).

[42] "너는 그를 거룩히 여기라 그는 네 하나님의 음식을 드림이니라 너는 그를 거룩히 여기라 **너희를 거룩하게 하는 나 여호와는 거룩함이니라**"(레위기 21:8). "그의 자손이 그의 백성 중에서 속되게 하지 말지니 **나는 그를 거룩하게 하는 여호와임이니라**"(레위기 21:15). "휘장 안에 들어가지 못할 것이요 제단에 가까이 하지 못할지니 이는 그가 흠이 있음이니라 이와 같이 그가 내 성소를 더럽지지 못할 것은 **나는 그들을 거룩하게 하는 여호와임이니라**"(레위기 21:23). "그들은 내 명령을 지킬 것이니라 그것을 속되게 하면 그로 말미암아 죄를 짓고 그 가운데에서 죽을까 하노라 **나는 그들을 거룩하게 하는 여호와이니라**"(레위기 22:9). "너희는 내 성호를 속되게 하지 말라 나는 이스라엘 자손 중에서 거룩하게 함을 받을 것이니라 **나는 너희를 거룩하게 하는 여호와요**"(레위기 22:32).

즉, 선악과 사건 이후, 하나님께서는 우리에게 할 수 없는 것조차 명령하시고, 당신 스스로 은혜의 약속을 이루어 주셨다. 이것이 바로 '복음(福音)'이다. 그렇게 '하나님의 모든 명령'은 우리 주 예수 그리스도 안에서 모두 "아멘"이 되었다. 이것이 바로 '복음'이다.

그렇게 '청부론과 청빈론 논쟁'이 한창이던 때, 나를 CMF 간사로 양육하신 목사님으로부터 들었던 이야기다. "이 말씀을 기록한 누가는 '노예 출신'이었어. 그런 점에서 볼 때, 누가복음에서 언급한 '바늘귀'는 진짜 '바늘귀'를 뜻하지 않을까?"

그러면서 '노예 출신'이라는 '누가의 사랑 이야기'를 해주셨다. 이야기의 구조는 간단하고 감동적이었다. 내가 전해 들은 이야기의 서사는 이러했다. "노예였던 누가는 어린 시절부터 워낙 성실하고 총명하여 주변 사람의 사랑을 받는 존재였다. 그러던 중 주인집 딸과 서로 깊은 사랑에 빠지게 되었는데, 안타깝게도 주인집 딸이 병으로 일찍 세상을 떠나게 되었다. 그렇게 딸이 일찍 세상을 떠나자, 자신의 딸이 깊이 사랑했던 누가를 주인이 자유인으로 해방시켜 주었다. 이러한 결정에는 누가가 가진 재능과 성품이 그의 이름처럼 워낙 빛났던 것도 한몫했다.[43] 이후 사랑하는 사람을 질병으로 잃었던 누가는 의학을 공부하여 의사가 되었다. 그리고 그 당시 노예가 해방될 때는 보증을 서주는 사람이 있어야 했는데, 누가가 노예에서 해방될 때 보증을 선 사람이 바로 누가복음과 사도행전의 수신인인 '데오빌로'다."

---

[43] 헬라어로 '루카스'라는 누가의 이름은 '빛을 주는 자'라는 뜻이다.

정말이지, 가슴 뭉클해지는 슬프면서도 아름다운 이야기였다. 그렇게 20년이 넘는 시간 동안 나는 누가에 대해 그렇게만 알고 있었다.

누가만 나와 함께 있느니라 네가 올 때에 마가를 데리고 오라 그가 나의 일에 유익하니라(디모데후서 4:11)

"누가만 나와 함께 있느니라." 그리고 이 말씀을 보면서 상상했다. '아! 그래서?!' 누가가 '노예 출신'이었다는 것이 사실이라면, 내가 보기에 누가는 '사랑하는 사람을 여러 번 상실해 본 아픔의 소유자'였다. 그 시절 노예는 노예로 태어나기도 했지만, 적지 않은 사람들이 '전쟁의 와중(渦中)'에 노예가 되었다. 민족과 민족이 전쟁하는 경우, 전쟁에 패한 민족 전체가 노예로 끌려가는 것이 일상이던 시절이었다. 그렇게 '전쟁의 와중'에 휩쓸려 노예가 된 사람들은 '육체노동'에만 시달리지 않았다. 문맹률(文盲率)이 높았던 시절이었다. 그러한 이유로, 그 당시 글을 아는 사람들은 '귀한 자원'이었다. 즉, 전쟁의 와중에 노예가 된 사람들은 신분은 노예이지만 자신이 원래 하던 일을 하는 경우가 흔했다. 쉽게 말해, 노예가 되기 이전에 '교사였던 사람은 교사로, 회계를 보던 사람은 회계로' 일하게 되었다.

그런 점에서, 내가 보기에 누가는 노예로 태어나기보다는 '전쟁의 와중'에 노예가 된 경우로 생각되었다. 이유는 이러했다. 노예로 태어난 아이가 주변 사람 모두의 사랑을 받을 만큼 총명하고 성실하다? 물론 그럴 수도 있겠지만, 그보다는 '유복하게 자라던 아이가 포로가 되어 노예가 된 경우가 아닐까?'라는 생각이었다. 그렇다면 누가는 포로가 되어 노예로 팔려 가는 과정에서 온 가족이 함께 한집으로 팔려 갔을까? 아니면 가족이 뿔뿔이 흩어지게 되었을까? 아마도 가족이 뿔뿔이 흩어지는 아픔을 겪지 않았을까? 이것이 누가가 첫 번째로 겪게 된 '상실의 경험'이 아니었을까? 사랑하는 가족과 헤어지는 과정에서 사랑하는 사람을 잃어버리는 경험을 너무 어린 나이에 겪었던 것은 아닐까?

혹자는 '어린 시절에 노예가 된 것과 태어나면서부터 노예인 것이 무슨 차이가 있을까?'라고 생각할 수 있다. 그러나 이것은 '소아 정신과의 애착 이론'에 따르면 중요한 차이다. 결정적인 차이다. 사람의 뇌를 건물로 비유해서 설명하자면 이와 같다. 사람의 뇌는 태어나는 순간 '건물은 지어졌으나, 그 안에 들어가는 인테리어(interior)는 완성되지 않은 상태'라고 할 수 있다. 태어났을 때 인테리어까지 완성된 부분은 숨을 쉬거나 소화를 하는 등, 생존에 필요한 '최소한의 생리적인 기능들'과 연관된 부분들이다. 아이를 키워보면 생후 4개월에서 6개월 사이에 생기는 '낯가림'을 경험하게 된다. '낯가림'이 생겼다는 것은 아이가 이전에 본 얼굴과 보지 못한 얼굴을 구별한다는 것을 의미한다. 즉, 아이는 생후 4개월에서 6개월 사이에 기억을 담당하는 층의 인테리어가 완성되어 비로소 불이 들어오게 된다. 이렇게 아이는 태어나서 처음 36개월 사이에 내부 인테리어의 대부분이 완성된다. 쉽게 말해, 뇌의 전반적인 기능은 생후 36개월 사이에 자리를 잡게 된다. 그런 점에서, 생후 36개월은 단순한 3년이 아니다. 이 시기는 그 아이의 평생을 좌우하는 가장 중요한 시기다. 그런 점에서 '어린 시절에 노예가 된 것과 (생후 36개월이 지난 후에 노예가 된 것과) 태어나면서부터 노예인 것'은 하늘과 땅 차이만큼 커다란 차이다. 태어나면서부터 노예인 아이에게 생후 36개월 사이에 충분한 영양분과 정서적 돌봄이 제공될까? 어림도 없는 이야기다.

어찌됐든 그렇게 '전쟁의 와중'에 노예가 되어 '사랑하는 가족을 잃어버리는 아픔'을 뒤로한 채, 이제 겨우 주인집 사람들의 사랑과 인정을 받게 되었는데 … 그렇게 아마도 또래였을 주인집 딸과 서로 사랑하는 사이가 되어 조금씩 안정되어 가는가 싶었는데 … 연이어 누가에게 다가온 '사랑하는 사람을 잃어버리는 경험'은 얼마나 아팠을까? 오히려 이때의 상실이 가족과 헤어져 노예가 되었던 때보다 더 아프지 않았을까? 어쩌면 노예가 되었던 때는 아직 너무 어린 시절이어서 '이게 뭔가?' 싶었을 수도 있지만, '사랑하는 여인을 질병으로 먼저 보낸 사내의 의학 수업은 그의 절규(絕叫) 아니었을까?'라는 생각이었다.

"**누가만 나와 함께 있느니라.**" 그러한 관점에서, 나는 이 말씀을 보며 소리를 질렀다. '아! 그래서?!' 바울이 로마에서 두 번째로 투옥(投獄)되었을 때는 정말이지 '비참한 상황'이었다. 그러한 상황에서 바울의 곁을 유일하게 지키고 있었던 사람은 다름 아닌 '누가'였다. 그렇다면, 누가는 왜 그랬을까? '아! 그래서?!' 사랑하는 사람을 잃어본 사람에게는 도드라지는 특징이 있다. 사랑하는 사람을 상실해 본 사람에게 나타나는 분명한 특징이 있다. 그것은 다시는 그러한 아픔을 겪지 않겠다는 '절규'다. '아! 그래서?!' 누가가 그렇게 '삶이 송두리째 흔들리는 아픔'을 두 번이나 겪었다면, 누가는 절대 바울을 포기할 수 없었을 것이라는 생각이 들었다. 이때까지만 해도 나는 '누가의 일생을 관통하는 핵심 감정'을 찾았다고 생각했다.

이러한 '누가의 아픔'을 통해 '누가복음과 사도행전'을 이해해 보려 애썼다. 그 결과, '소외된 자'와 '가난한 자' 그리고 그 당시 '사람 취급을 받지 못하던 여성에 대한 관심' 등이 쉽게 이해되었다. 이제는 누가에 대한 성경 인물 설교문을 쓸 수 있을 것만 같았다.

이제 내가 해야 할 일은 누가에게 닥쳤다는 '가슴 뭉클해지는 슬프면서도 아름다운 이야기'의 '기록으로 남은 근거(根據)'를 찾는 일이었다. 들은 이야기를 문서로 확인하는 작업이었다. '누가복음과 사도행전'에 대한 책을 사 모았다. 그리고 얼마 지나지 않아, 나는 소위(所謂) '시장 언어'로 '멘붕(멘탈 [mental] 붕괴)'에 빠졌다.

일단 누가가 노예였다는 주장은 아주 '소수 학자들의 주장'이었다. 게다가 명확한 문헌적 근거마저 없었다.[44] 그리고 '주인집 딸과의 사랑 이야기'는

---

[44] '누가복음과 사도행전'에 대한 여러 책을 검토한 뒤, 이 부분은 '인공지능'의 도움을 받았다. '인공지능'을 사용할 때 주의할 점은 인공지능의 '거짓말(hallucination)'이다. [물론 정신과적으로 볼 때, 인공지능의 이러한 현상은 치매 환자에서 흔히 보이는 '작화증(confabulation)'에 해당되어 보이나, 인공지능 전문가들이 이러한 현상을 'hallucination(정신과 용어로는 환각)'이라고 부르는 까닭에 그쪽 용어를 따랐다.] 인공지능은 해당 자료가 없음에도 이야기를 지어내는 경우가 있다. 이런 경우를 'hallucination'이라고 한다. 그러니 인공지능이 이러저러한 이야기가 있다고 할 경우 그 모든 답변을 신뢰해서는 안 된다. 그런 점에서 인공지능의 답변의 진위(眞僞)를 구별할 수 있는 지식을 가지는 경우에 한해 인공지능은 '유능한 비서'가 될 수 있다. 그리고 없는 이야기를 있는 것처럼 지어내는 인공지능의 hallucination을 생각할 때 '분명하게 확인할 수 있는 지점'이 있음을 알 수 있다. 인공지능에는 두 가지 유형이 있다. 하나는 그때까지 나온 자료를 대용량으로 학습한 뒤에 답을 내는 인공지능이다. 이 경우는 인공지능을 학습시키는 데 엄청난 비용이 든다. 그러한 이유로 기존에 대용량으로 학습을 시킨 인공지능 대신, 그보다 적은 양을 학습시킨 상태에서 검색 기능을 연결해 답을 내는 인공지능이 나오게 되었다. 쉽게 말해 전자(前者)의 인공지능이 박사학위를 가진 비서라면, 후자(後者)는 학부 수준의 지식을 가진 비서가 전 세계 도서관을 아주 짧은 시간에 돌아다니며 자료를 찾아오는 것이라 할 수 있다. 나는 후자에 해당하는 인공지능들의 도움을 주로 받았다. 그렇게 인공지능으로부터 받은 답변의 일부를 인용하면 이러하다. "누가가 노예 출신이라는 주장은 성경이나 역사적 기록에서 찾아볼 수 없으며, 누가의 출신과 관련된 유일한 정보는 그가 헬라인 출신의 의사였다는 것입니다. 따라서, 누가가 노예 출신이라는 주장은 사실이 아니며, 이는 잘못된 정보입니다." 인공지능의 hallucination을 생각할 때 '없는 이야기를 있는 이야기처럼 지어낼 수는 있

소설에 불과하다는 사실을 알게 되었다. 당연히 '누가가 노예에서 해방될 때 보증을 선 사람이 데오빌로'라는 이야기 또한 없는 이야기였다. 물론 지구상에 나와 있는 모든 문서를 검토한 것이 아니니, 100% 아니라고 단정할 수는 없었지만 말이다.

오히려, 누가는 '유복한 환경에서 태어나 자란 인물'로 알려져 있었다. 누가의 출생지에 대해서는 의견이 둘로 나뉘었다. 우선 누가가 '바울을 선교사로 파송한 교회가 있던 수리아 안디옥 출신'이라고 주장하는 학자들이 있었다. 그들은 '사도행전'에 수리아 안디옥에 관한 기사가 유난히 많고 상세하다는 점을 근거(根據)로 내세웠다. 하지만, 안디옥 교회는 앞에서도 언급했듯이 바울을 파송한 교회였다. 그러니 사도행전에 안디옥 교회에 관한 내용이 많은 것은 당연한 일이었다. 반면 '드로아'가 누가의 출생지라고 주장하는 학자들이 있었다. 그들은 사도행전에서 주어(主語)가 '바울'에서 '우리'로 처음 바뀐 곳이 '드로아'라는 점을 근거로 들었다.[45] 쉽게 말해, 누가는 드로아에서 태어나 그곳에서 활동하던 의사라는 것이었다. 이러한 양쪽 의견

다. 하지만 '있는 이야기를 없다고 하는 것'이 가능할까? 즉, 여러 인공지능에게 질문한 결과, '누가가 노예 출신이라는 기록이 없다'는 답변은 신뢰할 수 있다고 보았다. 이 답변을 믿지 않고, 내가 직접 관련 자료 전부를 70~80년간 찾아서 읽어본다고 한들 지구상에 존재하는 자료 전부를 읽을 수 있을까? 만에 하나 그렇게 지구상에 존재하는 자료 전부를 읽었다 한들, 누가가 노예 출신이라는 기록이 없다고 100% 확신할 수 있을까?

[45] "⁹밤에 환상이 바울에게 보이니 마게도냐 사람 하나가 서서 그에게 청하여 이르되 마게도냐로 건너와서 우리를 도우라 하거늘 ¹⁰바울이 그 환상을 보았을 때 **우리가 곧 마게도냐로 떠나기를 힘쓰니 이는 하나님이 저 사람들에게 복음을 전하라고 우리를 부르신 줄로 인정함이러라 ¹¹우리가 드로아에서 배로 떠나 사모드라게로 직행하여** 이튿날 네압볼리로 가고"(사도행전 16:9-11).

을 모아, 누가는 '드로아'에서 태어나 '수리아 안디옥'에서 자라고 활동했던 의사라는 주장도 있었다. 과연 어느 주장이 맞는 이야기일까? 내 눈에는 앞에 소개한 세 가지 주장 모두 '그럴 수도 있지만, 아닐 수도 있는 의견' 정도로 보였다.

하지만, 누가가 '유복한 환경에서 자란 인물'이라는 주장은 신빙성이 높아 보였다. 누가가 유복한 환경에서 자랐다는 근거는 이와 같았다. "사랑을 받는 의사 누가와 또 데마가 너희에게 문안하느니라."[46] 우선 나는 그 당시 '의사의 사회경제적 지위'를 찾아보았다. 누가가 활동하던 때, 의사의 사회적 지위는 '상류층'으로 알려져 있었다. 의사들은 '귀족이나 부유한 계층'과 교류했으며 존경받는 직업이었다. 또한 경제적으로도 많은 수입을 올렸다고 했다. 물론 누가가 어디에서 의학 교육을 받았는가에 대해서는 의견이 분분했지만, 그 당시 사회경제적 배경이 없는 상황에서 의학 교육을 받는다는 것은 쉽지 않은 일이었다.

무엇보다도, 내가 누가의 배경이 '유복한 환경'이었을 가능성이 높다고 확신하게 된 부분은 **'누가복음과 사도행전 문체(文體)'에 대한 학자들의 평가였다**. 구약은 히브리어로 기록된 반면, 신약은 헬라어로 기록되었다.[47] 이렇게 히브리어로 기록된 구약성경 중에 가장 아름다운 문체(文體)를 가진 성경으로 학자들은 '이사야서'를 꼽는다. 그런데 이사야는 '왕족 출신'이었

---

46 골로새서 4:14
47 물론 성경 본문 100% 모두가 그렇다는 것은 아니다. 혹시나 해서 적어둔다.

다.⁴⁸ 그리고 헬라어로 기록된 신약성경 중에 가장 아름다운 문체를 가진 성경은 '누가복음과 사도행전'으로 알려져 있다. 앞에서도 언급했듯이, 문맹률(文盲率)이 높던 시절이었다. 그러한 시절에 '가장 아름다운 문체를 가진 성경'을 쓸 수 있다는 것은 무엇을 의미할까? 그것은 단순한 재능의 문제가 아닐 것이다. 심지어 '누가의 문체'는 '당대의 석학(碩學)'이었던 바울보다 뛰어나다는 평가를 받고 있었다. 더군다나 바울은 길리기아 다소 출신으로 헬라어권에서 태어난 인물이었다. 즉, 바울은 성장한 뒤에 헬라어를 배우지 않았다. 태어나면서부터 익혔던 헬라어였다. 그런데 그러한 바울의 글보다 누가의 글이 더 뛰어난 문체라는 이야기다.⁴⁹ 이것이 과연 '노예 출신'에게 가능한 일일까? 즉, 누가는 '유복한 환경'에서 태어난 '뛰어난 재능(才能)을 가진 사람'이었을 가능성이 높았다. 더군다나 누가는 바울과 같이 '로마 시민권자'였던 것으로 알려져 있었다.

그리고 누가가 '유복한 환경'에서 태어난 '뛰어난 재능(才能)을 가진 사람'으로서 '로마 시민권자'라는 견해는 **'누가복음과 사도행전'이 '기록된 과정'과**

---

48 "유다 왕 웃시야와 요담과 아하스와 히스기야 시대에 **아모스의 아들 이사야가** 유다와 예루살렘에 관하여 본 계시라"(이사야 1:1).: 물론 다른 주장을 하는 학자도 존재하지만, 이사야는 남방 유다의 왕 '요아스의 손자'이자 '아모스의 아들'로 알려져 있다. 당연히 이때 '아모스'는 '선지자 아모스'가 아니다.

49 물론 바울 서신서는 '대필자(代筆者)'가 있었던 것으로 유명하다.: "**이 편지를 기록하는 나 더디오도** 주 안에서 너희에게 문안하노라"(로마서 16:22).: 거기에 더해, 바울의 후기 서신서의 대필자로 신학자들은 누가를 꼽고 있다. 그러나 대필(代筆)은 원저자의 어투를 벗어나기 힘들다. 즉, 누가가 바울의 후기 서신서들을 대필했다고 해도 누가의 문체가 바울의 문체보다 뛰어나다는 사실을 희석시키지 못한다.

잘 어울렸다.

> ³¹보병이 명을 받은 대로 밤에 바울을 데리고 안디바드리에 이르러 ³²이튿날 기병으로 바울을 호송하게 하고 영내로 돌아가니라 ³³**그들이 가이사랴에 들어가서** 편지를 총독에게 드리고 바울을 그 앞에 세우니 ³⁴총독이 읽고 바울더러 어느 영지 사람이냐 물어 길리기아 사람인 줄 알고 ³⁵이르되 너를 고발하는 사람들이 오거든 네 말을 들으리라 하고 헤롯궁에 그를 지키라 명하니라(사도행전 23:31-35)

바울이 예루살렘 성전에 '이방인을 데리고 들어갔다는 오해'[50]에서 시작된 이 소동은 '바울의 1차 투옥(投獄)'으로 이어졌다. 그렇게 로마로 압송되기 전에 바울은 '예루살렘에서 가이사랴'로 압송되었다. 이때 '가이사랴'는 바울이 '제2차 전도 여행'에서 팔레스타인 지역으로 돌아올 때 도착했던 도시로[51] '해상 교통의 중심지 역할'을 하였으며, '무역과 상업이 발달'된 곳이었다. 로마로 압송되기 전, 바울은 이곳에서 2년이 넘는 시간 동안 갇혀 있

---

50 "이는 그들이 전에 에베소 사람 드로비모가 바울과 함께 시내에 있음을 보고 바울이 그를 성전에 데리고 들어간 줄로 생각함이러라"(사도행전 21:29).: 물론 바울은 그의 전도 여행 중에 여러 번 투옥된 적이 있다. 여기에서 '바울의 1차 투옥(投獄)'이라는 것은 바울의 '로마 1차 투옥(가이사랴에서의 투옥과 가이사랴에서 로마까지 압송되는 기간까지 포함)'을 의미한다.

51 바울이 회심한 후 첫 번째 예루살렘 방문 때, 바울의 목숨을 노리는 자들이 늘어나자, 형제들이 안전을 위하여 바울을 고향인 다소로 보낼 때도 가이사랴가 이용되었다.: "²⁸사울이 제자들과 함께 있어 예루살렘에 출입하며 ²⁹또 주 예수의 이름으로 담대히 말하고 헬라파 유대인들과 함께 말하며 변론하니 그 사람들이 죽이려고 힘쓰거늘 ³⁰**형제들이 알고 가이사랴로 데리고 내려가서 다소로 보내니라**"(사도행전 9:28-30).

었다.⁵²

>¹**우리 중에 이루어진 사실에 대하여** ²처음부터 목격자와 말씀의 일꾼 된 자들이 전하여 준 그대로 내력을 저술하려고 붓을 든 사람이 많은지라 ³**그 모든 일을 근원부터 자세히 미루어 살핀 나도** 데오빌로 각하에게 차례대로 써 보내는 것이 좋은 줄 알았노니 ⁴이는 각하가 알고 있는 바를 더 확실하게 하려 함이로라(누가복음 1:1-4)

"그 모든 일을 근원부터 자세히 미루어 살핀 나도." 신학자들은 바로 이 시기에 누가가 팔레스타인 지역을 돌아다니며 '예수님을 통해 이루어진 사실'에 대하여 취재했다고 보고 있다. 즉, 바울이 가이사랴에 갇혀 있던 2년 남짓한 시간 동안, 누가는 '누가복음과 사도행전 기록'을 위한 기초 작업을 하고 있었다는 것이다.

>¹⁶**우리가 로마에 들어가니** 바울에게는 자기를 지키는 한 군인과 함께 따로 있게 허락하더라 … ³⁰**바울이 온 이태를 자기 셋집에 머물면서** 자기에게 오는 사람을 다 영접하고 ³¹하나님의 나라를 전파하며 주 예수 그리스도에 관한 모든 것을 담대하게 거침없이 가르치더라(사도행전 28:16, 30-31)

---

52 "이태가 지난 후 보르기오 베스도가 벨릭스의 소임을 이어받으니 벨릭스가 유대인의 마음을 얻고자 하여 바울을 구류하여 두니라"(사도행전 24:27).

그리고 그렇게 2년 동안 모여진 '예수님을 통하여 이루어진 사실'은, 로마에서의 '바울의 1차 투옥(投獄)' 기간 동안 '누가복음과 사도행전'으로 탄생했다는 것이 신학자들의 설명이다.[53] 이러한 신학자들의 설명이 사실이라면, 누가가 '유복한 환경'에서 태어나 자란 '로마 시민권자'라는 주장은 개연성(蓋然性)이 높아진다. 생각해 보라. 21세기인 지금도 누군가가 2년 동안 생업(生業)에 종사하지 않고 여행을 다닌다면 그 비용이 얼마나 될까? 더군다나 여행의 안전이 보장되지 않던 시절이었다. 그런 시절에 '로마의 식민지였던 팔레스타인 지역'을 종횡무진(縱橫無盡)하며 '예수님을 통해 이루어진 사실'에 대해 취재하러 다닌다? 더군다나 그 당시 '예수님에 대한 이야기'는 팔레스타인 지역에서 환영받지 못하던 내용이었다.[54] 그러니 이방인 출신으로 '로마 시민권자'가 아니고서야. 이러한 일이 가능했을까? 아니, 하나님께서 당신의 사람을 사용하실 때 이 정도의 배려도 없이 일을 시키시는 경우를 본 적이 있는가? 성경에 등장하는 인물 중, 그러한 경우를 나는 거의 보지 못했다.

그렇게 하여, 누가복음에만 기록된 이야기가 30개가 넘는다.[55] '세례 요한과 예수님의 출생 예고, 마리아의 찬가, 사가랴의 예언, 목자들의 경배, 안나와 시므온 이야기, 예수님의 12세 때 성전에서 있었던 일, 나인성 과부의 아들을 살리신 이야기, 예수님을 따르며 섬겼던 여인들의 명단, 70인 제자의 파송, 선한 사마리아인의 비유, 돌아온 탕자의 비유, 부자와 나사로,

---

53 물론, 다른 시기에 기록되었다는 주장 또한 차고 넘친다.
54 어느 시대나 마찬가지지만 말이다.
55 이야기를 어떻게 끊어서 보느냐에 따라 40개가 넘기도 한다.

고침 받은 문둥병자 열 사람 중 돌아온 한 이방인, 바리새인과 세리의 기도, 삭개오 이야기, 헤롯의 예수님 심문, 엠마오로 가던 두 제자, 예수님의 승천 장면' 등 누가가 아니었다면 알려지지 않았을 이야기가 너무도 많다.

즉, 누가가 '유복한 환경'에서 태어난 '뛰어난 재능을 가진 사람'으로서 '로마 시민권자'라는 견해는, 그를 통하여 기록된 '누가복음과 사도행전'을 볼 때 사실로 보인다. 그렇다면, 누가는 '어떤 성품의 소유자'였을까? 신학자들은 '누가복음과 사도행전'의 '뛰어난 문체'와 '충실하면서도 일목요연(一目瞭然)한 기록'을 근거로 누가의 성품을 이와 같이 예측한다. 첫 번째, 누가는 '성실하고 꼼꼼한 성품'의 소유자로 보인다. 두 번째, 누가는 '인내심이 강하고 배려심이 많으며 약자와 소외받는 사람들에 대한 따뜻한 시선'을 소유한 사람으로 보인다. 세 번째, 누가는 '믿음이 강하고 열정적인 동시에 자신의 자리를 끝까지 지키는 단단한 성품'의 소유자로 보인다. 쉽게 말해, '누가의 성품'에 대한 신학자들의 평가는 소위(所謂) '좋은 말은 다 갖다 붙여놓은 셈'이다.

게다가 그는 '유복한 환경'에서 태어난 '뛰어난 재능을 가진 사람'으로서 '로마 시민권자'였다. 쉽게 말해, 누가는 '다 가진 사람'이었다. 요즘 젊은 세대의 언어로 '사기캐'[56]였다. 즉, 다른 사람들과 비교했을 때 '능력이나 배경 그리고 성격' 등 모든 부분에서 탁월한 '마치 사기를 치는 것처럼 느껴지는 사람'이었다.

---

56 게임이나 만화에서 유래된 신조어(新造語)로 '사기 캐릭터(character)'의 줄임말이다.

그 모든 일을 근원부터 자세히 미루어 살핀 나도 **데오빌로 각하에게** 차례대로 써 보내는 것이 좋은 줄 알았노니(누가복음 1:3)

¹**데오빌로여** 내가 먼저 쓴 글에는 무릇 예수께서 행하시며 가르치시기를 시작하심부터 ²그가 택하신 사도들에게 성령으로 명하시고 승천하신 날까지의 일을 기록하였노라(사도행전 1:1-2)

그렇게 놓고 보면, '누가복음과 사도행전'의 수신자(受信者)인 '데오빌로' 또한 '누가가 노예에서 해방될 때 보증을 섰던 사람'이 아니라는 이야기가 된다. 신학자 중 일부는 '데오빌로'의 뜻이 '하나님을 사랑하는 자'라는 점에 착안(着眼)하여, 누가가 '예수 믿는 이방인 독자'를 상정하여 쓴 '가상의 인물' 이라는 주장을 하기도 한다. 그러나 누가복음과 사도행전에 기록된 데오빌로의 '호칭(呼稱) 변화'로 볼 때, 데오빌로는 실제 존재했던 인물로 보인다. 이유는 간단하다.

누가복음에 기록된 '각하'는 그 당시 '최고위직 관료'에게 붙는 호칭(呼稱)이었다. 우리 대한민국도 민주화 이전에 대통령에게 같은 호칭을 붙였었다. 즉, 대한민국은 '각하'라는 호칭이 얼마나 익숙한지에 따라 연령대를 예측할 수 있는 곳이다. 그런데 누가복음에서는 '각하'라고 불렸던 데오빌로의 호칭이 사도행전에서는 '데오빌로여'로 변했음을 알 수 있다. 이러한 호칭의 변화는 누가복음과 사도행전이 각각 기록되던 사이에 '변화된 누가와 데오빌로의 관계'를 의미한다. 즉, 바울의 '로마에서의 가택 연금' 기간 누가복음과 사도행전이 기록되었다면, 2년이 채 안 되는 기간에 일어난 변화였다.

누가가 '유복한 환경'에서 자랐다면, 아마도 데오빌로는 '누가의 집안'을 통하여 알던 지인(知人)이었을 수도 있다. 혹은 누가가 의사로 활동하던 기간, 그가 치료하면서 친분(親分)이 생긴 사람이었을 수도 있다. 어찌됐든, 누가복음에서는 '데오빌로 각하'라고 불렸던 데오빌로는 사도행전에서는 '데오빌로여'로 호칭이 바뀌어 있다. 무슨 의미일까? 누가복음을 통하여 변화된 데오빌로에게 이제는 '각하라는 호칭'보다는 '우리 주 예수 그리스도의 십자가를 통하여 누가와 한 형제 된 정체성'이 더 중요해졌다는 이야기다. 즉, 데오빌로는 누가가 '예수 믿는 이방인 독자'를 상정하여 만들어 낸 '가상의 인물'이 아니라 '실존 인물'이었을 것이다.

어찌됐든, 문제는 누가가 '유복한 환경'에서 자란 '뛰어난 재능을 가진 사람'으로서 '로마 시민권자'라는 기록에서 발생했다. 누가가 '노예 출신'이었다는 이야기를 들었을 때는, 바울을 끝까지 지킨 '누가의 행동'이 쉽게 이해되었다. '성실하고 꼼꼼한 성품'이 그의 미덕으로 보였다. '인내심이 강하고 배려심이 많으며 약자와 소외받는 사람들에 대한 그의 따뜻한 시선'이 가슴에 와닿았다. '믿음이 강하고 열정적인 동시에 자신의 자리를 끝까지 지키는 단단한 성품'이 도전이 되었다.

그런데 그러한 성품(性品)의 소유자가 '유복한 환경'에서 자란 '뛰어난 재능을 가진 사람'으로서 '로마 시민권자'였다? 나는 상담자로 평생을 살아오면서 그러한 사람을 본 적이 없다. 아니, 현실에서는 나오기 힘든 '캐릭터(character)'였다. 불가능한 '캐릭터'였다. 이것은 마치 '살집이 있어서 푸근한 날씬한 사람'이라는 말과도 같은 이야기였다. 물론 이러한 내 말에 동의할 수 없는 지체가 있을 것이다. 쉽게 말해, '유복한 환경'에서 자란 '뛰어난 재능을 가진 사람'이 '성격마저 좋은 경우'를 본 적이 있다고 주장하는 지체들이 있을 것이다. 누구나 한 명쯤은 그런 사람을 어렵지 않게 떠올릴 수 있을 것이다. 그러나 사람의 인생은 겉으로 보이는 것이 전부가 아니다. 겉으로 볼 때는 무엇 하나 모자랄 것 없는 유복한 환경으로 보이지만, 그 내면에는 드러낼 수 없는 아픔으로 가득한 것이 인생이다. 그 결과 성숙한 인격을 가지게 되는 것이 사람이다. 즉, 정말 그의 삶에 어려움이 하나도 없었다면 결코 사람은 성숙하지 않는다. 물론 평온한 시기, 겉으로 흉내는 낼 수는 있다. 그리하여 피상적으로 그를 볼 때 착각할 수는 있다. 하지만 제대로 된 세상풍파(世上風波)가 닥쳐올 경우, 온실 속의 화초는 흔적도 없이 사라지는 것이 인생이다. 누가도 마찬가지였을 것이다.

한 가지 더, 앞에서 언급한 '유복한 환경'이라는 단어 때문에 갸우뚱하는 지체가 있을 수 있다. 우선 누가가 태어나서 자라던 시절의 '유복한 환경'과 21세기 대한민국의 '유복한 환경'은 차이가 있다. 즉, 적지 않은 지체들이 '유복한 환경'이라는 의미를 '중산층'에서 태어나 별다른 어려움 없이 자란 경우를 상상할 가능성이 높다. 그러한 이유로 앞에서 했던 이 말에 쉽게 동의가 되지 않을 수 있다. "그런데 그러한 성품의 소유자가 '유복한 환경'에서 자란 '뛰어난 재능을 가진 사람'으로서 '로마 시민권자'였다? 나는 상담자로 평생을 살아오면서 그러한 사람을 본 적이 없다. 아니, 현실에서는 나오기 힘든 '캐릭터'였다. 불가능한 '캐릭터'였다. 이것은 마치 '살집이 있어서 푸근한 날씬한 사람'이라는 말과도 같은 이야기였다."

누가가 살았던 세상은 노예와 극빈층이 절대다수를 차지하던 곳이었다. 신분제 사회였다. 쉽게 말해, 누가 주변에 누가와 비슷한 처지의 사람이 많지 않은 환경이었다. 문맹률이 높던 시대였으니, 오랜 세월 글공부를 할 수 있다는 것은 특권층에서나 가능한 일이었을 것이다. 즉, 누가가 살았던 세상에서 '유복한 환경'이라는 것은 지금과는 차원이 다른 이야기였다. 쉽게 말해, 누가가 살았던 세상에서 '유복한 환경'이라는 이야기는 지금의 '중산층' 정도를 의미하지 않는다. 아예 '다른 세상'을 의미한다.

어린 시절부터 '모든 일에 배려를 받고 자란 사람'이 '다른 사람의 아픔과 결핍을 깊이 공감한다'는 것은 상상에서나 가능한 일이다. 한국누가회(CMF)에서 사역하는 동안 20대의 여자아이들이 내게 와서 "간사님, 저는요. 좋은 집안에서 자란 배려심이 많은 남자를 만나고 싶어요"라고 할 때마다 해줬던 이야기는 이러했다. "얘야, 너의 이야기는 '간사님 저는 뚱뚱한 날씬한 사람이 좋아요'라는 말과 같단다. 그러니 방금 말했던 것 둘 중에 하나를 선택하렴. 세상은 다 가질 수 없단다. 그리고 없는 부분은 둘이 세상을 살아가면서 채워가면 된단다. 만들어 가면 된단다."

결혼을 앞둔 남자 친구가 연애 경험이 별로 없어서인지, 자신의 귀에 달콤한 말을 잘 못한다고 불평하는 자매들에게는 이렇게 조언했다. "그러니까, 지금 너의 이야기는 너의 남자 친구를 나한테 네 기분에 따라 그때그때 딱 맞는 말을 할 수 있도록 교육시켜 달라는 것이지?" "그런데, 있잖아. 세상에는 네 기분에 따라 그때그때 딱 맞는 말을 할 수 있는 능력이 아주 탁월한 남자들이 있기는 한데 … 문제가 하나 있단다. 그것은 그런 남자를 다른 여자들도 너무 좋아한다는 것이지. 그래서 보통 그런 남자 주변에는 여자가 많단다. 그러니까, 선택을 하렴. 지금 재수 없는 말을 하는 그놈과 결혼한 뒤에 하나하나 다듬어 가면서 살래? 아니면 지금 네 마음에 딱 맞는 말을 해주는 남자와 결혼해서 다른 여자들과 그 남자를 나누어서 쓸래?" 물론 나의 이 조언에 발끈하는 사람들도 있을 것이다. 하지만 나는 '무엇이 옳은지?'보다는 '현실을 알려 주는 것'이 나를 찾아온 20대 여자아이의 인생에 도움이 된다는 사실을 잘 알고 있다. 내가 했던 상담은 '내가 얼마나 옳은 생각을 가지고 있는지를 증명하는 자리'가 아니다. 어찌됐든, 지금까지 나를 찾아왔던 자매들은 백이면 백 거의 모두 0.1초 안에 이렇게 대답했다. "간사님, 그냥 지금 남자 친구하고 결혼해서 다듬어 가면서 살게요!"

무슨 말을 하려고 뜬금없어 보이는 예를 든 것일까? 내가 보기에는 '누가복음과 사도행전'을 통해 유추한 '누가의 배경과 성품'은 서로 맞는 짝이 아니었다. 하지만 '누가복음과 사도행전'의 '문체와 내용'을 볼 때, 부정할 수 없는 사실이었다. '누가복음과 사도행전 정도의 문체'를 노예 출신이 썼다? 불가능한 일이었다. 누가 봐도 '누가복음과 사도행전'은 '유복한 환경'에서 자란 '뛰어난 재능을 가진 사람'의 작품이 분명했다.[57] 동시에 '누가복음과 사도행전'은 이 글의 저자가 '성실하고 꼼꼼하며 인내심이 강한 사람'이라고 은연중에 밝히고 있었다. '배려심이 많으면서 동시에 약자와 소외된 사람들에게 따뜻한 시선을 가진 사람의 작품'이라고 대놓고 말하고 있었다. 그러니 난감했던 것이다. 이러한 배경과 성품의 사람은 상상 속에서나 가능한

---

[57] 당연히 '누가복음과 사도행전'의 원저자(原著者)는 '하나님'이시다.

일이었다. 우리의 희망 속에서나 존재하는 인물에 대한 이야기로 보였다.

'**어떻게 이것이 가능하지?** 그래, 뭐, 누가가 '제2차 전도 여행'부터 바울을 만나 동행하는 가운데 이루어진 **"성숙의 결과"**일 수도 있지.' 내가 상담하면서 해주었던 이야기처럼 말이다. 바로 이 부분이다. "결혼한 뒤에 하나하나 다듬어 가면서 살면 된단다. 세상은 다 가질 수 없단다. 없는 부분은 둘이서 세상을 살아가면서 채워가면 된단다. 만들어 가면 된단다." '사도행전' 기록을 보면, 누가는 바울을 '제2차 전도 여행' 초반에 처음 만났다. 그렇게 '제2차와 제3차 전도 여행'을 함께한 뒤, 팔레스타인 지역을 돌며 기초 작업을 했다. 소위(所謂) '취재 노트'를 기록했다. 로마로 가는 중에 바울이 만났던 풍랑에 의한 파선(破船) 또한 같이 겪었다. 그렇게 우여곡절(迂餘曲折) 끝에 도착한 로마에서 기록한 것이 '누가복음과 사도행전'이다. 그러니 누가는 바울을 처음 만났을 때와는 비교도 안 될 만큼 '성숙한 상태'에서 '누가복음과 사도행전'을 기록했을 것이다.

쉽게 말해, 우리는 성숙한 후의 누가를 '누가복음과 사도행전'을 통하여 만나고 있는 셈이다. 하지만 그렇다 하더라도 그의 품성이 그 과정을 통하여 완전히 바뀐 것일까? 인생을 살아본 사람들은 모두 알고 있다. 그럴 리가 없다. 그 시간을 통하여 변하는 것은 대부분의 경우 '단단해지고 깊어진 깊이'다. 다만 원숙미(圓熟美)가 더해질 뿐, 그의 근본이 바뀌는 경우는 거의 없다. 물론 나의 다섯 번째 책 『하나님은 사람을 고쳐서 쓰신다-마태, 마가』에서 언급했듯이, 하나님께서 하시면 가능한 일이기는 하다. 그렇다면 누가는 이 경우에 해당하는 것일까? 이 부분은 누가 네 번째 단원에서 자세히 다루겠다.

어찌됐든, 그렇게 '완벽한 누가'를 통하여 우리가 얻을 수 있는 '교훈'은 무엇일까? '은혜'는 무엇일까? '우리도 누가처럼 되자? 너는 왜 누가처럼 못 하냐?' 그렇게 해서 얻을 수 있는 것이 무엇일까? 누가는 정말이지, 대단한 사람이었다는 인정? 이건 좀 아니지 않나 싶었다.

그렇게 한참을 고민하던 중, 다른 것이 보이기 시작했다. 그것은 '다메섹 도상(道上)'에서 예수님을 만난 후, 정말이지 '잔인한 삶'을 통과하며 하나님께 받은 소명을 향해 죽을 힘을 다해 달려갔던 바울의 삶이었다. 이것이 바로 '누가 이야기'임에도 불구하고 '바울 이야기'를 많이 하는 이유다.

> **누가만 나와 함께 있느니라** 네가 올 때에 마가를 데리고 오라 그가 나의 일에 유익하니라(디모데후서 4:11)

"**누가만 나와 함께 있느니라.**" 그랬다. 평생 '잔인한 삶'을 통과하며 하나님께 받은 소명을 향해 죽을 힘을 다해 달려갔던 바울의 곁에 누가가 있었다. 그렇게 세상 어디에도 머리 둘 곳 하나 없던 바울의 곁에 누가가 있었다.[58]

신학자들은 누가를 '바울의 제자'라고 부른다. 하지만, 여기까지 미루어 살펴본 나는 '과연 그랬을까?'라는 입장이다. 물론 누가는 바울로부터 많은

---

[58] "예수께서 이르시되 여우도 굴이 있고 공중의 새도 집이 있으되 인자는 머리 둘 곳이 없도다 하시고"(누가복음 9:58).: 예수님을 만난 후, 바울은 '예수님과 같은 처지'가 되었다.

것을 배웠을 것이다.

우리 중에 **이루어진 사실**에 대하여(누가복음 1:1)

특별히 '예수님을 통하여 이루어진 사실'이 '구약의 예언을 어떻게 성취하는지'에 대해 자세히 배울 수 있었을 것이다. 즉, 예수님이 어떻게 구약의 모든 선지자들이 예언했던 바로 '그 메시아'이신지 자세히 배웠을 것이다. 그런 면에서 볼 때, 누가는 '바울의 제자'가 분명했다. 그러므로 바로 위에 언급한 '과연 누가가 바울의 제자였을까?'라는 나의 입장은 다른 의미에서 쓴 것이다. 내 눈에 '누가'는 **'성품 좋은 바울'**로 보였다. 반면 '바울'은 **'맺고 끊는 것이 분명한 누가'**로 보였다. 누가가 바울로부터 복음을 전해 받았다는 점만 빼놓고 볼 때 그러해 보였다.

즉, 누가는 '바울을 위한 하나님의 선물'이었다. '바울을 위한 하나님의 위로'였다. '히브리인 중의 히브리인'[59]이었던 바울이 '이방인의 사도'로서 겪어내야만 했던 그 '잔인한 길의 동반자'였다. 그러니 누가는 바울의 말 상대가 되어줄 만큼 '학식이 뛰어난 존재'여야 했을 것이다. 즉, 누가는 바울이 복음에 대해 설명할 때 "아, 그래서 그 일이 그런 의미가 되는군요"라고 '거울과 같은 역할'을 해줄 수 있는 사람이었을 것이다. 동시에 누가는 '죽기 직전까지 매를 맞고 돌에 맞아 상할 대로 상해버린 바울의 육신'을 돌봐줄 수

---

59 "나는 팔일 만에 할례를 받고 이스라엘 족속이요 베냐민 지파요 히브리인 중의 히브리인이요 율법으로는 바리새인이요"(빌립보서 3:5).

있는 사람이어야 했을 것이다.[60] '맺고 끊는 것이 강한 성격이었던 바울'이 무언가에 몰두해 날카로워졌을 때, 그를 달래줄 수 있는 성품의 소유자였을 것이다. 그리고 바울과 같이 '로마 시민권자'였던 누가는 바울 곁을 자유롭게 드나들 수 있는 '현실적인 능력자'였을 것이다. 여기까지가 바울을 위한 '누가라는 선물'의 특징일 것이다.

> 베드로에게 역사하사 그를 할례자의 사도로 삼으신 이가 또한 내게 역사하사 **나를 이방인의 사도로 삼으셨느니라**(갈라디아서 2:8)

> 이를 위하여 내가 전파하는 자와 사도로 세움을 입은 것은 참말이요 거짓말이 아니니 **믿음과 진리 안에서 내가 이방인의 스승이 되었노라**(디모데전서 2:7)

누가는 성경의 저자 중 '유일한 이방인'이다. 이것이 의미하는 바가 무엇일까? '이방인의 스승'이자 '이방인의 사도'였던 바울의 사역은 '**누가를 통하여 비로소 완성**'되었다. 누가복음은 이렇게 시작된다. "우리 중에 **이루어진 사실**에 대하여." 즉, 누가복음은 "선지자를 통하여 하신 말씀을 **이루려 하심**

---

[60] "[23]그들이 그리스도의 일꾼이냐 정신 없는 말을 하거니와 나는 더욱 그러하도다 내가 수고를 넘치도록 하고 옥에 갇히기도 더 많이 하고 매도 수없이 맞고 여러 번 죽을 뻔하였으니 [24]유대인들에게 사십에서 하나 감한 매를 다섯 번 맞았으며 [25]세 번 태장으로 맞고 한 번 돌로 맞고 세 번 파선하고 일 주야를 깊은 바다에서 지냈으며 [26]여러 번 여행하면서 강의 위험과 강도의 위험과 동족의 위험과 이방인의 위험과 시내의 위험과 광야의 위험과 바다의 위험과 거짓 형제 중의 위험을 당하고 [27]또 수고하며 애쓰고 여러 번 자지 못하고 주리며 목마르고 여러 번 굶고 춥고 헐벗었노라"(고린도후서 11:23-27).

이라"⁶¹가 반복되는 마태복음의 '이방인 버전(version)'이다. 즉, "선지자를 통하여 하신 말씀을 **이루려 하심이라**"라는 증언을 통하여 구약과 신약을 이어주는 '유대인 버전(version)'이 '마태복음'이라면, "우리 중에 **이루어진 사실에 대하여**"라는 선언을 통하여 구약과 신약을 이어주는 '이방인 버전(version)'은 '누가복음'이라는 이야기가 된다. 그렇게 '**이루어진 사실**'을 '누가복음'에서 밝힌 뒤에, '**예수님을 통해 성취된 일이 온 세상으로 퍼져나가는 과정**'을 담은 것이 바로 '사도행전'이다. 즉, 예수님께서 '구약의 예언을 이루신 사건'을 기록한 책이 '누가복음'이라면, '예수의 영'인 '성령 하나님께서 예루살렘과

---

61 "¹⁴요셉이 일어나서 밤에 아기와 그의 어머니를 데리고 애굽으로 떠나가 ¹⁵헤롯이 죽기까지 거기 있었으니 이는 주께서 **선지자를 통하여 말씀하신 바** 애굽으로부터 내 아들을 불렀다 **함을 이루려 하심이라**"(마태복음 2:14-15). "나사렛이란 동네에 가서 사니 이는 **선지자로 하신 말씀에** 나사렛 사람이라 칭하리라 **하심을 이루려 함이러라**"(마태복음 2:23). "¹²예수께서 요한이 잡혔음을 들으시고 갈릴리로 물러가셨다가 ¹³나사렛을 떠나 스불론과 납달리 지경 해변에 있는 가버나움에 가서 사시니 ¹⁴이는 **선지자 이사야를 통하여 하신 말씀을 이루려 하심이라** 일렀으되 ¹⁵스불론 땅과 납달리 땅과 요단강 저편 해변 길과 이방의 갈릴리여 ¹⁶흑암에 앉은 백성이 큰 빛을 보았고 사망의 땅과 그늘에 앉은 자들에게 빛이 비치었도다 하였느니라"(마태복음 4:12-16). "¹⁶저물매 사람들이 귀신 들린 자를 많이 데리고 예수께 오거늘 예수께서 말씀으로 귀신들을 쫓아 내시고 병든 자들을 다 고치시니 ¹⁷이는 **선지자 이사야를 통하여 하신 말씀에** 우리의 연약한 것을 친히 담당하시고 병을 짊어지셨도다 **함을 이루려 하심이더라**"(마태복음 8:16-17). "또한 이방들이 그의 이름을 바라리라 **함을 이루려 하심이니라**"(마태복음 12:21). "³⁴예수께서 이 모든 것을 무리에게 비유로 말씀하시고 비유가 아니면 아무 것도 말씀하지 아니하셨으니 ³⁵이는 **선지자를 통하여 말씀하신 바** 내가 입을 열어 비유로 말하고 창세부터 감추인 것들을 드러내리라 **함을 이루려 하심이라**"(마태복음 13:34-35). "그들이 예루살렘에 가까이 가서 감람산 벳바게에 이르렀을 때에 예수께서 두 제자를 보내시며 ²이르시되 너희는 맞은 편 마을로 가라 그리하면 곧 매인 나귀와 나귀 새끼가 함께 있는 것을 보리니 풀어 내게로 끌고 오라 ³만일 누가 무슨 말을 하거든 주가 쓰시겠다 하라 그리하면 즉시 보내리라 하시니 ⁴이는 **선지자를 통하여 하신 말씀을 이루려 하심이라** 일렀으되"(마태복음 21:1-4). "⁵⁵그때에 예수께서 무리에게 말씀하시되 너희가 강도를 잡는 것 같이 칼과 몽치를 가지고 나를 잡으러 나왔느냐 내가 날마다 성전에 앉아 가르쳤으되 너희가 나를 잡지 아니하였도다 ⁵⁶그러나 이렇게 된 것은 다 선지자들의 **글을 이루려 함이니라** 하시더라 이에 제자들이 다 예수를 버리고 도망하니라"(마태복음 26:55-56).

온 유대와 사마리아와 땅끝까지 이루어 주신 사건'[62]을 기록한 책이 '사도행전'이다.

'최고의 선교사'는 현지인을 사역자로 세우는 데 성공한 선교사라는 말이 있다. 그러한 맥락에서 하는 말이다. '이방인의 스승이자 사도'였던 바울은 '히브리인'이었다. 그렇다면 '히브리인 출신'인 바울을 통하여 복음(福音)이 전달되어 이방인이 구원받는 것이 '이방인의 사도로서의 사역의 완성'일까? 아니면 바울이 전도한 '이방인 출신'을 통하여 복음(福音)이 전달되어 이방인이 구원받는 것이 '이방인의 사도로서의 사역의 완성'일까? 심지어 '이방인 출신'이 쓴 '누가복음과 사도행전'을 통하여 '히브리 사람'들이 복음(福音)을 전달받아 구원받는다면, 이것이 진정한 '땅끝 복음(福音)'이 아닐까?

그렇게 누가를 통하여 '이방인의 스승이자 사도였던 바울의 소명'이 완성되었다. 그렇게 '이방인 저자 누가'를 통하여 '신약성경'이 완성되었다.

---

[62] "오직 성령이 너희에게 임하시면 너희가 권능을 받고 예루살렘과 온 유대와 사마리아와 땅끝까지 이르러 내 증인이 되리라 하시니라"(사도행전 1:8).

성령 하나님과
좌절된 계획 뒤에 숨겨진 하나님의 선물

⁹내가 또 너희에게 이르노니 **구하라 그러면 너희에게 주실 것이요 찾으라 그러면 찾아낼 것이요 문을 두드리라 그러면 너희에게 열릴 것이니** ¹⁰**구하는 이마다 받을 것이요 찾는 이는 찾아낼 것이요 두드리는 이에게는 열릴 것이니라** ¹¹너희 중에 아버지 된 자로서 누가 아들이 생선을 달라 하는데 생선 대신에 뱀을 주며 ¹²알을 달라 하는데 전갈을 주겠느냐 ¹³너희가 악할지라도 좋은 것을 자식에게 줄 줄 알거든 하물며 **너희 하늘 아버지께서 구하는 자에게 성령을 주시지 않겠느냐** 하시니라(누가복음 11:9-13)

수능 전, 우리 한국 교회에서 심심치 않게 열리는 '100일 특별 새벽 기도'의 '단골 성경 구절'을 꼽으라면 바로 위에 인용한 말씀이 차지할 것이다. "구하라, 그러면 너희에게 주실 것이요. 찾으라, 그러면 찾아낼 것이요. 문을 두드리라. 그러면 너희에게 열릴 것이니, 구하는 이마다 받을 것이요. 찾는 이는 찾아낼 것이요, 두드리는 이에게는 열릴 것이니라." 고3과 재수 삼수를 하는 자녀를 둔 부모의 간절한 마음이야 모르는 바는 아니지만[63], 그래도 씁쓸함을 감출 수 없는 일이다. 왜냐하면, 위에 인용한 예수님의 말씀은 그런 용도로 사용될 구절이 아니기 때문이다. 물론 우리 하나님은 '우리의 아프고 간절한 사정'을 외면하시는 분이 아니시다.[64] 그리고 '우리 힘으로 도저히 어찌할 수 없는 사정'을 '하나님 아빠 아버지'에게 가져가야지, 누구에게 가져갈 것인가? 그러니 입시를 앞둔 자녀를 두고 하나님 앞에 나아가는 부모의 기도는 아름다운 동시에 정당하다. 즉, 나는 지금 입시를 앞둔 자녀를 위해 기도하는 부모를 비난하는 것이 절대 아니다. 오히려 입시를 앞둔 자녀를 위해 기도하지 않는 부모가 문제다. 부모가 자녀를 위해 기도하지 않는다면, 누가 그 아이를 위하여 기도한단 말인가?

내가 문제 제기하는 부분은 이것이다. 이 일이 '우리 주 예수 그리스도의 구원을 선포해야 하는 교회'가 건물 외벽에 큼지막하게 현수막까지 걸어놓고 할 일은 아닌 것 같다는 것이다. 특별히 우리 민족에게 전파된 모든 종교의 공통점을 학자들은 '샤머니즘화'라고 지적한다. 이 땅에 들어온 종교는 모두 '기복주의(祈福主義)'의 세례(?)를 받게 된다는 것은 널리 알려진 사

---

[63] 나는 고등학교를 졸업하고 6년 만에 의대에 입학했다. 우리 때, 학원가에는 이런 농담이 있었다. "재수생과는 철학을 논하지 말고, 삼수생과는 인생을 논하지 말고, 사수생과는 염치를 논하지 마라." 그러니 고3과 재수 삼수생들의 마음과 그 부모의 마음을 공감하지 못해서 하는 말이 아니다.

[64] "우리에게 있는 대제사장은 우리의 연약함을 동정하지 못하실 이가 아니요 모든 일에 우리와 똑같이 시험을 받으신 이로되 죄는 없으시니라"(히브리서 4:15).

실이다. 그러니 교회마저 마치 '치성(致誠)을 드리는 것' 같은 인상(印象)을 믿지 않는 사람들에게 심어 줄 필요가 있냐는 것이다. 복음(福音)은 말로만 전해지지 않는다. 성도의 삶과 이미지(image)를 통해서 전해지는 것 또한 강한 힘을 가지게 마련이다. 우리의 구원은 '우리의 치성(致誠)'이 아니라 '우리 주 예수 그리스도'를 통하여 임한다.

물론 요즘은 이러한 '100일 특별 새벽 기도'마저 이전에 비해 적어진 느낌이다. 어쩌면, 기도보다도 '입시 컨설턴트(consultant)'를 더 믿게 된 풍조(風潮) 때문일 수도 있다. 그렇게 놓고 보면, 더 마음이 씁쓸해야 하나?

"**구하라, 그러면 너희에게 주실 것이요. 찾으라, 그러면 찾아낼 것이요. 문을 두드리라. 그러면 너희에게 열릴 것이니, 구하는 이마다 받을 것이요. 찾는 이는 찾아낼 것이요, 두드리는 이에게는 열릴 것이니라.**" 이 말씀은 마태복음과 누가복음 두 곳에 기록되어 있다.[65] 그렇다면, 예수님께서 주신 이 말씀에서 우리가 구해야 할 것은 무엇일까? 우선 마태복음에는 "너희 아버지께서 구하는 자에게 **좋은 것**으로 주시지 않겠느냐?"라고 기록되어 있다. 그렇다면, 마태가 말하고 있는 "**좋은 것**"은 무엇일까? 그 답은 누가복음에 기록되어 있다. "너희 하늘 아버지께서 구하는 자에게 **성령을** 주시지

---

[65] "⁷구하라 그리하면 너희에게 주실 것이요 찾으라 그리하면 찾아낼 것이요 문을 두드리라 그리하면 너희에게 열릴 것이니 ⁸구하는 이마다 받을 것이요 찾는 이는 찾아낼 것이요 두드리는 이에게는 열릴 것이니라 ⁹너희 중에 누가 아들이 떡을 달라 하는데 돌을 주며 ¹⁰생선을 달라 하는데 뱀을 줄 사람이 있겠느냐 ¹¹너희가 악한 자라도 좋은 것으로 자식에게 줄 줄 알거든 하물며 하늘에 계신 너희 아버지께서 구하는 자에게 **좋은 것**으로 주시지 않겠느냐"(마태복음 7:7-11).

않겠느냐?" 즉, 마태가 언급한 **"좋은 것"**은 '**성령 하나님**'을 의미한다.

그렇다면, '성령 하나님'을 주신다는 것은 구체적으로 무슨 의미일까? 지난 단원에서 복음(福音)에 대해 설명한 부분을 다시 반복한다. [복음이란 '명령하신 분이 그 명령하신 것을 친히 다 이루어 주심'을 의미한다. 율법의 조성자(造成者)는 하나님이시다. 율법을 만들어서 우리에게 주신 분은 '성자 하나님'이시다. 이렇듯, 율법을 만들어 우리에게 주신 그분이 사람이 되셔서 친히 율법의 모든 요구를 이루신 것이 바로 '복음'이다. 우리는 성자 하나님이신 예수님께서 십자가에서 하신 말씀인 "다 이루었다"를 끊임없이 묵상해야 한다.]

이렇듯, '성자 하나님'이신 예수님께서 '십자가에서 다 이루신 구원'은 **어떻게 우리에게 적용될까?** 그것은 바로 예수님께서 부활하신 후 승천하셔서 보내주시는 영, 그때부터 '예수의 영'으로 불리우는 '**성령 하나님의 내주(內住)하심**'을 통해서다. [66] '삼위일체 하나님'은 우리 안에 사시는 '성령 하나님'을 통하여 '성자 하나님'께서 다 이루신 구원을 우리 것 삼아주신다. 즉, **"구하라, 그러면 너희에게 주실 것이요. 찾으라, 그러면 찾아낼 것이요. 문을 두드리라. 그러면 너희에게 열릴 것이니, 구하는 이마다 받을 것이요. 찾**

---

66 "[19]내가 율법으로 말미암아 율법에 대하여 죽었나니 이는 하나님에 대하여 살려 함이라 [20]내가 그리스도와 함께 십자가에 못 박혔나니 그런즉 이제는 내가 사는 것이 아니요 오직 내 안에 그리스도께서 사시는 것이라 이제 내가 육체 가운데 사는 것은 나를 사랑하사 나를 위하여 자기 자신을 버리신 하나님의 아들을 믿는 믿음 안에서 사는 것이라"(갈라디아서 2:19-20).

는 이는 찾아낼 것이요, 두드리는 이에게는 열릴 것이니라"라는 예수님의 말씀은 '구원에 대한 말씀'이다. 지금으로부터 34년 전 나는 이 말씀을 읽고 이렇게 기도했었다. 신약성경을 계속 반복해서 읽을 때였다. "하나님, 공개된 이 복음의 비밀을 저에게 열어주소서!" 그리고 하나님은 나에게 '복음의 길'을 활짝 열어주셨다. '공개된 복음의 비밀'[67]을 내게 알려주셨다.

이렇게 '유대인이었던 마태'는 "좋은 것"이라고 기록한 부분을, '이방인이었던 누가'는 분명하게 그 대상을 특정(特定)하여 기록하였다. "너희 하늘 아버지께서 구하는 자에게 **성령을** 주시지 않겠느냐?" '사도행전(使徒行傳)'은 사실 '성령행전(聖靈行傳)'이라는 말을 들어봤을 것이다. 마찬가지로 '누가복음'은 복음서 중 '성령 하나님'에 대한 언급이 가장 많은 것으로 알려져 있다. 즉, **누가가 기록한 '누가복음과 사도행전'은 '성령 하나님의 사역'에 대해 많은 것을 우리에게 알려주고 있다.**

그렇다면, **누가는 왜 '성령 하나님'의 사역을 강조했을까?**

¹유대에 있는 사도들과 형제들이 이방인들도 하나님의 말씀을 받았다 함을 들었더니 ²베드로가 예루살렘에 올라갔을 때에 할례자들이 비난하여 ³이르되 **네가 무할례자의 집에 들어가 함께 먹었다** 하니 ⁴베드로가

---

67 '공개된 복음의 비밀': 얼핏 보면, 모순되어 보이는 이러한 진리가 성경에는 풍부하게 기록되어 있다. 진심으로 '하나님 아빠 아버지'에게 구하는 자에게는 공개되나, 그렇지 않은 자에게는 비밀이 되는 복음에 대해 묵상해 보길 바란다.

그들에게 이 일을 차례로 설명하여(사도행전 11:1-4)

"네가 무할례자의 집에 들어가 함께 먹었다." '백부장 고넬료'의 집을 방문하고 돌아온 베드로를 향하여 할례자들(유대인들)이 했던 비난이다. 유대인은 이방인과 식사하는 것이 금기(禁忌)였던 시절이었다. 물론 예수님을 믿지 않는 아주 보수적인 유대인들은 지금도 마찬가지지만 말이다. 어찌됐든, 이러한 할례자들의 비난에 베드로는 그에게 일어난 일을 차례로 설명하기 시작했다.

⁵이르되 내가 욥바 시에서 기도할 때에 황홀한 중에 환상을 보니 큰 보자기 같은 그릇이 네 귀에 매어 하늘로부터 내리어 내 앞에까지 드리워지거늘 ⁶이것을 주목하여 보니 땅에 네 발 가진 것과 들짐승과 기는 것과 공중에 나는 것들이 보이더라 ⁷또 들으니 소리 있어 내게 이르되 베드로야 일어나 잡아 먹으라 하거늘 ⁸내가 이르되 주님 그럴 수 없나이다 속되거나 깨끗하지 아니한 것은 결코 내 입에 들어간 일이 없나이다 하니 ⁹또 하늘로부터 두 번째 소리 있어 내게 이르되 **하나님이 깨끗하게 하신 것을 네가 속되다고 하지 말라** 하더라 ¹⁰이런 일이 세 번 있은 후에 모든 것이 다시 하늘로 끌려 올라가더라(사도행전 11:5-10)

"내가 욥바 시에서 기도할 때에 황홀한 중에 환상을 보니 큰 보자기 같은 그릇이 네 귀에 매어 하늘로부터 내리어 내 앞에까지 드리워지거늘, 이것을 주목하여 보니 **땅에 네 발 가진 것과 들짐승과 기는 것과 공중에 나는 것들**

이 보이더라." 성경 통독을 하다 보면, 레위기 11장에 이르러 꼭 나오는 질문이 있다.[68] "간사님, 우리는 돼지고기를 먹잖아요?" 이러한 경험이 쌓이면서, 나는 할 수만 있다면 성경 통독 전에 삼겹살을 먹이고 시작했다.[69] 그리고 그날 점심에 맛있게 먹은 삼겹살을 먹어도 되는 이유를 설명하면서 인용했던 말씀이다. **"하나님이 깨끗하게 하신 것을 네가 속되다고 하지 말라."**

하나님의 명령에 따라 '백부장 고넬료'가 사람을 보내 베드로를 청하러 가던 때였다.

> [1]가이사랴에 고넬료라 하는 사람이 있으니 이달리야 부대라 하는 군대의 백부장이라 [2]그가 경건하여 온 집안과 더불어 하나님을 경외하며 백성을 많이 구제하고 하나님께 항상 기도하더니 [3]하루는 제 구 시쯤 되어 환상 중에 밝히 보매 하나님의 사자가 들어와 이르되 고넬료야 하니 [4]고넬료가 주목하여 보고 두려워 이르되 주여 무슨 일이니이까 천사가 이르되 네 기도와 구제가 하나님 앞에 상달되어 기억하신 바가 되었으니 **[5]네가 지금 사람들을 욥바에 보내어 베드로라 하는 시몬을 청하라 [6]그는 무두장이 시몬의 집에 유숙하니 그 집은 해변에 있다** 하더라 [7]마침 말하던 천사가 떠나매 고넬료가 집안 하인 둘과 부하 가운데 경건한 사람 하나를 불러 [8]이 일을 다 이르고 욥바로 보내니라(사도행전 10:1-8)

---

68 잘 알려진 내용이니, 레위기 11장을 따로 인용하지는 않겠다. 직접 찾아보기를 바란다.
69 물론, 지금은 수양관을 빌려서 성경 통독을 하기 때문에 메뉴를 선택할 수 없지만…

"네가 지금 사람들을 욥바에 보내어 베드로라 하는 시몬을 청하라. 그는 **무두장이 시몬의 집에** 유숙하니 그 집은 해변에 있다." '하나님을 경외하며 백성을 많이 구제하고 하나님께 항상 기도하던' 고넬료에게 하나님의 사자가 환상 중에 명령한 내용이다. 여기에서 주목할 부분이 하나 있다. 그것은 그 당시 베드로가 머물고 있던 '집주인의 직업'이다. '무두장이 시몬의 집', 무두장이는 '무두질을 업(業)으로 하는 사람'을 의미한다. '무두질'이란 짐승의 가죽을 벗기고 가죽에 붙은 지방을 떼어낸 뒤에 가죽을 부드럽게 하는 일을 가리킨다. 쉽게 예상할 수 있듯이, 이 일은 유대인들에게 있어서 불결한 직업이었다. 옛날 우리 민족에 '신분 제도'가 있었을 때 '백정' 정도를 상상하면 될 것이다. "그는 **무두장이 시몬의 집에** 유숙하니 그 집은 해변에 있다." 그러니 '이방인이었던 고넬료'는 베드로가 '무두장이의 집'에 있다는 말에 상당한 용기를 얻었을 것이다. 이것은 베드로가 일반적인 유대인들과는 달리 폐쇄적이지 않다는 의미로 받아들여졌을 것이다. 나는 성경에 기록된 이러한 부분에서 '하나님의 세밀하신 섭리'를 느낀다. 베드로는 '무두장이 시몬의 집'뿐 아니라 '유대인들의 입장에서 볼 때 번듯해 보이는 직업을 가진 형제의 집'에도 머물렀을 것이다. 즉, 바로 그 시기에 베드로의 발길을 '무두장이 시몬의 집'으로 향하게 하신 것은 전적인 '하나님의 은혜'였다.

    이러한 베드로의 성향에도 불구하고, 하나님께서는 고넬료가 보낸 사람이 도착하기 전에 베드로에게 '분명한 메시지(message)'를 전달해 주셨다. 그것도 '시청각 교육'을 동반한 '반복 교육'이었다. 이것이 바로 하나님께서 당신의 사람을 쓰실 때 흔히 사용하시는 방법이다. "간사님, 하나님께서 저에게 중요한 메시지를 보내셨는데 제가 알아듣지 못하고 놓치면 어떻게 하지요?" 이런 질문을 받을 때마다 해주는 말이다. "응, 그런 일은 없단다. 사람이 일부러 하나님의 메시지를 외면하는 일은 있어도, 하나님께서 당신의 뜻을 살짝 보여주신 다음에 왜 말을 듣지 않았냐고 하시는 경우는 없단다."

"내가 욥바 시에서 기도할 때에 황홀한 중에 환상을 보니 큰 보자기 같은 그릇이 네 귀에 매어 하늘로부터 내리어 내 앞에까지 드리워지거늘, 이것을 주목하여 보니 **땅에 네 발 가진 것과 들짐승과 기는 것과 공중에 나는 것들**이 보이더라." 아마 이때 큰 보자기 같은 그릇에 담긴 것들은 '레위기 11장에 언급된 부정한 음식에 해당하는 짐승들'이었을 것이다. "베드로야, 일어나 잡아먹으라." 이러한 하나님의 명령에 베드로가 대답했다. "주님, 그럴 수 없나이다. 속되거나 깨끗하지 아니한 것은 결코 내 입에 들어간 일이 없나이다." 베드로의 이 대답은 그가 '정결법'을 어긴 적이 없다는 주장이었다. '정결법'은 '깨끗한 음식과 부정한 음식 및 출산 후의 정결 기간 그리고 나병과 유출병' 등에 대한 규범으로 '**유대인과 이방 민족을 구별하는 역할**'을 했다. 즉, 유대인이 이방인의 집에 들어가 같이 식사하는 것은 '**유대인과 이방인을 구별하는 정결법**'을 어기는 것으로 간주되었다.

그런 점에서, 구약의 율법에 따르면 베드로의 대답은 정당한 것이었다. 그러나 우리 주 예수 그리스도를 통하여 새로운 시대를 여신 '하나님의 생각'은 다르셨다. "**하나님이 깨끗하게 하신 것을 네가 속되다고 하지 말라.**" 공식적으로 구약의 '정결법'이 폐지되는 순간이었다. 우리 주 예수 그리스도의 십자가를 통하여 '유대인과 이방인 사이에 막혔던 담'이 허물어지는 순간이었다. 성자 하나님께서 이루신 구원 사역을 통하여 '유대인과 이방인의 구별이' 사라지는 순간이었다.

> 그런즉 누구든지 그리스도 안에 있으면 **새로운 피조물이라 이전 것은 지나갔으니 보라 새 것이 되었도다**(고린도후서 5:17)

이 일은 이미 이 땅에 오셨던 예수님을 통하여 예견된 일이었다. '정결법'에 따르면 '유출병'이 있는 사람과 접촉한 사람은 '더러움에 오염'되었다.[70] 그러나 예수님을 따라와 몰래 예수님의 옷에 손을 댄 여인은 깨끗함을 입었다.[71] 예수님을 통하여 새로운 시대가 열린 것이다. '정결법'에 따르면 '나병 환자'와 접촉한 사람은 '더러움에 오염'되었다.[72] 그러나 예수님께서 나병 환자에게 손을 대시며 "깨끗함을 받으라" 하시니 나병이 그에게서 떠나갔다.[73] 나병 환자의 더러움이 예수님께 옮아온 것이 아니라, 예수님의 깨끗함이 그

---

[70] "유출병이 있는 자의 몸에 접촉하는 자는 그의 옷을 빨고 물로 몸을 씻을 것이며 저녁까지 부정하리라"(레위기 15:7).

[71] "²⁵열두 해를 혈루증으로 앓아 온 한 여자가 있어 ²⁶많은 의사에게 많은 괴로움을 받았고 가진 것도 다 허비하였으되 아무 효험이 없고 도리어 더 중하여졌던 차에 ²⁷예수의 소문을 듣고 무리 가운데 끼어 뒤로 와서 **그의 옷에 손을 대니** ²⁸이는 내가 그의 옷에만 손을 대도 구원을 받으리라 생각함일러라 ²⁹이에 그의 혈루 근원이 곧 마르매 병이 나은 줄을 몸에 깨달으니라 … ³⁴예수께서 이르시되 딸아 네 믿음이 너를 구원하였으니 평안히 가라 네 병에서 놓여 건강할지어다"(마가복음 5:25-29, 34).

[72] "⁴⁵나병 환자는 옷을 찢고 머리를 풀며 윗입술을 가리고 외치기를 부정하다 부정하다 할 것이요 ⁴⁶병 있는 날 동안은 늘 부정할 것이라 **그가 부정한즉 혼자 살되 진영 밖에서 살지니라**"(레위기 13:45-46).

[73] "¹²예수께서 한 동네에 계실 때에 온 몸에 나병 들린 사람이 있어 예수를 보고 엎드려 구하여 이르되 주여 원하시면 나를 깨끗하게 하실 수 있나이다 하니 ¹³예수께서 손을 내밀어 그에게 대시며 이르시되 **내가 원하노니 깨끗함을 받으라** 하신대 **나병이 곧 떠나니라**"(누가복음 5:12-13).

를 새롭게 했다. 이러한 광경을 수없이 목격했지만, 아직 눈이 가리워진 제자들의 눈에는 이것이 무엇을 의미하는지 보이지 않았을 뿐이다. 이미 '율법의 조성자(造成者)이자 수여자(授與者)'이신 '성자 하나님'께서 이 땅에 오셔서 '당신의 행위 설교'로 '정결법'을 폐지하셨다. 정확히는 '십자가 사역'을 통하여 '정결법을 완성(完成)'⁷⁴하셨다. 그렇게 예수님께서 완성하신 '거룩'을 '성령 하나님'을 통하여 우리에게 입혀주셨다. 예수님을 통하여 그의 백성 모두가 새것이 되었다. 새로운 피조물이 되었다.

앞에서도 언급했듯이, '정결법'은 '언약 백성과 이방인'을 구별하는 역할을 했다. 쉽게 말해, '하나님의 백성'과 '하나님의 백성이 아닌 자'를 '구별하는 역할'을 했다.

> ¹⁸이에 유대인들이 대답하여 예수께 말하기를 네가 이런 일을 행하니 무슨 표적을 우리에게 보이겠느냐 ¹⁹예수께서 대답하여 이르시되 **너희가 이 성전을 헐라 내가 사흘 동안에 일으키리라** ²⁰유대인들이 이르되 이 성전은 사십육 년 동안에 지었거늘 네가 삼 일 동안에 일으키겠느냐 하더라 ²¹그러나 **예수는 성전된 자기 육체를 가리켜 말씀하신 것이라** ²²죽은 자 가운데서 살아나신 후에야 제자들이 이 말씀하신 것을 기억하고 성경과 예수께서 하신 말씀을 믿었더라(요한복음 2:18-22)

---

74 '완성되었다'는 의미는 '해당 율법의 형식은 폐지되었으나, 해당 율법의 정신은 더 높은 수준으로 완성되었다'는 것을 의미한다.

"너희가 이 성전을 헐라. 내가 사흘 동안에 일으키리라." '혈통적(血統的) 유대인들'을 지탱하던 두 기둥은 '성전과 토라(율법)'였다. 즉, 예수님의 말씀은 유대인들이 그토록 의지하던 성전을 헐라는 것이었다. 이제는 본체(本體, 예수님)가 임했으니, 그림자(건물로서의 성전)는 폐지될 것이라는 말씀이었다. 그렇게 '성자 하나님'께서 이 땅에 사람의 몸을 입고 오셔서 '십자가에 못 박혀 죽으시고 부활하심'으로 당신을 통한 **"새로운 성전 공동체(성령 하나님의 내주하심을 입은 하나님의 자녀들의 모임, 교회)"**를 세우셨다. "예수는 성전된 자기 육체를 가리켜 말씀하신 것이라." 이렇듯 십자가에서 찢기신 예수님의 육체를 통하여 '표면적(혈통적) 유대인'이 폐하여지고, '이면적(십자가 보혈을 통하여 구원받은) 유대인'이 탄생했다.[75] 우리 주 예수 그리스도를 통하여 '진정한 유대인'이 탄생한 것이다. 성자 하나님의 구원 사역을 통하여 '진정한 하나님의 백성'이 탄생한 것이다. '진정한 하나님의 자녀들'이 조성된 것이다.

즉, 예수님께서 다 이루신 구원 사역을 통하여 혈통적 '하나님의 백성'과 '하나님의 백성이 아닌 자'를 '구별하는 역할'을 했던 '정결법'은 '십자가 사역'을 통하여 완성(完成)되었다.

[14]이는 그리스도 예수 안에서 아브라함의 복이 이방인에게 미치게 하고 또 우리로 하여금 믿음으로 말미암아 성령의 약속을 받게 하려 함이라

---

75 "[28]무릇 표면적 유대인이 유대인이 아니요 표면적 육신의 할례가 할례가 아니니라 [29]오직 이면적 유대인이 유대인이며 할례는 마음에 할지니 영에 있고 율법 조문에 있지 아니한 것이라 그 칭찬이 사람에게서가 아니요 다만 하나님에게서니라"(로마서 2:28-29).

> ¹⁵형제들아 내가 사람의 예대로 말하노니 사람의 언약이라도 정한 후에는 아무도 폐하거나 더하거나 하지 못하느니라 ¹⁶**이 약속들은 아브라함과 그 자손에게 말씀하신 것인데** 여럿을 가리켜 그 자손들이라 하지 아니하시고 **오직 한 사람을 가리켜 네 자손이라 하셨으니 곧 그리스도라**
> (갈라디아서 3:14-16)

이렇듯 예수님께서 다 이루신 구원 사역을 통하여, '아브라함의 복'이 이방인에게 미치게 되었다. 믿음으로 말미암아 성령의 약속을 받게 되었다. 하나님은 아브라함과 그 자손에게만 구원을 약속하셨다. 이것이 바로 '아브라함 언약'이다. 그런데 하나님께서 하신 약속은 여럿을 가리켜 하신 것이 아니었다. 히브리어는 '복수형과 단수형'이 구별된 언어다. 그런데 하나님은 아브라함의 자손에 대해 분명히 '단수형'을 써서 약속해 주셨다. 하나님은 아브라함의 자손을 가리켜 약속하실 때, 여럿을 가리켜 '그 자손들'이라고 하지 않으셨다. 하나님은 아브라함의 자손을 가리켜 약속하실 때, 오직 한 사람을 가리켜 '네 자손'이라 하셨다. 그렇게 단수형으로 '네 자손'이라고 가리킨 존재는 바로 '우리 주 예수 그리스도'셨다. 이것은 무슨 뜻인가? 오직 **'우리 주 예수 그리스도'를 통하여 거룩하게 된 자만 '하나님의 백성'이다!** 오직 **'우리 주 예수 그리스도'를 통하여 태어난 자만이 '아브라함의 자손'이다!** 오직 **'우리 주 예수 그리스도'를 통하여 새롭게 된 자만이 '아브라함 언약의 대상'이다!**

그렇게 예수님이 다 이루신 구원 사역을 통하여, '하나님의 백성'과 '하나님의 백성이 아닌 자'를 '구별하는 역할'을 했던 '정결법'은 완성(完成)되었다.

"하나님이 깨끗하게 하신 것을 네가 속되다고 하지 말라." 그렇게 하나님은 베드로에게 '십자가'를 통하여 완성(完成)된 새로운 '정결법'을 선포하셨다. 공식적으로 구약의 '정결법'이 폐지되는 순간이었다. 공식적으로 '십자가'를 통하여 완성(完成)된 새로운 '정결법'이 선포되는 순간이었다.

> [11]마침 세 사람이 내가 유숙한 집 앞에 서 있으니 가이사랴에서 내게로 보낸 사람이라 [12]성령이 내게 명하사 아무 의심 말고 함께 가라 하시매 이 여섯 형제도 나와 함께 가서 그 사람의 집에 들어가니 [13]그가 우리에게 말하기를 천사가 내 집에 서서 말하되 네가 사람을 욥바에 보내어 베드로라 하는 시몬을 청하라 [14]그가 너와 네 온 집이 구원 받을 말씀을 네게 이르리라 함을 보았다 하거늘 [15]내가 말을 시작할 때에 성령이 그들에게 임하시기를 처음 우리에게 하신 것과 같이 하는지라 [16]내가 주의 말씀에 요한은 물로 세례를 베풀었으나 너희는 성령으로 세례를 받으리라 하신 것이 생각났노라 [17]그런즉 하나님이 우리가 주 예수 그리스도를 믿을 때에 주신 것과 같은 선물을 그들에게도 주셨으니 내가 누구이기에 하나님을 능히 막겠느냐 하더라 [18]그들이 이 말을 듣고 잠잠하여 하나님께 영광을 돌려 이르되 그러면 하나님께서 이방인에게도 생명 얻는 회개를 주셨도다 하니라 (사도행전 11:11-18)

그렇게 세 번에 걸친 '시청각 교육'을 마치는 순간, 베드로가 유숙한 집 앞에 고넬료가 보낸 세 사람이 도착했다. 그러자 '성령 하나님'께서 베드로에게 명령하셨다. "아무 의심 말고 함께 가라." 그렇게 '성령 하나님'의 명령을 받은 베드로는 여섯 형제와 함께 고넬료의 집에 방문했다.

그리고 고넬료와 그의 권속(眷屬)들에게 복음(福音)을 전하자 '성령 하나님' 께서 그들에게도 임하셨다.[76] 그 모습을 본 베드로의 마음에 '예수님의 말씀' 이 생각났다. "내가 주의 말씀에 요한은 물로 세례를 베풀었으나 너희는 성령으로 세례를 받으리라 하신 것이 생각났노라." 베드로에게 이 말씀을 생각나게 한 것 또한 '성령 하나님의 역사'였다.[77] 이렇게 예수님의 말씀을 추억한 베드로는 '초대교회 역사의 변곡점'이 될 중요한 선언을 한다. **"그런즉 하나님이 우리가 주 예수 그리스도를 믿을 때에 주신 것과 같은 선물을 그들에게도 주셨으니, 내가 누구이기에 하나님을 능히 막겠느냐?"** 이 장면을 상상하는 것은 어려운 일이 아니다. 베드로의 이 고백은 '분노한 채 도끼눈을 뜨고 자신을 노려보는 수많은 사람들' 앞에서 했던 고백이었다. 우리 모두에게, 우리의 삶 가운데, 베드로와 같은 '신앙 양심과 용기'가 함께 하기를 기도한다.

> 여호와의 말씀이니라 **보라 날이 이르리니 내가 이스라엘 집과 유다 집에 새 언약을 맺으리라**(예레미야 31:31)

---

76 "⁴⁴베드로가 이 말을 할 때에 성령이 말씀 듣는 모든 사람에게 내려오시니 ⁴⁵베드로와 함께 온 할례 받은 신자들이 이방인들에게도 성령 부어 주심으로 말미암아 놀라니 ⁴⁶이는 방언을 말하며 하나님 높임을 들음이러라"(사도행전 10:44-46).

77 "²⁵내가 아직 너희와 함께 있어서 이 말을 너희에게 하였거니와 ²⁶보혜사 곧 아버지께서 내 이름으로 보내실 **성령** 그가 너희에게 모든 것을 가르치고 내가 너희에게 말한 모든 것을 생각나게 하리라"(요한복음 14:25-26).

"그들이 이 말을 듣고 잠잠하여 하나님께 영광을 돌려 이르되 그러면 하나님께서 이방인에게도 생명 얻는 회개를 주셨도다 하니라." 초대교회 당시 예루살렘에 있던 유대인 신자들의 반응이다. 말투를 통해서도 알 수 있듯이, 이들은 베드로를 통하여 들은 '하나님의 구원 역사'가 마음에 들지 않았다. 하지만 어쩌겠는가? 하나님께서 하시겠다는데… '혈통적 유대인에게 율법과 언약을 주신 하나님'께서 구약시대로부터 끊임없이 선지자들을 통하여 말씀해 오신 **'새 언약**을 하나님의 때에 시행하시겠다'는데 무슨 할 말이 있겠는가?

더군다나, 하나님께서 그들의 조상에게 새 언약을 맺겠다고 하신 것은 '기존 언약에 대한 그들의 불충(不忠)' 때문이었다. 불순종 때문이었다. 그러니 그들에게는 어떠한 권리나 핑곗거리가 남아있지 않았다.

"보라, 날이 이르리니 내가 이스라엘 집과 유다 집에 새 언약을 맺으리라." 물론 유대인들은 '이스라엘 집과 유다 집'이라는 말씀에 희망을 가졌을 것이다. 그러나 자신들의 반역에도 불구하고, 자신들만이 '하나님의 백성'이라는 그들의 생각이 틀렸다는 사실이 밝혀지는 순간이었다. 그들만이 '이스라엘 집과 유다 집'이 아니라는 사실이 밝혀지는 순간이었다. "무릇 표면적 유대인이 유대인이 아니요, 표면적 육신의 할례가 할례가 아니니라. **오직 이면적 유대인이 유대인이며** 할례는 마음에 할지니, 영에 있고 율법 조문에 있지 아니한 것이라. 그 칭찬이 사람에게서가 아니요, 다만 하나님에게서니라."[78] 이제는 '하나님의 백성'에 대한 경계가 바뀌게 되었다는 사실이 밝혀

---

[78] 로마서 2:28-29

지는 순간이었다.

이때는 '제1차 예루살렘 공의회' 이전이었다. 그렇게 이 사건은 '제1차 예루살렘 공의회' 때 '예수님을 믿는 것만으로는 구원받기에 충분하지 않고, 할례까지 받아야 한다'라는 '유대주의자들의 주장'을 깨부수는 베드로의 논리에 인용되었다. **이 시기, '이방인인 고넬료와 그의 권속들이 성령 하나님을 받았다는 것'은 유대인을 넘어 이방인에게도 동일하게 구원이 임했다는 '눈에 보이는 표징'이었다. 이것이 바로 누가가 '성령 하나님'의 사역을 강조한 이유였다.** 이것이 바로 '유일한 이방인 출신 성경 저자인 누가'가 '성령 하나님'의 사역을 강조한 이유였다. 그리고 바로 이 물꼬를 하나님은 '예수님의 수제자인 베드로'를 통하여 트셨다. 초대교회 당시, 어느 누구도 부정할 수 없는 권위를 가진 '베드로'를 통하여 '혈통적 유대인과 이방인'의 경계를 허무셨다.

> [1]그때에 헤롯왕이 손을 들어 교회 중에서 몇 사람을 해하려 하여 [2]요한의 형제 야고보를 칼로 죽이니 [3]유대인들이 이 일을 기뻐하는 것을 보고 베드로도 잡으려 할새 때는 무교절 기간이라 [4]잡으매 옥에 가두어 군인 넷씩인 네 패에게 맡겨 지키고 유월절 후에 백성 앞에 끌어 내고자 하더라 [5]이에 베드로는 옥에 갇혔고 교회는 그를 위하여 간절히 하나님께 기도하더라 … [10]이에 첫째와 둘째 파수를 지나 시내로 통한 쇠문에 이르니 문이 저절로 열리는지라 나와서 한 거리를 지나매 천사가 곧 떠나더라 [11]이에 베드로가 정신이 들어 이르되 내가 이제야 참으로 주께서 그

의 천사를 보내어 나를 헤롯의 손과 유대 백성의 모든 기대에서 벗어나게 하신 줄 알겠노라 하여 [12]깨닫고 마가라 하는 요한의 어머니 마리아의 집에 가니 여러 사람이 거기에 모여 기도하고 있더라 … [16]베드로가 문 두드리기를 그치지 아니하니 그들이 문을 열어 베드로를 보고 놀라는지라 [17]베드로가 그들에게 손짓하여 조용하게 하고 주께서 자기를 이끌어 옥에서 나오게 하던 일을 말하고 또 야고보와 형제들에게 이 말을 전하라 하고 떠나 다른 곳으로 가니라(사도행전 12:1-5, 10-12, 16-17)

그렇게 백부장 고넬료 사건이 있은 뒤, '사도 야고보의 순교'와 '베드로의 투옥(投獄) 그리고 천사를 통한 구원 사건'이 일어났다. "베드로가 그들에게 손짓하여 조용하게 하고, 주께서 자기를 이끌어 옥에서 나오게 하던 일을 말하고 또 야고보와 형제들에게 이 말을 전하라 하고 떠나 다른 곳으로 가니라." 그렇게 베드로가 예루살렘을 떠나 다른 곳으로 간 뒤에 '이방인의 사도 바울'이 사도행전의 전면에 등장한다. 즉, '백부장 고넬료 사건'을 기점으로 사도행전의 중심은 '할례자의 사도인 베드로'에서 '이방인의 사도인 바울'로 옮겨지게 되었다.[79] 성경의 기록을 통하여 알 수 있듯이, 이 모든 일은 '성령 하나님'의 주도하에 일어났다. 그리고 이에 대한 기록을 하나님께서는 '유일한 이방인 출신 성경 저자인 누가'를 통하여 남기셨다.

---

[79] "[7]도리어 그들은 내가 무할례자에게 복음 전함을 맡은 것이 베드로가 할례자에게 맡음과 같은 것을 보았고 [8]베드로에게 역사하사 그를 할례자의 사도로 삼으신 이가 또한 내게 역사하사 나를 이방인의 사도로 삼으셨느니라"(갈라디아서 2:7-8).

¹안디옥 교회에 선지자들과 교사들이 있으니 곧 바나바와 니게르라 하는 시므온과 구레네 사람 루기오와 분봉 왕 헤롯의 젖동생 마나엔과 및 사울이라 ²주를 섬겨 금식할 때에 **성령이 이르시되 내가 불러 시키는 일을 위하여 바나바와 사울을 따로 세우라** 하시니 ³이에 금식하며 기도하고 두 사람에게 안수하여 보내니라(사도행전 13:1-3)

"내가 불러 시키는 일을 위하여 바나바와 사울을 따로 세우라." 바울의 전도 여행은 이렇듯이 '성령 하나님'의 명령에 따라 시작되었다. 그렇다면, 누가는 왜 '성령 하나님'의 사역을 강조했을까? 아니, 정확한 질문은 이래야 한다. **왜 '성령 하나님'은 특별히 이방인 사역에 깊게 관여하셨을까?** 왜 예수님의 수제자인 베드로를 고넬료에게 보내신 후, 안디옥 교회에 바나바와 바울을 따로 세워 이방인에게 복음을 전하라고 명령하셨을까?

¹⁵주께서 이르시되 가라 **이 사람은 내 이름을 이방인과 임금들과 이스라엘 자손들에게 전하기 위하여 택한 나의 그릇이라** ¹⁶그가 내 이름을 위하여 얼마나 고난을 받아야 할 것을 내가 그에게 보이리라 하시니 ¹⁷아나니아가 떠나 그 집에 들어가서 그에게 안수하여 이르되 형제 사울아 주 곧 네가 오는 길에서 나타나셨던 예수께서 나를 보내어 너로 다시 보게 하시고 성령으로 충만하게 하신다 하니 ¹⁸즉시 사울의 눈에서 비늘 같은 것이 벗어져 다시 보게 된지라 일어나 세례를 받고(사도행전 9:15-18)

우리 모두는 이미 답을 알고 있다. 사람은 절대 익숙한 것을 떠나 새로운 것을 하려 들지 않는다. 더군다나 익숙한 그것이 나의 명분과 이익에 부합될 경우, 사람은 벼랑 끝에 몰리지 않는 이상 절대 그 자리를 떠나지 않는다. 그러니 우리가 '혈통적 유대인'이었어도 '초대교회 당시의 유대인 신자들'과 같은 반응을 보였을 것이다. "예수께서 나아와 말씀하여 이르시되 하늘과 땅의 모든 권세를 내게 주셨으니, 그러므로 **너희는 가서 모든 민족을 제자로 삼아 아버지와 아들과 성령의 이름으로 세례를 베풀고 내가 너희에게 분부한 모든 것을 가르쳐 지키게 하라**. 볼지어다, 내가 세상 끝날까지 너희와 항상 함께 있으리라 하시니라."[80] 당연히 예수님께서 승천하시기 전에 주셨던 말씀은 기억 저편 어디엔가 추억으로 남아있었을 것이다. 즉, 예수님을 믿는 '혈통적 유대인'들은 스스로 '자신들을 둘러싼 껍질(?)'을 깨고 나올 능력도 의지도 없는 상황이었다.

이런 경우, 하나님은 당신이 준비하신 사람을 '직접' 들어 쓰신다. 그리고 이때 하나님의 그릇으로 선택받은 인물이 바로 '바울'이었다. "그가 내 이름을 위하여 얼마나 고난을 받아야 할 것을 내가 그에게 보이리라." 성경 어디에, 성경 어느 인물에게 이런 표현이 쓰인 경우가 있을까? 정말이지, 바울이 '이방인과 임금들과 이스라엘 자손들에게 예수님의 이름을 전하기 위하여' 치루어야 했던 고난은 인류 역사상 전례(前例)를 찾아보기 힘든 것이었다. 상상하기조차 힘든 잔인한 삶이었다. **그런 바울의 삶에 하나님께서 주신 선물이 바로 '누가'였다.** 그리고 이 모든 일은 '성령 하나님'의 전적인 주

---

[80] 마태복음 28:18-20

도하에 일어났다.

그러니 바울과 누가는 그들의 귓전에서 들리는 '성령 하나님'의 숨소리를 들을 수 있었을 것이다.[81] 바울과 누가는 그들의 삶이 전적으로 '성령 하나님'에게 이끌려 가고 있다는 사실을 잘 알고 있었을 것이다. 그러니 누가가 기록한 '누가복음과 사도행전'에 '성령 하나님'의 이야기가 가득한 것은 당연한 일이었다. 즉, '누가복음과 사도행전'에 가득한, 그리하여 신학자들의 지적처럼 '누가복음과 사도행전에는 성령 하나님이 강조되어 있다'라는 사실은 '이방을 향한 성령 하나님의 피 끓는 사랑의 흔적'이었다.

그러니 '유일한 이방인 출신 성경 저자인 누가'의 기록에 '성령 하나님'이 강조되어 있는 것은 당연한 일이었다. 예수님을 믿던 유대인들마저 선민의식(選民意識)에 빠져 마지못해 인정했던 '이방인의 구원'이었다. 예수님의 수제자인 베드로를 통한 역사마저 끊임없이 견제받고 비난받던 시절이었다. 같은 하나님 안에서 유대인들이 이방인을 한 형제로 받아들인다는 것은 아주 먼 이야기처럼 느껴지던 때였다. 그러한 이유로 '성령 하나님'께서 직접 눈에 보이게 활동하시던 때였다. 그럼에도 불구하고, 마지못해 했던 고백들이었다. "그러면 하나님께서 이방인에게도 생명 얻는 회개를 주셨도다."

그러한 시기에 '이방인의 사도'로 부름받은 바울의 삶은 '잔인함' 그 자체였다. 그러한 이유로, 바울과 누가 이 둘의 만남은 '성령 하나님의 큰 그림'

---

[81] 이러한 경험을 해본 지체들이 있을 것이다. 이러한 경험을 해본 지체들은 지금 내가 무슨 말을 하는지 알 것이다.

가운데 이루어졌다. 바울과 누가 이 둘의 만남은 전적인 '성령 하나님의 인도하심'으로 이루어졌다. 그렇게 놓고 보면, 사람은 절대 혼자 살 수 없는 존재다. 그리고 그 누구보다도 이러한 사실을 잘 알고 계신 분은 우리를 지으신 하나님이시다.

> ⁶성령이 아시아에서 말씀을 전하지 못하게 하시거늘 그들이 브루기아와 갈라디아 땅으로 다녀가 ⁷무시아 앞에 이르러 비두니아로 가고자 애쓰되 예수의 영이 허락하지 아니하시는지라 ⁸무시아를 지나 드로아로 내려갔는데 ⁹밤에 환상이 바울에게 보이니 마게도냐 사람 하나가 서서 그에게 청하여 이르되 마게도냐로 건너와서 우리를 도우라 하거늘(사도행전 16:6-9)

"성령이 아시아에서 말씀을 전하지 못하게 하시거늘." 이제는 이 말씀에 나오는 '아시아'가 지금 21세기에 '아시아'라 불리는 지역이 아니라는 것 정도는 알고 있으리라 믿는다. 신학자들은 '제2차 전도 여행' 때 바울이 복음(福音)을 전하고 싶었던 곳은 '소아시아의 에베소'였다고 주장한다. 바울이 복음을 전한 곳을 살펴볼 때, 바울은 로마 제국에 속한 '각 주(州)의 수도' 혹은 '가장 번화한 교통의 요충지'에 복음을 전했다는 사실을 확인할 수 있다. 바울의 이러한 전략은 사람의 왕래(往來)가 많은 곳에 복음을 전해, 그곳을 중심으로 복음이 주변 지역에 퍼져 나가도록 의도했던 것으로 보인다. 그런 점에서 볼 때, 바울이 '제2차 전도 여행'을 시작할 때부터 에베소를 염두에 두었다는 주장은 사실로 보인다. 에베소는 소아시아 서부 해안에 위치한

'이오니아 주(州)의 수도'였다. 그 지역 최대의 상업 및 교통의 요충지였다. 하지만 '성령 하나님'께서 바울의 길을 막으셨다. 결과적으로 바울은 '제3차 전도 여행'에서야 비로소 에베소에 도착해 본격적으로 복음을 전할 수 있었다. '제2차 전도 여행'에서는 돌아오는 길에 잠시 들른 것이 전부였다.[82]

그렇게 '제2차 전도 여행' 초반에 에베소로 향하던 바울의 발길을 '성령 하나님'께서 막으셨다. "그들이 브루기아와 갈라디아 땅으로 다녀가 무시아 앞에 이르러 비두니아로 가고자 애쓰되 예수의 영이 허락하지 아니하시는지라." 그 결과, '바울과 실라 그리고 디모데 일행'은 '브루기아와 갈라디아 땅'에 복음을 전할 수밖에 없었다. 이후, 무시아 앞에 이르게 되었다. 그리고 '비두니아'로 가고자 애쓰되 '성령 하나님(예수의 영)'께서 이번에도 허락하지 않으셨다.

"무시아를 지나 드로아로 내려갔는데." 지도를 검색해 보면, '비두니아'는 '드로아'보다 북쪽에 있다는 것을 알 수 있다. 반면 에베소는 '드로아'보다 남쪽에 위치했다. 무슨 뜻인가? 물론, 이러한 '성령 하나님의 인도하심을 따라' 바울은 소아시아를 넘어 유럽(마게도냐)에 복음을 전할 수 있었다. 이렇게 북쪽과 남쪽 모두를 막으시는 '성령 하나님의 인도하심을 따라' 유럽에 복음을 전하게 되었다. 그러나 나는 그 과정에서 한 가지 사실이 더 눈에 들

---

82 "[19]에베소에 와서 그들을 거기 머물게 하고 자기는 회당에 들어가서 유대인들과 변론하니 [20]여러 사람이 더 오래 있기를 청하되 허락하지 아니하고 [21]작별하여 이르되 만일 하나님의 뜻이면 너희에게 돌아오리라 하고 배를 타고 에베소를 떠나 [22]가이사랴에 상륙하여 올라가 교회의 안부를 물은 후에 안디옥으로 내려가서"(사도행전 18:19-22).

어왔다. '성령 하나님'께서 '남쪽 지역과 북쪽 지역' 모두를 막으시자, 바울 일행은 자연스럽게 '드로아'로 향할 수밖에 없었다. 즉, **바울 일행의 '드로아 행(行)'은** 개울에서 물고기를 잡을 때 물고기를 한쪽으로 몰 듯이 성령 하나님께서 몰아간 것이었다. 그리고 그곳에는 '누가'가 있었다. 하나님과 동행하는 삶을 살아본 성도라면 비슷한 기억이 있을 것이다.

> [10]바울이 그 환상을 보았을 때 우리가 곧 마게도냐로 떠나기를 힘쓰니 이는 하나님이 저 사람들에게 복음을 전하라고 우리를 부르신 줄로 인정함이러라 [11]**우리가 드로아에서 배로 떠나** 사모드라게로 직행하여 이튿날 네압볼리로 가고(사도행전 16:10-11)

"**우리가** 드로아에서 배로 떠나." 그 결과, 사도행전의 주어가 '바울'에서 '우리'로 바뀌게 되었다. 그렇게 '성령 하나님의 인도하심을 따라' 바울은 누가를 만나게 되었다. 그렇게 '이방인의 스승이자 사도'[83]인 바울은 '유일한 이방인 출신 성경 저자'가 될 누가를 '드로아'에서 만나게 되었다. 하나님께서 바울을 위해 준비하신 선물을 '드로아'에서 만나게 되었다.

그렇게 놓고 보면, 하나님께서 우리의 계획을 막으시는 것은, 하나님께서 우리를 위해 준비해 두신 '최고의 선물'로 우리의 발길을 옮기기 위함일

---

83 "이를 위하여 내가 전파하는 자와 사도로 세움을 입은 것은 참말이요 거짓말이 아니니 믿음과 진리 안에서 내가 이방인의 스승이 되었노라"(디모데전서 2:7).

수도 있다. 우리의 소원과 앞길을 막으시는 '하나님의 손'[84]을 보며, 그 너머에 숨겨진 '하나님의 놀라운 선물'을 볼 수 있는 눈이 우리 모두에게 생기기를 기도하며 이 단원을 마무리한다.

---

[84] 하나님의 섭리

하나님 나라는
모두에게 열려 있다

누가만 나와 함께 있느니라 네가 올 때에 마가를 데리고 오라 그가 나의 일에 유익하니라(디모데후서 4:11)

우리나라에서는 2018년 10월 31일에 개봉된 "예수 그리스도의 사도, 바울"이라는 영화가 있다. 그곳에 나오는 대사다.[85] "자네 복음에 왜 그렇게 가난한 자 얘길 자주 썼나? 쫓겨난 자와 이방인들도….", 갇혀 있던 자신을 방문한 누가에게 바울이 했던 질문이다. "알리고 싶었어요. 하나님 나라는 모두에게 열려 있다고, 하나님의 자비는 모두의 것이라고요." 이러한 누가의 대답에 바울이 말했다. "맞아, 죄인 되었을 때를 잊어선 안 돼. 그런 중에

---

[85] 영화에 나오는 내용 중 '성경과 교회사의 기록'과 비교해 볼 때, 맞지 않는 부분이 서너 군데 정도 보였다. 이때 맞지 않는 부분이라는 것은 '저 이야기는 저 시기에 나누었을 대화가 아닌데?' 정도였다. 쉽게 말해, 이어지는 본문에서 지적하는 부분을 제외하고는 바울의 '로마 1차 투옥(投獄)' 때 나올 법한 대화가 영화의 배경이 '로마 2차 투옥' 때 나온다는 정도의 문제였다. 즉, 영화가 전하고자 하는 '메시지(message)'에서는 특별한 문제를 발견하지 못했다.

믿게 된 것도." 바울이 순교하기 직전의 이야기를 다루고 있는 영화 내용으로 보아, 영화감독은 디모데후서가 기록되던 시기를 배경으로 설정했던 것 같다.

"누가만 나와 함께 있느니라." 바울이 로마에서 두 번째로 투옥(投獄)되던 시기에 있었던 기록이다. 영화에서는 누가가 친분이 있던 로마 관리에게 뇌물을 써서 감옥에 갇힌 바울을 한밤중에 방문한다는 설정이었다. 그러다가 그 사실이 수용소장에게 발각되어 누가마저 감옥에 갇힌다는 시나리오(scenario)로 이야기가 전개되었다. 그러나 영화의 이러한 설정은 사실이 아닐 가능성이 높다.

내가 그렇게 보는 이유는 이러하다. 그 시기, 로마 시민권자는 '죄수 신분'이 되어도 '노예 한 명'을 데리고 다닐 수 있었던 것으로 전해진다. 이는 로마 시민권자가 누리는 일종의 특권이었다. 로마 시민권자는 로마 제국 내에서 여러 권리가 보장되었다. 이들은 법적인 절차를 통하지 않고는 어떠한 경우에도 자유를 구속받지 않았다.[86] 또한, 재판을 받을 때도 특별한 절차가 적용되었다.[87] 즉, 그 시기에 로마 시민권자는 '법적인 문제'가 생겨 '죄수 신

---

[86] "심문하려던 사람들이 곧 그에게서 물러가고 **천부장도 그가 로마 시민인 줄 알고 또 그 결박한 것 때문에 두려워하니라**"(사도행전 22:29).

[87] "¹⁰바울이 이르되 내가 가이사의 재판 자리 앞에 섰으니 마땅히 거기서 심문을 받을 것이라 당신도 잘 아시는 바와 같이 내가 유대인들에게 불의를 행한 일이 없나이다 ¹¹만일 내가 불의를 행하여 무슨 죽을 죄를 지었으면 죽기를 사양하지 아니할 것이나 만일 이 사람들이 나를 고발하는 것이 다 사실이 아니면 아무도 나를 그들에게 내줄 수 없나이다 내가 가이사께 상소하노라 한대 ¹²베스도가 배석자들과 상의하고 이르되 **네가 가이사에게 상소하였으니 가이사에게 갈 것이라** 하니라"(사도행전 25:10-12).

분'이 되어도 여러 특권을 누릴 수 있었다. 그리고 그 특권 중에 하나가 바로 '시중을 들 노예 한 명'을 데리고 다닐 수 있는 것이었다. 쉽게 말해, 로마 시민권자는 '죄수 신분'이 되어도 그의 시중을 들거나 업무를 대신 볼 수 있는 노예와 동행할 수 있었다.

로마 시민권자의 이러한 특권은 로마 제국의 지배력을 강화하는 데 핵심적인 역할을 했다. 로마는 식민지를 확보할 때마다, 그 지역에 있던 귀족들에게 '로마 시민권'을 부여했다.[88] 로마 제국은 이러한 특권을 제공함으로써, 식민지 각지에 퍼져 있는 유력자들로부터 충성심을 확보할 수 있었다.

그러니 하는 말이다. 누가는 어떻게 감옥에 있던 바울 곁에 함께할 수 있었을까? 영화에 나오는 설정처럼 평소 친분이 있던 로마 관리에게 뇌물을 쓴 것일까? 그렇게 해서 감옥에 갇힌 바울을 한밤중에 방문한 것일까? 그러다가 수용소장에게 발각되어 누가마저 바울과 함께 투옥된 것일까? 이전에 언급했듯이, 바울과 누가는 둘 다 '로마 시민권자'로 알려져 있다. 즉, 바울에게는 그의 시중을 들 노예 한 명을 선택할 권리가 있었다. 동시에 누가 또한 정식 재판 절차를 통하지 않고서 감옥에 갇힐 신분이 결코 아니었다. 즉, 영화의 설정처럼 누가는 수용소장이 마음대로 가둘 수 있는 상대가 아니었다.

"누가만 나와 함께 있느니라." 그런데 바울의 로마 2차 투옥 때, 이 둘은

---

88 물론 전제가 있었다. 로마에게 항전(抗戰)하지 않고, 순순히 로마의 통치를 받아들인 경우에 그러했다.

함께 있었다. 그렇다면, 가능한 시나리오는 두 개뿐이다. 첫 번째 시나리오는 바울뿐 아니라 누가 또한 법적인 절차를 거쳐 투옥된 후 둘이 '같은 수용소, 같은 방'에 갇혀 있는 경우다. 물론 이 경우, 바울과 누가의 죄목(罪目)은 같았을 것이다. 그런데 '같은 죄목(罪目)의 공범(共犯)'을 같은 방에 가둔다? 그것도 '사상범(思想犯)'을?[89] 물론, 그랬을 수도 있다. 그러나 디모데후서에 기록된 뉘앙스(nuance)는 아무리 보아도 누가는 '죄수 신분'이 아닌 것으로 보인다. "데마는 이 세상을 사랑하여 나를 버리고 데살로니가로 갔고, 그레스게는 갈라디아로, 디도는 달마디아로 갔고, 누가만 나와 함께 있느니라."[90]

그렇다면, 남은 시나리오는 하나뿐이다. 그것은 누가가 '바울의 노예'를 자처하는 경우다. 쉽게 말해, 누가가 '로마 시민권자로서 죄수 신분인 바울'을 시중들고 그의 업무를 대신할 '노예'로 나서는 경우다. 그러니 영화의 설정처럼 누가는 평소 친분이 있던 로마 관리에게 뇌물을 쓴 것이 아니었을 것이다. 그렇게 해서 감옥에 갇힌 바울을 한밤중에 방문한 상황이 아니었을 것이다. 그러다가 수용소장에게 발각되어 바울과 함께 투옥된 것 또한 아니었을 것이다. 다시 한번 강조하지만, 누가는 '로마 시민권자'였다.

즉, 영화에서 바울과 누가가 나눈 대화의 '공간 설정과 상황'은 개연성이 떨어진다. 그러나 영화에 나오는 이 대사는 의미가 있다. **"자네, 복음에 왜 그렇게 가난한 자 얘길 자주 썼나? 쫓겨난 자와 이방인들도…." "알리고 싶**

---

[89] 물론 명목상으로는 '로마 대화재의 방화범(放火犯)'이라고 했겠지만
[90] 디모데후서 4:10

었어요. 하나님 나라는 모두에게 열려 있다고, 하나님의 자비는 모두의 것이라고요." "맞아, 죄인 되었을 때를 잊어선 안 돼. 그런 중에 믿게 된 것도." 누가 두 번째 단원에서 언급했듯이, **누가복음은 '소외된 자'와 '가난한 자' 그리고 당시 '사람 취급을 받지 못했던 여성에 대한 관심'으로 가득하다.**

[22]예수께서 각 성 각 마을로 다니사 가르치시며 예루살렘으로 여행하시더니 [23]어떤 사람이 여짜오되 주여 구원을 받는 자가 적으니이까 그들에게 이르시되 [24]좁은 문으로 들어가기를 힘쓰라 내가 너희에게 이르노니 들어가기를 구하여도 못하는 자가 많으리라 … [28]너희가 아브라함과 이삭과 야곱과 모든 선지자는 하나님 나라에 있고 오직 너희는 밖에 쫓겨난 것을 볼 때에 거기서 슬피 울며 이를 갈리라 [29]사람들이 동서남북으로부터 와서 하나님의 나라 잔치에 참여하리니 [30]보라 나중 된 자로서 먼저 될 자도 있고 먼저 된 자로서 나중 될 자도 있느니라 하시더라(누가복음 13:22-24, 28-30)

누가가 기록한 말씀이다. 그렇다면 그 당시 '유대 세계'에서 '소외된 자'로서 대표적인 존재는 누구였을까? 예수님께서 예루살렘으로 올라가시던 길에서 있었던 일이다. "주여, 구원을 받는 자가 적으니이까?" 어떤 사람의 질문에 대한 예수님의 답 중에 익숙한 성경 구절이 눈에 들어올 것이다. "좁은 문으로 들어가기를 힘쓰라." 물론, 질문자는 '유대인 중에서라는 전제'하에 이 질문을 던졌을 것이다. 그러나 예수님의 대답에서의 좁은 문은 '이 질문과 대답이 이루어지던 유대 세계에서의 좁은 문'이었을 것이다. 즉, '유대인에게만 열린 것으로 생각되던 문'과는 '다른 문'을 말씀하신 것이다. 같은 맥락에서 예수님의 말씀이 계속 이어졌다. "사람들이 동서남북으로부터 와서 하나님의 나라 잔치에 참여하리니, 보라. 나중 된 자로서 먼저 될 자도 있고 먼저 된 자로서 나중 될 자도 있느니라." 누구나 쉽게 예상할 수 있듯이, 이때 동서남북으로부터 와서 하나님의 나라 잔치에 참여하는 사람들은 '이방인들'이다. 나중 된 자로서 먼저 될 자 또한 '이방인'을 가리킨다. 즉, 이들은 처음부터 하나님 나라 잔치에 초청받았던 사람들이 아니다.

이 외에도 예수님 당시 이방인과 같은 취급을 받던 사람들이 있었다. 그들은 '사마리아인'이었다. 사마리아인은 기원전 722년에 '앗수르의 사르곤 2세'에 의해 '북방 이스라엘'이 멸망 당한 뒤 실시된 '혼혈 정책'에서 비롯되었다. 앗수르는 정복하는 곳마다 혼혈 정책을 펼쳤는데, 이것은 인종을 섞음으로써 독립 의지를 무력화하기 위함이었다. 어찌됐든, 결과적으로 '북방 이스라엘'은 혈통적 순수성을 잃어버리게 되었다. 그리고 그러한 이유로 유대인에게 있어 사마리아인들은 '멸시와 차별의 대상'이 되었다. 이러한 배경을 생각할 때, 누가복음에만 기록된 '선한 사마리아인의 비유'는 누가가 하고자 했던 이야기가 무엇이었는지를 선명하게 드러낸다.

더군다나, '고침받은 열 명의 나병 환자' 중에 하나님께 영광을 돌리러 돌아온 유일한 한 사람이 '사마리아 사람'이었다는 기사 또한 누가복음만 기록하고 있다.[91] 즉, 예수님과 관련된 수많은 이야기 중에 특별히 선별하여 기

---

91 "[11]예수께서 예루살렘으로 가실 때에 사마리아와 갈릴리 사이로 지나가시다가 [12]한 마을에 들

록된 기사들을 볼 때, 누가가 하고자 했던 말이 무엇이었는지 선명해진다.

이전에도 언급했듯이, 누가는 바울이 가이사랴에 2년간 구류되어 있는 동안 팔레스타인 지역을 돌아다니며 '예수님에 대한 이야기'를 취재한 것으로 알려져 있다.[92] 당연히 누가의 취재 노트에는 누가복음에 기록된 '예수님에 대한 이야기'보다 훨씬 많은 내용이 수록되어 있었을 것이다. 즉, 누가는 그의 취재 노트에 수록된 내용 중 '성령의 감동'으로 선택된 일부 이야기만을 누가복음에 기록했을 것이다. 누가가 들었던 많은 이야기 중에 특별히 선별된 내용이 누가복음에 기록되었을 것이다.

그러니, 영화 대사에서 바울이 그렇게 이야기했던 것이다. **"자네 복음에 왜 그렇게 가난한 자 얘길 자주 썼나? 쫓겨난 자와 이방인들도…."** 바울의 '제2차 전도 여행' 중에 합류하게 된 이후, 누가는 바울이 전하는 복음에 대한 '유대주의자들의 끈질긴 반대'를 보고 들었을 것이다.[93] 그러니 영화 대사

어가시니 나병환자 열 명이 예수를 만나 멀리 서서 [13]소리를 높여 이르되 예수 선생님이여 우리를 불쌍히 여기소서 하거늘 [14]보시고 이르시되 가서 제사장들에게 너희 몸을 보이라 하셨더니 그들이 가다가 깨끗함을 받은지라 [15]그중의 한 사람이 자기가 나은 것을 보고 큰 소리로 하나님께 영광을 돌리며 돌아와 [16]예수의 발 아래에 엎드리어 감사하니 그는 사마리아 사람이라 [17]예수께서 대답하여 이르시되 **열 사람이 다 깨끗함을 받지 아니하였느냐 그 아홉은 어디 있느냐** [18]이 이방인 외에는 하나님께 영광을 돌리러 돌아온 자가 없느냐 하시고 [19]그에게 이르시되 일어나 가라 네 믿음이 너를 구원하였느니라 하시더라"(누가복음 17:11-19).

92 "[32]이튿날 기병으로 바울을 호송하게 하고 영내로 돌아가니라 [33]그들이 가이사랴에 들어가서 편지를 총독에게 드리고 바울을 그 앞에 세우니"(사도행전 23:32-33). "이태가 지난 후 보르기오 베스도가 벨릭스의 소임을 이어받으니 벨릭스가 유대인의 마음을 얻고자 하여 **바울을 구류하여 두니라**"(사도행전 24:27).

93 "[6]성령이 아시아에서 말씀을 전하지 못하게 하시거늘 그들이 브루기아와 갈라디아 땅으로 다녀가 [7]무시아 앞에 이르러 비두니아로 가고자 애쓰되 예수의 영이 허락하지 아니하시는지라 [8]무시아를 지나 **드로아로 내려갔는데** [9]밤에 환상이 바울에게 보이니 마게도냐 사람 하나가 서

서 그에게 청하여 이르되 마게도냐로 건너와서 우리를 도우라 하거늘 ¹⁰바울이 그 환상을 보았을 때 **우리가** 곧 마게도냐로 떠나기를 힘쓰니 이는 하나님이 저 사람들에게 복음을 전하라고 **우리를 부르신 줄로 인정함이러라**"(사도행전 16:6-10).: 주어가 '그들'에서 '우리'로 바뀌는 시점이 바로 사도행전의 저자인 누가가 '바울의 전도팀'에 합류한 시점이다. 에베소로 향하려 했던 바울의 계획이 좌절된 때였다. 즉, '바울의 제2차 전도 여행' 때 있었던 일이다.: "¹²**거기서 빌립보에 이르니 이는 마게도냐 지방의 첫 성이요** 또 로마의 식민지라 이 성에서 수일을 유하다가 ¹³안식일에 우리가 기도할 곳이 있을까 하여 문 밖 강가에 나가 거기 앉아서 모인 여자들에게 말하는데 ¹⁴두아디라 시에 있는 자색 옷감 장사로서 **하나님을 섬기는 루디아라 하는 한 여자가** 말을 듣고 있을 때 주께서 그 마음을 열어 바울의 말을 따르게 하신지라 ¹⁵그와 그 집이 다 세례를 받고 우리에게 청하여 이르되 **만일 나를 주 믿는 자로 알거든 내 집에 들어와 유하라 하고 강권하여 머물게 하니라**"(사도행전 16:12-15).: 그렇게 마게도냐로 넘어간 바울 일행은 빌립보에 도착했다. 그리고 그곳에서 '자색 옷감 장사 루디아'를 만나 그녀의 집에 머물게 되었다.: "¹⁹여종의 주인들은 자기 수익의 소망이 끊어진 것을 보고 **바울과 실라를 붙잡아** 장터로 관리들에게 끌어 갔다가 ²⁰상관들 앞에 데리고 가서 말하되 이 사람들이 유대인인데 우리 성을 심히 요란하게 하여 ²¹로마 사람인 우리가 받지도 못하고 행하지도 못할 풍속을 전한다 하거늘 ²²무리가 일제히 일어나 고발하니 상관들이 옷을 찢어 벗기고 매로 치라 하여 ²³많이 친 후에 옥에 가두고 간수에게 명하여 든든히 지키라 하니 ²⁴그가 이러한 명령을 받아 그들을 깊은 옥에 가두고 그 발을 차꼬에 든든히 채웠더니 ²⁵**한밤중에 바울과 실라가 기도하고 하나님을 찬송하매 죄수들이 듣더라** … ⁴⁰두 사람이 옥에서 나와 루디아의 집에 들어가서 형제들을 만나보고 위로하고 가니라"(사도행전 16:19-25, 40). "그들이 암비볼리와 아볼로니아로 다녀가 데살로니가에 이르니 거기 유대인의 회당이 있는지라"(사도행전 17:1).: 그러나 빌립보에서 문제가 생기자, 바울과 실라는 데살로니가로 향했다. 바로 이때 사도행전의 주어가 '우리'에서 다시 '그들'로 바뀐다. 즉, 이때 누가는 루디아의 집에 그대로 머물렀던 것으로 보인다. 그렇게 놓고 보면, '바울의 제2차 전도 여행'에서 누가는 '드로아에서 빌립보'까지만 동행한 것으로 보인다.: "⁵**그들은 먼저 가서 드로아에서 우리를 기다리더라** ⁶**우리는 무교절 후에 빌립보에서 배로 떠나 닷새 만에 드로아에 있는 그들에게 가서 이레를 머무니라**"(사도행전 20:5-6).: 이후 '제3차 전도 여행'에 나선 바울이 다시 빌립보에 방문했을 때, 사도행전의 주어가 또다시 '우리'로 바뀐다. 이러한 사실로 보아, '제2차 전도 여행' 당시 빌립보에서 '바울의 전도팀'과 헤어졌던 누가가 다시 합류했음을 알 수 있다. 즉, 누가는 바울의 '제2차 전도 여행'과 '제3차 전도 여행' 중 일부 구간에서만 함께했다. "¹**우리가 배를 타고 이달리야에 가기로 작정되매 바울과 다른 죄수 몇 사람을 아구스도대의 백부장 율리오란 사람에게 맡기니** ²**아시아 해변 각처로 가려 하는 아드라뭇데노 배에 우리가 올라 항해할새 마게도냐의 데살로니가 사람 아리스다고도 함께 하니라**"(사도행전 27:1-2).: 그리고 누가는 바울이 로마로 압송될 때 바울과 함께했다.: "**우리가 구조된 후에 안즉 그 섬은 멜리데라 하더라**"(사도행전 28:1). "**우리가** 로마에 들어가니 바울에게는 자기를 지키는 한 군인과 함께 따로 있게 허락하더라"(사도행전 28:16).: 그렇게 누가는 로마로 향하던 중 바울과 함께 난파를 당하기도 하며 로마에 도착했음을 알 수 있다. 그러한 의미로 "바울이 전하는 복음에 대한 '유대주의자들의 끈질긴 반대'를 전부 함께 겪었다"라고 하지 않고 "보고 들었을 것이다"라고 **표현한 것이다.**

에서 누가가 그렇게 대답했던 것이다. **"알리고 싶었어요. 하나님 나라는 모두에게 열려 있다고, 하나님의 자비는 모두의 것이라고요."**

[36]한 바리새인이 예수께 자기와 함께 잡수시기를 청하니 이에 바리새인의 집에 들어가 앉으셨을 때에 [37]그 동네에 **죄를 지은 한 여자가 있어** 예수께서 바리새인의 집에 앉아 계심을 알고 향유 담은 옥합을 가지고 와서 [38]**예수의 뒤로 그 발 곁에 서서 울며 눈물로 그 발을 적시고 자기 머리털로 닦고 그 발에 입맞추고 향유를 부으니** [39]예수를 청한 바리새인이 그것을 보고 마음에 이르되 이 사람이 만일 선지자라면 자기를 만지는 이 여자가 누구며 어떠한 자 곧 죄인인 줄을 알았으리라 하거늘 [40]예수께서 대답하여 이르시되 시몬아 내가 네게 이를 말이 있다 하시니 그가 이르되 선생님 말씀하소서 [41]이르시되 빚 주는 사람에게 빚진 자가 둘이 있어 하나는 오백 데나리온을 졌고 하나는 오십 데나리온을 졌는데 [42]갚을 것이 없으므로 둘 다 탕감하여 주었으니 둘 중에 누가 그를 더 사랑하겠느냐 [43]시몬이 대답하여 이르되 내 생각에는 많이 탕감함을 받은 자니이다 이르시되 네 판단이 옳다 하시고… [47]**이러므로 내가 네게 말하노니 그의 많은 죄가 사하여졌도다 이는 그의 사랑함이 많음이라 사함을 받은 일이 적은 자는 적게 사랑하느니라** [48]이에 여자에게 이르시되 **네 죄 사함을 받았느니라** 하시니 [49]함께 앉아 있는 자들이 속으로 말하되 이가 누구이기에 죄도 사하는가 하더라 [50]예수께서 여자에게 이르시되 네 믿음이 너를 구원하였으니 평안히 가라 하시니라(누가복음 7:36-43, 47-50)

이 본문 또한 사복음서 중에 누가복음에만 나오는 기사다.[94] 한 바리새인이 예수님을 그의 집에 초대하여 식사할 때 있었던 일이다. "그 동네에 죄를 지은 한 여인이 있어 예수께서 바리새인의 집에 앉아 계심을 알고 향유 담은 옥합을 가지고 와서 예수의 뒤로 그 발 곁에 서서 울며 눈물로 그 발을 적시고 자기 머리털로 닦고 그 발에 입맞추고 향유를 부으니." 참고로 성경에는 예수님께 향유를 부은 여인이 두 명 나온다. 예수님께 향유를 부은 다른 여인은 '마리아와 마르다 자매' 혹은 '예수님이 살리신 나사로의 누이'로 유명한 '마리아'다.

> ¹유월절 엿새 전에 예수께서 베다니에 이르시니 이곳은 예수께서 죽은 자 가운데서 살리신 나사로가 있는 곳이라 ²거기서 예수를 위하여 잔치할새 마르다는 일을 하고 나사로는 예수와 함께 앉은 자 중에 있더라 ³**마리아는 지극히 비싼 향유 곧 순전한 나드 한 근을 가져다가 예수의 발에 붓고 자기 머리털로 그의 발을 닦으니 향유 냄새가 집에 가득하더라**(요한복음 12:1-3)

누가복음 7장에 나오는 '죄를 지은 한 여자'와 '나사로의 누이 마리아'가 동일 인물이라는 일부 주장이 있다. 그러나 이는 잘못된 견해다. 내가 그렇게 보는 근거는 이와 같다. 우선 누가복음 7장에 기록된 사건 바로 뒤에는 이때가 어느 시기였는지를 알 수 있는 말씀이 나온다. "그 후에 예수께서 각

---

[94] '누가복음에만 나오는 이야기'의 목록은 인터넷에서 쉽게 검색할 수 있다.

성과 마을에 두루 다니시며 하나님의 나라를 선포하시며 그 복음을 전하실 새 열두 제자가 함께 하였고."[95] 즉, 누가복음 7장의 사건 뒤에 예수님은 각 성과 마을에 두루 다니시며 복음을 전하셨다. 그런데 마리아가 예수님께 향유를 부은 시점은 '**유월절 엿새 전**'이었다. 즉, 예수님께서 십자가에 못 박히시기 며칠 전이었다.

> **마리아와 함께 집에 있어 위로하던 유대인들은** 그가 급히 일어나 나가는 것을 보고 곡하러 무덤에 가는 줄로 생각하고 따라가더니(요한복음 11:31)

또한 나사로가 죽었을 때, 많은 유대인들이 마리아를 위로하러 그녀와 함께했다. 그런데 유대인들에게 있어서 '죄를 지은 여자'는 기피 대상이었다. 그러니 누가복음 7장에 나오는 '죄를 지은 한 여자'가 '나사로의 누이 마리아'라는 것은 틀린 주장이다.

"이 사람이 만일 선지자라면, 자기를 만지는 이 여자가 누구며 어떠한 자 곧 죄인인 줄을 알았으리라." 초대받지 않은 손님의 돌발 행동(?)에 불쾌했던 바리새인이 속으로 했던 말이다. 그는 예수님을 식사 자리에 초대한 자였다. 그러한 바리새인의 속마음을 아신 예수님께서 그에게 질문하셨다. "빚 주는 사람에게 빚진 자가 둘이 있어 하나는 오백 데나리온을 졌고 하나

---

[95] 누가복음 8:1

는 오십 데나리온을 졌는데, 갚을 것이 없으므로 둘 다 탕감하여 주었으니 둘 중에 누가 그를 더 사랑하겠느냐?"[96] 예수님의 질문에 바리새인이 대답했다. "내 생각에는 많이 탕감함을 받은 자니이다." 이에 예수님께서 말씀하셨다. "네 판단이 옳다."

"이에 여자에게 이르시되 네 죄 사함을 받았느니라 하시니." 많은 사람들은 이 구절에서 '죄를 지은 여자'가 죄 사함을 받은 이유로 '예수님께 향유를 부으며 했던 그녀의 행동'을 꼽는 경향이 있다. 그러나 이러한 생각은 성경을 너무 피상적으로 읽은 결과다. 예수님은 이미 그녀가 죄 사함을 받은 이유를 말씀해 주셨었다. "이러므로 내가 네게 말하노니 그의 많은 죄가 사하여졌도다. **이는 그의 사랑함이 많음이라**." 그리고 예수님을 향한 그녀의 사랑함이 많았던 이유에 대해서도 이미 말씀해 주셨다. "갚을 것이 없으므로 **둘 다 탕감하여 주었으니** 둘 중에 누가 그를 더 사랑하겠느냐?" 즉, '예수님을 향한 그녀의 사랑함'은 '이미 받은 죄 사함'에 있었다. 행위(눈에 보이지 않는 사랑)는 은혜의 결과다. 또한 행위(눈에 보이는 향유를 부음)는 믿음의 결과다. 이 부분을 깊이 묵상해 보기를 권한다.[97]

모두가 알고 있듯이, 예수님 당시에 '죄인과 여자'는 대표적인 소외 계층이었다. 이렇듯, 누가복음에는 예수님 당시 소외받던 자들에 대한 이야기가 끊임없이 기록되어 있다.

---

[96] 참고로 한 데나리온은 그 당시 '노동자의 하루치 품삯'으로 알려져 있다.
[97] 우리는 우리 주 예수 그리스도를 통하여서만이 구원받는다. 하나님의 자녀, 하나님의 백성이 된다. 그리고 그 결과, 하나님의 자녀다운, 하나님의 백성다운 삶의 열매를 맺게 된다. 행위는 '믿음의 조건'이 아니라 '믿음의 결과'다. 행위는 '구원의 조건'이 아니라 '구원의 결과'다. 행위는 '존재(구원받은 하나님의 자녀)의 조건'이 아니라 '존재(구원받은 하나님의 백성)의 결과'다.

⁷청함을 받은 사람들이 높은 자리 택함을 보시고 그들에게 비유로 말씀하여 이르시되 ⁸**네가 누구에게나 혼인 잔치에 청함을 받았을 때에 높은 자리에 앉지 말라** 그렇지 않으면 너보다 더 높은 사람이 청함을 받은 경우에 ⁹너와 그를 청한 자가 와서 너더러 이 사람에게 자리를 내주라 하리니 그 때에 네가 부끄러워 끝자리로 가게 되리라 ¹⁰**청함을 받았을 때에 차라리 가서 끝자리에 앉으라** 그러면 너를 청한 자가 와서 너더러 벗이여 올라 앉으라 하리니 그때에야 함께 앉은 모든 사람 앞에서 영광이 있으리라 ¹¹무릇 자기를 높이는 자는 낮아지고 자기를 낮추는 자는 높아지리라 ¹²또 자기를 청한 자에게 이르시되 네가 점심이나 저녁이나 베풀거든 벗이나 형제나 친척이나 부한 이웃을 청하지 말라 두렵건대 그 사람들이 너를 도로 청하여 네게 갚음이 될까 하노라 ¹³**잔치를 베풀거든 차라리 가난한 자들과 몸 불편한 자들과 저는 자들과 맹인들을 청하라** ¹⁴그리하면 그들이 갚을 것이 없으므로 네게 복이 되리니 이는 의인들의 부활시에 네가 갚음을 받겠음이라 하시더라(누가복음 14:7-14)

바로 위에 인용한 예수님의 말씀도 누가복음에만 기록된 내용이다. 잔치에 청함을 받았을 때 높은 자리에 앉지 말고 낮은 자리에 앉으라는 이 말씀을 모르는 성도는 없을 것이다. "잔치를 베풀거든 차라리 가난한 자들과 몸 불편한 자들과 저는 자들과 맹인들을 청하라." 이 말씀 또한 아주 익숙할 것이다. 이렇듯, 많은 성도에게 익숙한 이 말씀은 '누가의 취재 노트'에서 선택된 이야기다.

'역사는 승자의 기록'이라는 말이 있다. 우리가 배우는 국사(國史) 또한 마찬가지다. '태정태세문단세예성연중인명선광인효현숙경영정순헌철고순'이 무엇을 가리키는지 대한민국 사람치고 모르는 사람이 있을까? 그런데 생각해 볼 일이다. 조선시대에 살았던 우리 조상들은 왕만 있었을까? 이 땅의 역사를 지켜온 수많은 사람들의 이야기는 어디로 간 것일까? 마찬가지다. 성자 하나님이신 예수님께서 이 땅에 오셨을 때 살았던 사람 중에는 남자만 있었던 것이 아니다. 그런 점에서 '소외된 자'와 '가난한 자' 그리고 그 당시 '사람 취급을 받지 못하던 여성에 대한 관심'으로 가득 찬 누가복음의 시선은 소중하다.

> [46]**마리아가** 이르되 내 영혼이 주를 찬양하며 … [67]그 부친 **사가랴가** 성령의 충만함을 받아 예언하여 이르되(누가복음 1:46, 67)

누가복음 1장에는 여성인 '마리아의 찬가'와 남성인 '사가랴의 예언'이 함께 쌍을 이루어 기록되어 있다.

> [25]**예루살렘에 시므온이라 하는 사람이 있으니 이 사람은 의롭고 경건하여 이스라엘의 위로를 기다리는 자라 성령이 그 위에 계시더라** [26]그가 주의 그리스도를 보기 전에는 죽지 아니하리라 하는 성령의 지시를 받았더니 [27]성령의 감동으로 성전에 들어가매 마침 부모가 율법의 관례대로 행하고자 하여 그 아기 예수를 데리고 오는지라 [28]시므온이 아기를 안고 하나님을 찬송하여 이르되 [29]주재여 이제는 말씀하신 대로 종을 평

안히 놓아 주시는도다… ³⁶또 아셀 지파 바누엘의 딸 안나라 하는 선지 자가 있어 나이가 매우 많았더라 그가 결혼한 후 일곱 해 동안 남편과 함께 살다가 ³⁷과부가 되고 팔십사 세가 되었더라 이 사람이 성전을 떠 나지 아니하고 주야로 금식하며 기도함으로 섬기더니 ³⁸마침 이 때에 나 아와서 하나님께 감사하고 예루살렘의 속량을 바라는 모든 사람에게 그 에 대하여 말하니라(누가복음 2:25-29, 36-38)

마찬가지로, 예수님의 정결 예식 때도 '남성과 여성'이 같이 등장한다. 정결 예식을 위해 예루살렘 성전을 방문했던 요셉과 마리아를 두 사람이 기다리고 있었다. 그 두 사람은 '시므온과 안나'였다. 율법에 따르면, 아들을 낳았을 경우 정결 예식은 생후 40일에 드리게 되어 있었다.⁹⁸ 그리고 성경에는 명시(明示)되어 있지 않으나, 이때 가족이나 친지 혹은 공동체 중 존경받는 어른 둘이 동행하는 것이 관례였다고 전해진다. 이는 정결 예식을 단순한 의식을 넘어 '아기를 신앙 공동체의 일원으로 받아들이는 중요한 절차'로 여겼기 때문이라고 한다. 즉, 이러한 동행은 공동체 전체가 아기에게 '신앙 공동체의 일원으로서 책임을 다하겠다는 다짐'이기도 했다.

---

98 "¹여호와께서 모세에게 말씀하여 이르시되 ²이스라엘 자손에게 말하여 이르라 여인이 임신하여 **남자를 낳으면 그는 이레 동안 부정하리니** 곧 월경할 때와 같이 부정할 것이며 ³여덟째 날에는 그 아이의 포피를 벨 것이요 ⁴그 여인은 아직도 삼십삼 일을 지내야 산혈이 깨끗하리니 정결하게 되는 기한이 차기 전에는 성물을 만지지도 말며 성소에 들어가지도 말 것이며 ⁵여자를 낳으면 그는 두 이레 동안 부정하리니 월경할 때와 같을 것이며 산혈이 깨끗하게 됨은 육십육 일을 지내야 하리라 ⁶**아들이나 딸이나 정결하게 되는 기한이 차면** 그 여인은 번제를 위하여 일 년 된 어린 양을 가져가고 속죄제를 위하여 집비둘기 새끼나 산비둘기를 **회막 문 제사장에게로 가져갈 것이요**"(레위기 12:1-6).

그런데 예수님은 '요셉과 마리아의 고향인 나사렛'이 아니라 '베들레헴'에서 태어나셨다. 쉽게 말해, 예수님의 정결 예식에 동행할 공동체의 어른이 없던 상황이었다. 당시 로마 황제였던 '가이사 아구스도'의 영에 따라 베들레헴에 호적하러 갔다가 예수님을 낳은 상황이었다.[99] 더군다나 베들레헴에서 예루살렘 성전까지는 하룻길이었지만, 나사렛에서 예루살렘 성전까지는 왕복 2주일이 넘는 거리였다. 그러니 정결례를 위해 출산한 지 얼마 안 된 산모와 아기를 안고 그 먼 길을 돌아 성전으로 향하는 것은 현실적으로 불가능한 일이었다. "모세의 법대로 정결 예식의 날이 차매 아기를 데리고 예루살렘에 올라가니." 그러한 이유로 요셉과 마리아는 다른 동행자 없이 예루살렘 성전에 방문했다.

그런데 예루살렘 성전에서 이들을 기다리는 '두 어른'이 있었다. "예루살렘에 시므온이라 하는 사람이 있으니 **이 사람은 의롭고 경건하여 이스라엘의 위로를 기다리는 자라, 성령이 그 위에 계시더라.** 그가 주의 그리스도를 보기 전에는 죽지 아니하리라 하는 성령의 지시를 받았더니, 성령의 감동으로 성전에 들어가매 마침 부모가 율법의 관례대로 행하고자 하여 그 아기 예수를 데리고 오는지라." 그 첫 번째 어른은 '남자'인 시므온이었다. "**또 아셀 지파 바누엘의 딸 안나라 하는 선지자가 있어** 나이가 매우 많았더라. 그

---

[99] "그때에 가이사 아구스도가 영을 내려 천하로 다 호적하라 하였으니 ²이 호적은 구레뇨가 수리아 총독이 되었을 때에 처음 한 것이라 ³모든 사람이 호적하러 각각 고향으로 돌아가매 ⁴요셉도 다윗의 집 족속이므로 갈릴리 나사렛 동네에서 유대를 향하여 **베들레헴이라 하는 다윗의 동네로** ⁵그 약혼한 마리아와 함께 호적하러 올라가니 마리아가 이미 잉태하였더라 ⁶거기 있을 그 때에 해산할 날이 차서 ⁷**첫아들을 낳아** 강보로 싸서 구유에 뉘였으니 이는 여관에 있을 곳이 없음이러라"(누가복음 2:1-7).

가 결혼한 후 일곱 해 동안 남편과 함께 살다가 과부가 되어 **팔십사 세가 되었더라.** 이 사람이 성전을 떠나지 아니하고 주야로 금식하며 기도함으로 섬기더니, 마침 이 때에 나아와서 하나님께 감사하고 예루살렘의 속량을 바라는 모든 사람에게 그에 대하여 말하니라." 그리고 예수님을 기다리던 두 번째 어른이 있었는데, 그는 '여자'인 안나였다. 즉, 하나님은 베들레헴에서 출산한 이유로 공동체와 멀리 떨어져 있던 요셉과 마리아 그리고 아기 예수님과 동행할 두 어른을 예루살렘에 미리 준비해 두셨다. 이러한 일은 하나님의 역사 가운데 항상 일어나는 일이다. 그리고 누가는 이때도 **'여자 어른 안나'** 를 놓치지 않고 있다. **'선지자 안나'** 를 잊지 않고 기록하고 있다.

> ¹그 후에 예수께서 각 성과 마을에 두루 다니시며 하나님의 나라를 선포하시며 그 복음을 전하실새 **열두 제자가 함께 하였고** ²또한 악귀를 쫓아내심과 병 고침을 받은 어떤 여자들 곧 일곱 귀신이 나간 자 **막달라인이라 하는 마리아와** ³**헤롯의 청지기 구사의 아내 요안나와 수산나와 다른 여러 여자가 함께 하여 자기들의 소유로 그들을 섬기더라**(누가복음 8:1-3)

"열두 제자가 함께 하였고." 예수님의 공생애 기간 열두 제자가 함께했다. 모두가 알고 있듯이, 그들 모두는 '남자'였다. 그리고 이들의 이름은 모든 복음서에 기록되어 있다. "막달라인이라 하는 마리아와 헤롯의 청지기 구사의 아내 요안나와 수산나와 다른 여러 여자가 함께 하여 자기들의 소유로 **그들을** 섬기더라." 그런데 누가복음에만 기록된 이름들이 있다. 바로 공생애 기간 예수님을 섬겼던 '여자들의 이름'이다. 그들은 자기들의 소유로 예수님뿐 아니라 예수님과 함께 한 '남자 제자 열둘'을 섬겼다.[100]

대표적인 이야기 중 일부를 예로 들었지만, 이 외에도 '돌아온 탕자, 부자와 나사로, 세리장 삭개오 이야기' 등이 누가복음에만 기록되어 있다. 그러니 '예수 그리스도의 사도, 바울' 영화에서 바울과 누가의 대사는 핵심을 찌르고 있다. "자네 복음에 왜 그렇게 가난한 자 얘길 자주 썼나? 쫓겨난 자와 이방인들도…." "알리고 싶었어요. 하나님 나라는 모두에게 열려 있다고, 하나님의 자비는 모두의 것이라고요."

그렇다면, 누가는 왜 하나님 나라는 모두에게 열려 있다고 알리고 싶었을까? 하나님의 자비는 모두의 것이라고 외치고 싶었을까?

참고로, 21세기에 살고 있는 우리는 이렇게 예수님을 전한다.
[우리를 구원하기 위하여 성자 하나님이신 예수님께서 마리아의 태에서 인성(人性)을 입어 사람이 되셨다. 그렇게 율법 아래 태어나사 팔 일 만에 할

---

[100] 우리는 이보다 더 많은 수의 제자가 있었음을 사도행전에 나오는 베드로의 발언을 통해 알 수 있다.: "[21]이러하므로 요한의 세례로부터 우리 가운데서 올려져 가신 날까지 주 예수께서 우리 가운데 출입하실 때에 [22]**항상 우리와 함께 다니던 사람** 중에 하나를 세워 우리와 더불어 예수께서 부활하심을 증언할 사람이 되게 하여야 하리라 하거늘 [23]그들이 두 사람을 내세우니 하나는 바사바라고도 하고 별명은 유스도라고 하는 요셉이요 하나는 맛디아라 [24]그들이 기도하여 이르되 뭇 사람의 마음을 아시는 주여 이 두 사람 중에 누가 주님께 택하신 바 되어 [25]봉사와 및 사도의 직무를 대신할 자인지를 보이시옵소서 유다는 이 직무를 버리고 제 곳으로 갔나이다 하고 [26]제비 뽑아 맛디아를 얻으니 그가 열한 사도의 수에 들어가니라"(사도행전 1:21-26).

례받으시고 이 땅에서 사시다가 십자가에 죽기까지 순종하심으로 모든 율법의 요구를 다 이루셨다. 우리는 그렇게 예수님께서 우리 대신 '다 이루어 주신 율법의 요구'와 '십자가의 죽음을 통하여 이루신 의'를 전가 받아 구원받는다. 당신이 다 이루신 의를 '우리 것 삼아주시는 은혜'로 구원받는다. 그렇게 예수님께서 다 이루어 주신 구원을 우리에게 적용시켜 주시는 영이신 '성령 하나님의 내주(內住)하심'을 통하여 '하나님의 자녀'가 된다.

그렇다면, 성자 하나님이신 우리 주 예수 그리스도는 왜 사람이 되셔야만 했는가? 삼위일체 하나님께서는 타락한 인류를 '대속(代贖)의 방법'으로 구원하기로 작정하셨다. 이 일은 온 우주를 창조하시기 전에 있었던 '작정(作定)'이셨다.[101] 삼위일체 하나님께서는 인류의 죗값을 '대신 갚으시는 방법'으로 우리를 구원하기로 작정하셨다. 그렇게 삼위일체 하나님께서는 창세 전에 '구속주(예수님)를 정하시고, 구속 방법(대속)을 정하시고, 구속받을 백성(예정)'을 정하셨다.

그런데 율법에 따르면, 사람은 사람으로만 갚을 수 있었다.[102] 소는 소로, 양은 양으로 갚아야 하는 것처럼 '사람의 죄로 인한 죽음'[103]은 '사람의 죽음'

---

101 "곧 창세 전에 그리스도 안에서 우리를 택하사 우리로 사랑 안에서 그 앞에 거룩하고 흠이 없게 하시려고 ⁵그 기쁘신 뜻대로 우리를 예정하사 예수 그리스도로 말미암아 자기의 아들들이 되게 하셨으니"(에베소서 1:4-5).
102 "¹⁷사람을 쳐죽인 자는 반드시 죽일 것이요 ¹⁸짐승을 쳐죽인 자는 짐승으로 짐승을 갚을 것이며 ¹⁹사람이 만일 그의 이웃에게 상해를 입혔으면 그가 행한 대로 그에게 행할 것이니 ²⁰**상처에는 상처로, 눈에는 눈으로, 이에는 이로 갚을지라** 남에게 상해를 입힌 그대로 그에게 그렇게 할 것이며"(레위기 24:17-20).
103 "죄의 삯은 사망이요 하나님의 은사는 그리스도 예수 우리 주 안에 있는 영생이니라"(로마서 6:23).

으로 갚아야만 했다. 또한 '흠이 있는 존재'는 '대속 제물(代贖 祭物)'이 될 수 없었다.**104** 그러므로 '사람의 죄로 인한 죽음의 대속'은 '죄 없는 사람만'이 할 수 있었다. 그러나 첫 번째 아담의 원죄(原罪) 이후 '죄가 없는 사람'이 없었다.**105** 모두가 다 치우쳐 전적으로 무능해졌고, 하나님 앞에서 선을 행할 수 있는 사람이 없었다.**106** 아담의 원죄 이후, 인류는 '전적으로 타락(墮落)'했다. 그리하여 '전적으로 무능(無能)'하고 '전적으로 부패(腐敗)'하게 되었다. 결과적으로, 인류는 스스로를 죄로부터 구원할 수 없게 되었다. 그러한 이유로 성자 하나님께서는 사람이 되셔야만 했다.

하나님으로서는 죽음을 죽으실 수 없고 사람으로서는 죽음을 이기실 수 없었으므로, 성자 하나님이신 우리 주 예수 그리스도는 사람이 되셨다. 인성(人性)에 따라서는 자기 자신을 대속 제물로 죽음에 내주시고, 신성(神性)에 따라서는 그 죽음을 죽이시고(이기시고) 부활 생명을 얻으셨다.**107 108** 그렇게 당신이 다 이루신 구원을 우리 것 삼아주시는 하나님의 은혜로 우리는 구원받는다.]

³바울이 이르되 그러면 너희가 무슨 세례를 받았느냐 대답하되 요한의

---

104 "그러나 그 짐승이 흠이 있어서 절거나 눈이 멀었거나 무슨 흠이 있으면 네 하나님 여호와께 잡아 드리지 못할지니"(신명기 15:21).
105 "기록된 바 의인은 없나니 하나도 없으며"(로마서 3:10).
106 "다 치우쳐 함께 무익하게 되고 선을 행하는 자는 없나니 하나도 없도다"(로마서 3:12).
107 "성결의 영으로는 죽은 자들 가운데서 부활하사 능력으로 하나님의 아들로 선포되셨으니 곧 우리 주 예수 그리스도시니라"(로마서 1:4).
108 Inst. 2.12.3: Inst.는 『기독교강요』를 의미한다. 그리고 이어지는 세 개의 숫자는 '권. 장. 절'을 의미한다. 즉, 위의 문장은 『기독교강요』 '2권 12장 3절'에 나오는 내용을 인용한 것이다.

세례니라 ⁴바울이 이르되 **요한이 회개의 세례를 베풀며 백성에게 말하되 내 뒤에 오시는 이를 믿으라 하였으니 이는 곧 예수라** 하거늘 ⁵그들이 듣고 주 예수의 이름으로 세례를 받으니(사도행전 19:3-5)

그러나 바울 당시에 예수님을 전하는 방식은 지금과는 달랐다. 세례 요한의 증언처럼, 그 당시 예수님을 전하는 방식은 '예수님 그분이 바로 구약에서 예언되어 오던 그 메시아라는 사실을 설명하는 것'이었다.[109] 이를 위해서 세례 요한이 예수님보다 먼저 세상에 온 것이다.[110] 그리고 이러한 배경 때문에 바울은 가는 곳마다 가장 먼저 회당(會堂)에 방문했다.[111] 구약성경을 아는 사람들이 있는 곳으로 가야 했기 때문이다.

주께서 이르시되 가라 **이 사람은 내 이름을 이방인과 임금들과 이스라엘 자손들에게 전하기 위하여 택한 나의 그릇이라**(사도행전 9:15)

---

[109] "네 하나님 여호와께서 너희 가운데 네 형제 중에서 너를 위하여 **나와 같은 선지자 하나를 일으키시리니 너희는 그의 말을 들을지니라**"(신명기 18:15). "이스라엘 자손에 대하여 하나님이 너희 형제 가운데서 나와 같은 선지자를 세우리라 하던 **자가 곧 이 모세라**"(사도행전 7:37).
[110] "외치는 자의 소리여 이르되 **너희는 광야에서 여호와의 길을 예비하라 사막에서 우리 하나님의 대로를 평탄하게 하라**"(이사야 40:3).
[111] "살라미에 이르러 하나님의 말씀을 유대인의 여러 회당에서 전할새 요한을 수행원으로 두었더라"(사도행전 13:5). "그들은 버가에서 더 나아가 비시디아 안디옥에 이르러 **안식일에 회당에 들어가 앉으니라**"(사도행전 13:14). "이에 이고니온에서 두 사도가 함께 **유대인의 회당에 들어가** 말하니 유대와 헬라의 허다한 무리가 믿더라"(사도행전 14:1). "밤에 형제들이 곧 바울과 실라를 베뢰아로 보내니 그들이 이르러 유대인의 회당에 들어가니라"(사도행전 17:10). "에베소에 와서 그들을 거기 머물게 하고 자기는 회당에 들어가서 유대인들과 **변론하니**"(사도행전 18:19). "**바울이 회당에 들어가 석 달 동안 담대히 하나님 나라에 관하여 강론하며 권면하되**"(사도행전 19:8).

다메섹 도상(道上)에서 예수님을 만난 뒤 앞을 못 보게 된 바울에게 안수하여 다시 보게 하라는 명령 중에, 하나님께서 아나니아에게 하신 말씀이다.[112] "이 사람은 내 이름을 **이방인과 임금들과 이스라엘 자손들에게** 전하기 위하여 택한 나의 그릇이라." 흔히들 바울을 '이방인의 사도'로만 알고 있지만[113], 바울은 이방인과 유대인 구분 없이 예수의 이름을 모두에게 전하기 위하여 택함받은 하나님의 그릇이었다. 앞에 설명한 이유 외에, 이러한 이유 때문에도 바울은 전도 여행 중 가는 곳마다 가장 먼저 회당에 방문했다.[114]

> 안식일마다 **바울이 회당에서 강론하고 유대인과 헬라인을 권면하니라**
> (사도행전 18:4)

"바울이 회당에서 강론하고 유대인과 헬라인을 권면하니라." 더군다나 위에 인용한 말씀은 '안식일'에 있었던 일이다. 장소는 '고린도에 있던 회당'

---

[112] "¹주께서 이르시되 일어나 직가라 하는 거리로 가서 유다의 집에서 다소 사람 사울이라 하는 사람을 찾으라 그가 기도하는 중이니라 ¹²그가 아나니아라 하는 사람이 들어와서 자기에게 안수하여 다시 보게 하는 것을 보았느니라 하시거늘"(사도행전 9:11-12).
[113] "내가 이방인인 너희에게 말하노라 **내가 이방인의 사도인 만큼 내 직분을 영광스럽게 여기노니**"(로마서 11:13).
[114] "¹내가 그리스도 안에서 참말을 하고 거짓말을 아니하노라 나에게 큰 근심이 있는 것과 마음에 그치지 않는 고통이 있는 것을 내 양심이 성령 안에서 나와 더불어 증언하노니 ²(없음) ³**나의 형제 곧 골육의 친척을 위하여 내 자신이 저주를 받아 그리스도에게서 끊어질지라도 원하는 바로라** ⁴그들은 이스라엘 사람이라 그들에게는 양자 됨과 영광과 언약들과 율법을 세우신 것과 예배와 약속들이 있고 ⁵조상들도 그들의 것이요 육신으로 하면 그리스도가 그들에게서 나셨으니 그는 만물 위에 계셔서 세세에 찬양을 받으실 하나님이시니라 아멘"(로마서 9:1-5).

이었다.115 회당의 기원은 바벨론 포로기와 밀접한 연관이 있다. '예루살렘 제1성전'116인 '솔로몬 성전'은 기원전 586년에 바벨론 왕 느부갓네살에 의해 파괴되었다.117 그 결과, 유대인들은 신앙을 유지할 새로운 장소가 필요했다. 즉, 회당은 유대인들이 약속의 땅을 떠나 살게 되면서 그들의 신앙을 유지하기 위해 마련한 장소였다. 유대인들의 신앙을 유지해 온 중요한 두 기둥은 '성전과 율법'이었다. 그런데 그 두 기둥 중 하나가 파괴된 것이었다. 그렇게 제사를 드리던 성전이 파괴된 뒤, 유대인들의 신앙은 자연스럽게 회당을 중심으로 율법을 해석하고 가르치는 데 집중하게 되었다.

그렇게 낯선 땅에 포로로 잡혀가서 시작된 회당이었다. 그러한 이유로 회당은 '신앙 유지'를 넘어 '유대인 공동체의 문화와 전통을 유지 발전시키는 데 중요한 역할'을 하게 되었다. 즉, 회당은 포로기 이후 유대인의 공동체성을 유지하는 핵심 장소가 되었다. 이러한 이유로, 회당은 예배뿐 아니라 율법과 구약성경의 교육 장소로 사용되었다. 그리고 유대 공동체 내의 문제를 논의하고 법적인 분쟁이 일어났을 때 장로들이 모여 토론하고 결정을 내리는 장소로 역할하게 되었다. 이러한 전통은 포로기 이후에도 이어졌으며, 참고로 1세기에는 전 세계에 천여 개에 이르는 회당이 있었다고 전해진다. 즉, 바울이 사도행전 18장에서 방문한 '고린도에 있던 회당'은 그 천

---

115 "그 후에 바울이 아덴을 떠나 **고린도에 이르러**"(사도행전 18:1).
116 참고로 '제2성전'은 바벨론 포로에서 돌아온 뒤 세운 '스룹바벨 성전'이다. '제3성전'은 예수님 당시 성전으로 에돔 족속이었던 헤롯 대왕이 유대인의 환심을 사기 위해 세운 '헤롯 성전'이다.
117 "⁸바벨론 왕 느부갓네살의 열아홉째 해 오월 칠일에 바벨론 왕의 신복 시위대장 느부사라단이 예루살렘에 이르러 ⁹**여호와의 성전과 왕궁을 불사르고** 예루살렘의 모든 집을 귀인의 집까지 불살랐으며"(열왕기하 25:8-9).

여 개의 회당 중 하나였다.

그런데 눈에 띄는 단어가 있을 것이다. "안식일마다 바울이 회당에서 강론하고 유대인과 헬라인을 권면하니라." 다른 날도 아닌, 안식일에 회당에서 강론하는데 유대인은 그렇다고 치고 헬라인이? 도대체 무슨 상황일까? 이 부분은 이미 앞에서 자세히 다룬 적이 있다.

기억을 위해 내용을 약간 줄여서 반복하면 이와 같다. '로마의 관용 정책'은 널리 알려진 사실이다. 로마는 식민지의 종교를 인정하고 '종교의 자유'를 보장했다. 이로 인해, 로마 제국 내에서 식민지의 백성들은 그들의 종교를 자유롭게 믿을 수 있었다. 그러나 여기에는 전제(前提)가 있었다. 그것은 '로마 황제 숭배'를 받아들이는 경우에 한정(限定)되었다. 이러한 조건은 유대인에게 있어서 종교의 자유를 허용하는 것이 아니라 막는 것과 같은 효과를 가져왔다. "하나님을 믿는다"의 반대말은 "하나님을 믿지 않는다"가 아니라 "하나님도 믿는다"이기 때문이다. 당연히 유대인들은 이러한 로마의 정책에 반발했다.

그 결과, '황제 숭배'를 강요했던 로마 황제 글라우디오는 유대인들이 하나님께 제사 지내는 것을 금지했다. 유대인들의 종교집회를 금지했다. 이러한 상황에서, 유대인들의 회당을 후원하고 보호했던 사람들이 있었다. 구약을 헬라어로 번역한 '70인역 성경'이 이미 로마 제국에 널리 퍼져 있는 상황이었다. 그 결과, 1세기 당시 로마의 지식층 중에는 '70인역 성경'을 읽고 '하나님을 경외하는 사람들'이 생기게 되었다. 바로 이 '하나님을 경외하는 사람들'이 로마 제국의 유대인 탄압에 대한 보호막이 되었다. 그 결과, 그들은 이방인 임에도 불구하고 유대인의 회당에 자유롭게 출입할 수 있었다. 그러나 '절박한 현실적 필요'에 의해 그들의 회당 출입을 묵인했을 뿐 유대인들은 이들을 진정한 형제로 여기지 않았다.

"안식일마다 바울이 회당에서 강론하고 유대인과 헬라인을 권면하니라." 본문에서 말하는 헬라인들은 로마 제국에서 '회당의 보호막'이 되어준 사람들이었다. 다시 말해, 후원자들이었다. 그러나 할례를 받지 않은 그들은 '유대주의자들의 주장'에 따르면 구원받지 못한 사람들이었다. 즉, 현실적으로는 회당의 보호자이자 후원자였으나, 정작 회당에서는 '2등 시민' 취급을 받던 사람들이었다.

> **⁴³회당의 모임이 끝난 후에 유대인과 유대교에 입교한 경건한 사람들이 많이 바울과 바나바를 따르니** 두 사도가 더불어 말하고 항상 하나님의 은혜 가운데 있으라 권하니라 ⁴⁴그 다음 안식일에는 온 시민이 거의 다 하나님의 말씀을 듣고자 하여 모이니 **⁴⁵유대인들이 그 무리를 보고 시기가 가득하여 바울이 말한 것을 반박하고 비방하거늘**(사도행전 13:43-45)

그런데 이러한 상황에서 바울이 와서 하는 말이 "우리 주 예수 그리스도로 충분하다! 할례는 구원의 조건이 아니다!"라는 것이었다.[118] 그러니 '2등

---

[118] 물론 사도행전 13장 본문은 바울의 '제1차 전도 여행' 때의 기사다. 즉, '제1차 예루살렘 공의회' 이전이다. 그러나 '제1차 예루살렘 공의회' 이전에도 이후에도 바울의 메시지(message)는 변함이 없었다.

시민' 취급을 받던 이들이 바울의 설교에 어떤 반응을 보였을지는 따로 설명하지 않아도 되리라 믿는다. 정말이지, 이들의 반응은 폭발적이었다. 또한 유대인 중에 마음이 열린 사람들도 바울을 따랐다. 그러나 바울을 향한 이러한 반응은 '유대주의에 물든 유대인들'의 시기를 자극했다.[119] 그 결과, 바울은 가는 곳마다 유대주의자들의 '격렬한 반대'에 노출되었다.

> [23]그들이 그리스도의 일꾼이냐 정신 없는 말을 하거니와 나는 더욱 그러하도다 내가 수고를 넘치도록 하고 **옥에 갇히기도 더 많이 하고 매도 수없이 맞고 여러 번 죽을 뻔하였으니** [24]**유대인들에게 사십에서 하나 감한 매를 다섯 번 맞았으며** [25]**세 번 태장으로 맞고 한 번 돌로 맞고** 세 번 파선하고 일 주야를 깊은 바다에서 지냈으며 [26]여러 번 여행하면서 강의 위험과 강도의 위험과 동족의 위험과 이방인의 위험과 시내의 위험과 광야의 위험과 바다의 위험과 거짓 형제 중의 위험을 당하고 [27]또 수고하며 애쓰고 여러 번 자지 못하고 주리며 목마르고 여러 번 굶고 춥고 헐벗었노라(고린도전서 11:23-27)

---

[119] 물론 사도행전 13장 본문은 바울과 누가가 만나기 전의 본문이다. 그러나 바울을 향한 유대주의자들의 반응은 바울이 누가를 만나기 전과 만난 후 모두 같았다.: "[1]그들이 암비볼리와 아볼로니아로 다녀가 데살로니가에 이르니 거기 유대인의 회당이 있는지라 [2]바울이 자기의 관례대로 그들에게로 들어가서 세 안식일에 성경을 가지고 강론하며 [3]뜻을 풀어 그리스도가 해를 받고 죽은 자 가운데서 다시 살아나야 할 것을 증언하고 이르되 내가 너희에게 전하는 이 예수가 곧 그리스도라 하니 [4]그중의 어떤 사람 곧 경건한 헬라인의 큰 무리와 적지 않은 귀부인도 권함을 받고 바울과 실라를 따르나 [5]그러나 유대인들은 시기하여 저자의 어떤 불량한 사람들을 데리고 떼를 지어 성을 소동하게 하여 야손의 집에 침입하여 그들을 백성에게 끌어내려고 찾았으나"(사도행전 17:1-5).: 사도행전 17장 본문은 바울이 누가를 만난 뒤에 있었던 일이다.

그러한 이유로 바울은 옥에 갇히고 매 맞는 일이 끊이지 않았다.

> [19]유대인들이 안디옥과 이고니온에서 와서 무리를 충동하니 그들이 돌로 바울을 쳐서 죽은 줄로 알고 시외로 끌어 내치니라 [20]제자들이 둘러섰을 때에 바울이 일어나 그 성에 들어갔다가 이튿날 바나바와 함께 더베로 가서 [21]복음을 그 성에서 전하여 많은 사람을 제자로 삼고 루스드라와 이고니온과 안디옥으로 돌아가서(사도행전 14:19-21)

심지어, 루스드라에서는 돌에 맞은 바울이 죽은 줄 알고 성읍 밖에 버렸으나 다시 일어나 복음을 전한 일도 있었다. 물론 루스드라에서의 일은 바울의 '제1차 전도 여행' 중에 있었던 일로 누가를 만나기 전에 있었다. 그러나 누가는 바울이 유대인을 넘어 이방인에게도 복음을 전하는 과정에서 겪어야만 했던 고난을 잘 알고 있었을 것이다. 직접 보았을 뿐 아니라 수없이 전해 들었을 것이다. **더군다나 바울이 받았던 그 모든 고난은 이방인에게 복음을 전했기 때문에 일어난 일이었다. 바울이 받았던 모든 고난은 누가와 같은 이방인을 위한 것이었다.**

> **너희를 시험하는 것이 내 육체에 있으되** 이것을 너희가 업신여기지도 아니하며 버리지도 아니하고 오직 나를 하나님의 천사와 같이 또는 그리스도 예수와 같이 영접하였도다(갈라디아서 4:14)

"너희를 시험하는 것이 내 육체에 있으되 이것을 너희가 업신여기지도 아니하며 버리지도 아니하고." 어디선가 들어본 적이 있을 것이다. 신학자들은 갈라디아서에 언급된 바울의 질병을 '뇌전증(腦電症, epilepsy, 간질)'이었을 것이라고 본다. 복음을 전하다가 그 자리에서 발작을 일으키기도 하고 입에 거품을 물고 눈이 갑자기 돌아가는 증상을 보였다는 것이다. 이 증상이 수많은 뇌전증 중 '무슨 유형(type)'인지에 대해서는 언급하지 않겠다.

뇌전증 증상은 '뇌에서 나오는 전기신호의 왜곡' 때문에 발생한다. 뇌파는 이렇게 왜곡된 전기신호를 기록하는 검사다. 뇌전증은 일부 '선천적인 경우'가 있기는 하나, 대부분의 경우 '후천적인 원인'에 의해 발생한다. 그리고 그 첫 번째 후천적 원인은 '뇌에 가해지는 외상(brain trauma)'이다. 간단하게 설명하면 이와 같다. 상처는 '흉터(scar)'를 남긴다. 뇌세포도 마찬가지다.

"유대인들이 안디옥과 이고니온에서 와서 무리를 충동하니 **그들이 돌로 바울을 쳐서 죽은 줄로 알고** 시외로 끌어 내치니라." 루스드라에서 있었던 일이다. 이때 있었던 바울의 '의식소실(LOC: loss of consciousness)'은 외부의 충격에 의한 '신경 섬유(nerve fiber)'의 손상에 의한 것이었을 것이다. 우리의 뇌 조직은 아주 부드러운 것으로 알려져 있다. 아마도 '막(뇌막)에 잘 싸인 순두부 정도'를 상상하면 비슷할 것이다. 해부학을 배운 사람이라면 두개골(頭蓋骨) 내부에 있는 '돌기'들을 기억할 것이다. 즉, 머리에 가해지는 순간적인 충격이 일정 수준을 넘어갈 경우, 두개골 내부의 돌기들에 의해 뇌신경 섬유들이 잘라지게 된다. 이때 발생하는 대표적인 증상이 바로 '의식소실'이다. 의사가 교통사고를 당해 내원한 환자에게 의식소실 여부를 묻는 이유는 바로 이것 때문이다. 마찬가지였을 것이다. 바울 또한 돌에 머리를 맞는 순간, 순간적인 충격이 일정 수준을 넘어갔던 것 같다. 그로 인해 의식소실

이 있었고, 사람들은 그렇게 정신을 잃은 바울을 죽었다고 생각했던 것 같다. 그렇게 바울은 루스드라 바깥에 버려졌다. "그들이 돌로 바울을 쳐서 죽은 줄로 알고 시외로 끌어 내치니라. 제자들이 둘러섰을 때에 바울이 일어나 그 성에 들어갔다가 이튿날 바나바와 함께 더베로 가서 복음을 그 성에서 전하여 많은 사람을 제자로 삼고."[120] 그러나 다시 의식이 돌아온 바울은 일어나 복음을 전했다.

그러나 상처는 '흉터'를 남긴다. 뇌세포도 마찬가지다. 바로 이 흉터 때문에 뇌에서 나오는 전기신호가 왜곡되는 것이다. 의학교육을 받은 사람이라면 다 알고 있듯이, 우리의 근육은 우리 뇌에서 나오는 전기신호에 의해 움직인다. 우리 뇌가 상처받지 않은 부드러운 조직으로 보존된다면 왜곡된 전기신호가 나오지 않을 것이다. 그러나 외부의 충격에 의하든지, 혹은 뇌막염과 같은 염증에 의하든지, 뇌신경에 상처가 나는 경우 왜곡된 전기신호가 나오는 경우가 발생한다.[121] 이것이 바로 뇌전증 증상이다.

그런 점에서, 나는 갈라디아서에 언급된 바울의 질병은 '제1차 전도여행 때 루스드라에서 있었던 사건으로 발생한 것이 아니었을까?' 추측한다. 이러한 나의 추측은 의학적인 추정 말고도 상당히 개연성이 높다. "사울이 주의 제자들에 대하여 여전히 위협과 살기가 등등하여 대제사장에게 가서 다메섹 여러 회당에 가져갈 공문을 청하니 이는 만일 그 도를 따르는 사람을

---

[120] 사도행전 14:19 후반절-21 전반절
[121] 이것이 바로 '뇌출혈이나 뇌졸중 환자'에게 '항전간제(항경련제, anti-epileptic drug)'를 처방하는 이유다.

만나면 남녀를 막론하고 결박하여 예루살렘으로 잡아오려 함이라."[122] 만약에 루스드라에서의 사건 이전부터 바울에게 뇌전증 증상이 있었다면, 과연 이러한 일이 가능했을까? 누구나 쉽게 상상할 수 있듯이, 그러지 않았을 것이다. (바람직한 일은 아니나) 유대인들은 '신체적 장애'를 차별하는 사람들이었다. 즉, 루스드라 사건 이전부터 바울에게 뇌전증 증상이 있었다면, 대제사장은 바울에게 공문을 내주지 않았을 것이다. 즉, 원래 바울은 뇌전증 증상이 없었을 것이다.

그러니 신학자들의 주장처럼 갈라디아서에 언급된 바울의 질병이 뇌전증이었다면, 그것은 바울이 이방인에게 복음을 전했기 때문에 얻은 질병이었을 것이다. 즉, 바울이 고통받던 뇌전증은 누가와 같은 이방인을 위한 것이었다.

"너희를 시험하는 것이 내 육체에 있으되 이것을 너희가 업신여기지도 아니하며 버리지도 아니하고 오직 나를 하나님의 천사와 같이 또는 그리스도 예수와 같이 영접하였도다." 그러니 누가는 복음을 전하다가 그 자리에서 발작을 일으키는 바울을 볼 때마다 '루스드라에서 돌에 맞아 죽을뻔했던 바울'을 떠올렸을 것이다. 많은 이방인 신자들은 복음을 전하다가 입에 거품을 물고 눈이 돌아가는 바울을 보며 '루스드라에서 다시 일어나 복음을 전했던 바울'을 떠올렸을 것이다.

그러니 영화의 대사는 바울이 평생을 바쳐 '그의 존재와 삶으로 보여준

---

[122] 사도행전 9:1-2

진리'를 전하고 싶은 누가의 열망을 담고 있다. 바울이 그의 존재와 삶으로 보여준 절규를 담고 있다. "자네 복음에 왜 그렇게 가난한 자 얘길 자주 썼나? 쫓겨난 자와 이방인들도…." "알리고 싶었어요. 하나님 나라는 모두에게 열려 있다고, 하나님의 자비는 모두의 것이라고요." 사실 누가가 알리고 싶었던 진리를 먼저 전한 사람은 바울이었다. '하나님 나라는 모두에게 열려 있다고, 하나님의 자비는 모두의 것이라고' 존재와 삶으로 먼저 외친 사람은 다름아닌 바울이었다. 그리고 누가는 이러한 '바울의 존재와 삶의 열매'였다.

그러니 누가가 기록한 누가복음에는 **'소외된 자'와 '가난한 자' 그리고 그 당시 '사람 취급을 받지 못했던 여성에 대한 관심'**이 가득했던 것이다. 그러한 이유로 **나는 누가가 죄수 신분으로 로마로 압송당하는 바울의 노예를 자처했을 것이라고 보는 것이다.** 이 또한 바울이 먼저 보였던 모범이었다.

> [19]**내가 모든 사람에게서 자유로우나 스스로 모든 사람에게 종이 된 것은 더 많은 사람을 얻고자 함이라** [20]유대인들에게 내가 유대인과 같이 된 것은 유대인들을 얻고자 함이요 율법 아래에 있는 자들에게는 내가 율법 아래에 있지 아니하나 율법 아래에 있는 자 같이 된 것은 율법 아래에 있는 자들을 얻고자 함이요 [21]율법 없는 자에게는 내가 하나님께는 율법 없는 자가 아니요 도리어 그리스도의 율법 아래에 있는 자이나 율법 없는 자와 같이 된 것은 율법 없는 자들을 얻고자 함이라 [22]약한 자들에게 내가 약한 자와 같이 된 것은 약한 자들을 얻고자 함이요 내가 여러 사람에게 여러 모습이 된 것은 **아무쪼록 몇 사람이라도 구원하고자**

함이니 ²³내가 복음을 위하여 모든 것을 행함은 복음에 참여하고자 함이라(고린도전서 9:19-23)

"내가 모든 사람에게서 자유로우나 **스스로 모든 사람에게 종이 된 것은** 더 많은 사람을 얻고자 함이라." 누가는 바울과 동행하는 가운데 보았을 것이다. 당대 최고의 석학(碩學)이었던 바울이었다. "나는 유대인으로 길리기아 다소에서 났고 이 성에서 자라 **가말리엘의 문하에서 우리 조상들의 율법의 엄한 교훈을 받았고** 오늘 너희 모든 사람처럼 하나님께 대하여 열심이 있는 자라."¹²³ 로마 시민권자인 바울은 가말리엘의 수제자였다. "바리새인 **가말리엘은 율법교사로 모든 백성에게 존경을 받는 자라**."¹²⁴ 그리고 가말리엘은 그 당시 최고의 랍비였다. 그러니 회심(回心) 전부터 바울은 예루살렘에 잘 알려진 인물이었을 것이다.

"사울이 주의 제자들에 대하여 여전히 위협과 살기가 등등하여 **대제사장에게 가서 다메섹 여러 회당에 가져갈 공문을 청하니** 이는 만일 그 도를 따르는 사람을 만나면 남녀를 막론하고 결박하여 예루살렘으로 잡아오려 함이라."¹²⁵ 로마 시대에 식민지는 로마에 충성과 세금만 제대로 납부하는 경우 상당히 넓은 범위에서 자치권을 누릴 수 있었다. 즉, 그 시절 세세한 부분에서 실질적으로 이스라엘을 다스렸던 사람은 대제사장이었다. 바울은 그런 대제사장에게 가서 직접 공문을 청할 수 있는 사회적 지위를 가지고

---

123 사도행전 22:3
124 사도행전 5:34 전반절
125 사도행전 9:1-2

있었다. 더군다나 다메섹에서 예수 믿는 사람들을 결박하여 예루살렘으로 압송한다는 것은 '무력을 가진 병력'을 대동(帶同)했다는 이야기다. 이러한 사실을 통해서도 우리는 바울이 예루살렘에서 가졌던 지위를 가늠할 수 있다. 그런 그가 스스로 모든 사람에게 종이 된 것은 더 많은 사람을 얻기 위함이었다. "아무쪼록 몇 사람이라도 구원하고자 함이니." 그렇게 최고의 위치에 있었던 그가 모든 사람에게 종이 된 것은 아무쪼록 몇 사람이라도 구원하기 위함이었다.

그리고 그러한 그가 시시때때로 복음을 전하다가 의식을 잃고 발작하는 모습을 누가는 수시로 목격했을 것이다. 더군다나 의사였던 누가는 바울이 몸을 떨며 입에 거품을 물때마다 그의 기도(氣道) 확보를 위해 가장 가까이에 있었을 것이다. 그렇게 바울의 입에서 뿜어져 나오는 거품을 그의 얼굴에 맞는 경험이 반복되었을 것이다. 강직되는 바울의 몸과 뒤틀려지는 바울의 육신을 잡고 있는 동안 누가가 느꼈을 감정을 상상하는 것은 어렵지 않을 것이다. 그러한 이유로 했던 상상이었다. 그러한 이유로 했던 추론이었다. 더군다나 당시 로마 시민권자는 죄수 신분이 되어도 그를 수종들 노예 한 명을 동반할 수 있었다. 그러니 반복되는 바울의 발작을 보며 누가가 어떤 결정을 했을지 상상해 보는 것은 어려운 일이 아니었다.

그렇게 최고의 위치에 있었던 바울이 '유대인에게는 유대인과 같이, 율법 아래에 있는 자들에게는 율법 아래에 있는 자 같이, 율법 없는 자에게는 율법 없는 자와 같이, 약한 자들에게는 약한 자와 같이' 된 것은 오직 복음을 위해서였다. 그렇게 복음을 위해 자신이 가진 모든 것을 버린 바울의 삶과 존재로 인해 **'소외된 자'와 '가난한 자'** 그리고 그 당시 **'사람 취급을 받지**

못했던 여성들'에게 복음이 전해졌다. 그리고 그러한 바울과 동행한 누가를 통해 '**소외된 자**'와 '**가난한 자**' 그리고 그 당시 '**사람 취급을 받지 못했던 여성에 대한 관심**'으로 가득한 누가복음이 기록되었다.

> ⁶**우리는** 무교절 후에 빌립보에서 배로 떠나 닷새 만에 드로아에 있는 그들에게 가서 이레를 머무니라 ⁷그 주간의 첫날에 우리가 떡을 떼려 하여 모였더니 바울이 이튿날 떠나고자 하여 그들에게 강론할새 말을 밤중까지 계속하매 ⁸우리가 모인 윗다락에 등불을 많이 켰는데 ⁹**유두고라 하는 청년이 창에 걸터 앉아 있다가 깊이 졸더니 바울이 강론하기를 더 오래 하매 졸음을 이기지 못하여 삼 층에서 떨어지거늘 일으켜보니 죽었는지라** ¹⁰**바울이 내려가서 그 위에 엎드려 그 몸을 안고 말하되 떠들지 말라 생명이 그에게 있다** 하고 ¹¹올라가 떡을 떼어 먹고 오랫동안 곧 날이 새기까지 이야기하고 떠나니라 ¹²**사람들이 살아난 청년을 데리고 가서 적지 않게 위로를 받았더라**(사도행전 20:6-12)

바울의 '제3차 전도 여행' 때 있었던 일이다. '제2차 전도 여행' 때 '마게도냐와 아가야 지역'에 세운 교회들을 돌아보고 돌아오는 길에서 있었던 일이다. 그렇게 유럽에 있는 교회들을 돌아본 뒤 소아시아에 위치한 드로아에 머물 때 있었던 일이다. "그 주간의 첫날에 우리가 떡을 떼려 하여 모였더니." 드로아에 이레 동안 머무른 바울 일행은 드로아에 있는 형제자매들과 떡을 떼려 모였다. 이때 떡을 떼려 모였다는 표현은 성찬식을 위해 모였다는 것을 의미한다. 더군다나 그날은 '그 주간의 첫날'인 주일이었다. 즉, 그들은 예배를 드리기 위해 모였다.

저녁 시간이었다. 신학자들은 '평민 노동자 혹은 노예'였던 신자들을 위해 바울 일행이 저녁때 예배를 드렸을 것이라고 본다. 당시 '평민 노동자와 노예들'에게는 쉬는 날이 없었기 때문이다. 그러한 이유로 그들은 주일에도 노동할 수밖에 없는 형편이었다. 그렇게 낮 동안 노동을 하고 돌아온 신자들과 저녁을 나눈 뒤 예배가 시작되었다. 지금과 같이 예배의 순서와 틀이 정해진 때가 아니었다. 그러니 저녁을 함께하는 과정에서 자연스럽게 성찬식과 예배가 진행되었을 것이다. 예배 또한 시간에 얽매이지 않았을 것이다.

그렇게 바울의 설교가 밤중까지 이어졌다. "바울이 이튿날 떠나고자 하여 그들에게 강론할새 말을 밤중까지 계속하매." 이렇게 바울의 설교가 길어진 것은 이튿날 떠나려 계획하고 있었기 때문이었다. "유두고라 하는 청년이 창에 걸터앉아 있다가 **깊이 졸더니**." '행운 혹은 운이 좋은'이란 뜻의 이름을 가진 유두고가 어떤 신분이었는지는 알 수 없다. 어쩌면 낮에는 쉬지 못하고 노동을 해야 하는 처지였을까? "바울이 강론하기를 더 오래 하매 **졸음을 이기지 못하여** 삼 층에서 떨어지거늘 일으켜보니 죽었는지라." 만약에 유두고가 낮에 노동을 해야 하는 처지였다면, 충분히 이해가 되는 상황이다. 고된 노동 후, 형제자매들과 저녁을 함께한 뒤에 창에 기대어 설교를 듣는다? 거기에 이튿날 떠날 계획에 바울의 설교가 밤새도록 이어지는 상황을 상상해 보면, 청년 유두고의 나른하고 포근한 느낌을 우리 또한 느낄 수 있을 것이다.

"우리가 모인 윗다락에 등불을 많이 켰는데." 게다가 등불의 따뜻한 색깔과 흔들림은 충분히 유두고의 눈꺼풀을 세상에서 가장 무겁게 만들어줬을 것이다. 이때 유두고의 눈에 비친 등불의 모습은 누구에게나 쉽게 상상되리라 믿는다. 문제는 유두고가 걸터앉아 있던 창틀이 삼 층이었다는 데 있었다. 그렇게 깊이 졸던 유두고가 삼 층에서 떨어졌다. 순식간에 일어난 일이었을 것이다. 쿵하는 소리에 모두들 놀라 달려가 보니 유두고의 숨이 멎어 있었다. 그렇다면 이때 유두고에게 가장 먼저 달려간 사람은 누구였을까? 그러니까 유두고가 이미 죽었다는 '사망선고'를 내린 사람은 누구였을까? 성경에는 명시적(明示的)으로 기록되어 있지 않으나 쉽게 예상할 수 있지 않을까? 아마도 유두고 죽었다는 사실을 확인한 것은 '누가'였을 것이다.

"바울이 내려가서 그 위에 엎드려 그 몸을 안고 말하되 떠들지 말라 생명이 그에게 있다 하고." 그렇게 삼 층에서 떨어진 유두고를 일으켜 안고 사망을 확인한 누가 뒤로 바울이 다가왔을 것이다. 바울의 인기척을 느낀 누가 유두고의 시신을 바닥에 조심히 내려놓은 직후였을 것이다. 바울이 바닥에 누워 있는 유두고의 위에 엎드려 그 몸을 안았다. 그리고 말했다. "떠들지 말라 생명이 그에게 있다 하고 올라가 떡을 떼어 먹고 오랫동안 곧 날이 새기까지 이야기하고 떠나니라." 정말이지, 바울의 행동들은 일상적인 듯 어쩌면 약간은 무심한 듯 이어졌던 것 같다. 그렇게 바닥에 누인 유두고를 살린 뒤, 바울은 다시 설교하던 자리로 올라가 떡을 떼어 먹었다. 그리고 오랫동안 날이 새기까지 설교를 한 뒤, 그 자리를 떠났다. 바로 그 자리에 누가가 함께 했다. 그렇다면 그때 그 자리에서 누가는 무엇을 보았을까? 무엇을 느꼈을까? 의사인 그는 유두고의 사망을 확인했을 뿐이다. 그러나 바울은 일상적인 일인 듯, 어쩌면 약간은 무심한 듯 익숙하게 유두고를 다시 살렸다. 그리고 그의 설교를 이어갔다.

그런 바울이 '**소외된 자**'와 '**가난한 자**' 그리고 그 당시 '**사람 취급을 받지 못했던 여성들**'에게 복음을 전하기 위해 자신이 가진 모든 것을 버렸다. "내가 모든 사람에게서 자유로우나 스스로 모든 사람에게 종이 된 것은 더 많은 사람을 얻고자 함이라."[126] 그런 그가 유대인뿐 아니라 이방인에게도 복음을 전하기 위해 스스로 모든 사람의 종이 되었다. 그렇게 복음을 위해 자신이 가진 모든 것을 버린 바울의 삶과 존재로 인해 이방에 복음이 전해졌다. 그리고 누가 그 자신도 이러한 바울의 삶과 존재를 통해 구원받았다.

그러니 누가가 '죄수 신분'으로 로마로 압송당하는 '바울의 노예'를 자처한 일은 예상된 일이었을지도 모른다. 바울이 복음을 위해 '모든 사람의 노예'를 자처했던 모습을 끊임없이 목격했던 누가였다. 그로 인해 전해진 복음으로 예수를 믿게 된 누가였다. 그러한 '바울의 노예 됨'으로 구원받은 누가였다.

> **피차 사랑의 빚 외에는 아무에게든지 아무 빚도 지지 말라** 남을 사랑하는 자는 율법을 다 이루었느니라 (로마서 13:8)

그렇게 바울로부터 시작된 '사랑의 빚'은 누가에게 흘러갔다. 그리고 다시 누가에게서 바울로 흘러갔다. 그리고 마침내 누가가 기록한 '누가복음과 사도행전'을 통해 우리 모두에게 흘러 들어왔다. **그렇게 '사랑의 수고'로 쓰여진 '사랑의 복음'이 우리 모두에게 흘러 들어왔다.**

---

[126] 고린도전서 9:19

2부 ─────

요한

계약은 성립되었다

[20]그때에 세베대의 아들의 어머니가 그 아들들을 데리고 예수께 와서 절하며 무엇을 구하니 [21]예수께서 이르시되 무엇을 원하느냐 이르되 **나의 이 두 아들을 주의 나라에서 하나는 주의 우편에, 하나는 주의 좌편에 앉게 명하소서** [22]예수께서 대답하여 이르시되 너희는 너희가 구하는 것을 알지 못하는도다 내가 마시려는 잔을 너희가 마실 수 있느냐 그들이 말하되 **할 수 있나이다** [23]이르시되 너희가 과연 내 잔을 마시려니와 내 좌우편에 앉는 것은 내가 주는 것이 아니라 내 아버지께서 누구를 위하여 예비하셨든지 그들이 얻을 것이니라(마태복음 20:20-23)

이제 '사랑의 사도, 요한'에 대한 이야기를 시작하려고 한다. 그런데 '요한'은 처음부터 '사랑의 사도'로 불렸을까? '성경 인물 이야기'를 들어온 지체들이라면, 이제는 알 것이다. 당연히 그랬을 리가 없다. 우리가 성경을 통하여 배우는 것은 바로 이것이다. 성경에 등장하는 '하나님의 사람들'은 모두 성장한다. 우리는 성경을 통하여 하나님의 사람들의 '성장 드라마(drama)'를 접하게 된다. '보아너게, 곧 우레의 아들'이라는 별명(別名)을 가졌던 요한이었다.[1] 즉, 요한의 처음 성품은 '사랑'과는 거리가 있었다. 그랬던 요한을 '사랑의 사도'라고 부르는 데 있어서 초대교회 교인들은 주저함이 없었다. '사랑의 사도'라는 또 하나의 별명은 초대교회 교인들이 붙여준 것이었다.

즉, 이제부터 우리는 '우레의 아들'이 '사랑의 사도'로 성장해 간 기록을 추적할 것이다. 그 과정 가운데 '요한이 겪어내야 했던 세월과 눈물'을 따라가 볼 것이다. 그 과정 가운데 '요한이 누렸던 사랑과 감동'을 함께 느껴볼 것이다. 그 과정을 통하여 하나님께서 우리 각자에게 주신 삶 가운데 '숨겨 두신 선물'을 발견하는 기회가 되기를 기대한다. 때로는 '아픔과 눈물 그리고 외로움이라는 포장지' 가운데 싸여 있는 '하나님의 선물'을 발견하는 시간이 되기를 기대한다. 때로는 '두려움'이라는 포장지 때문에 '외면하고 싶었던 보물'을 발견하는 경험이 되기를 기대한다.

앞에 인용한 성경 본문 중 '세베대의 아들'은 '야고보와 요한'을 가리킨다. 참고로 예수님의 열두 제자 중에는 두 명의 야고보가 있었다.[2] 이 둘을 구분하기 위해 '요한의 형 야고보'를 '큰 야고보'라고 하고 '알패오의 아들 야고

---

1 "또 세베대의 아들 야고보와 야고보의 형제 요한이니 이 둘에게는 **보아너게 곧 우레의 아들이란 이름을 더하셨으며**"(마가복음 3:17).
2 "²열두 사도의 이름은 이러하니 베드로라 하는 시몬을 비롯하여 그의 형제 안드레와 **세베대의 아들 야고보와 그의 형제 요한**, ³빌립과 바돌로매, 도마와 세리 마태, **알패오의 아들 야고보**와 다대오, ⁴가나나인 시몬 및 가룟 유다 곧 예수를 판 자라"(마태복음 10:2-4).

보'를 '작은 야고보'라고 불렀다.[3] 즉, 위에 인용한 본문에 따르면 '큰 야고보'의 어머니인 '세베대의 아내'[4]가 두 아들을 데리고 들어와 예수께 절하며 무언가를 구했다고 밝히고 있다. "무엇을 원하느냐?" 예수님의 질문에 세베대의 아내가 답했다. "나의 이 두 아들을 주의 나라에서 하나는 주의 우편에, 하나는 주의 좌편에 앉게 명하소서."

그렇게 '세베대의 아내'가 예수님에게 요구하던 때를 성경은 "그때에"라고 밝히고 있다. 그렇다면 '그때'는 언제를 가리키는 것일까? 이 부분을 자세히 추적함으로써, 우리는 예수님의 공생애가 마쳐가는 때까지도 이들이 얼마나 예수님의 사역에 무지(無知)하였는지를 알 수 있다. 동시에 무엇이 이들로 하여금 '이러한 무리수'를 두도록 자극했는지를 발견할 수 있다. 이러한 시도가 유익한 이유는 이러하다. '세베대의 아내와 그녀의 아들들'이 빠졌던 유혹은 지금 우리의 삶에도 반복되고 있기 때문이다. 21세기에 예수님을 따르는 우리 또한 그들처럼 예수님의 사역에 무지할 때가 더 많기 때문이다. 대한민국 땅에서 예수님을 따르는 우리 또한 그들처럼 눈에 보이는 그 무엇에 끊임없이 자극되기 때문이다. 그 결과, 십자가에 못 박히려 가시는 예수님을 가로막고 '말도 안 되는 헛소리'를 일상으로 내뱉기 때문이다.

---

3 "멀리서 바라보는 여자들도 있었는데 그 중에 막달라 마리아와 또 **작은 야고보**와 요세의 어머니 마리아와 또 살로메가 있었으니"(마가복음 15:40).
4 마태복음 20장에는 '세베대의 아들의 어머니'라고 기록되어 있다. 아마도 이러한 표현은 그 순간 '그녀의 정체성'을 가리키는 것으로 보인다. 그 순간, 그녀는 '세베대의 아내'가 아닌 '어긋난 모정(母情)' 때문에 자신이 무엇을 구하는지조차 깨닫지 못하고 있던 '세베대의 아들의 어머니'였다. 위에서 '세베대의 아내'라고 표현한 것은 문맥상의 이유다.

> [17]**예수께서 예루살렘으로 올라가려 하실 때에** 열두 제자를 따로 데리시고 길에서 이르시되 [18]보라 우리가 예루살렘으로 올라가노니 인자가 대제사장들과 서기관들에게 넘겨지매 그들이 죽이기로 결의하고 [19]이방인들에게 넘겨 주어 그를 조롱하며 채찍질하며 십자가에 못 박게 할 것이나 제삼일에 살아나리라(마태복음 20:17-19)

"그때에" 바로 앞에 있는 본문이다. 예수님의 공생애 중 '마지막 유월절'이 다가오던 때였다. 예수님은 공생애 중 '마지막 유월절'에 십자가에 못 박히셨다. 쉽게 말해, 때는 십자가에 못 박히시기 위해 예루살렘으로 올라가시던 시점(時點)이었다. 그 길에서 열두 제자를 따로 불러 이 말씀을 하시던 때였다. "보라, 우리가 예루살렘으로 올라가노니 인자가 대제사장들과 서기관들에게 넘겨지매 그들이 죽이기로 결의하고 이방인들에게 넘겨주어 그를 조롱하며 채찍질하며 십자가에 못 박게 할 것이나 제삼일에 살아나리라." 바로 그 시점에 그들이 했던 요구였다. "나의 이 두 아들을 주의 나라에서 하나는 주의 우편에, 하나는 주의 좌편에 앉게 명하소서." 생각할수록, 생뚱맞은 요구가 아니던가?

그러니 우리는 "그때에"라는 마태의 기록이 무엇을 강조하기 위함인지 충분히 예상할 수 있다. 그렇게 공생애가 끝나갈 때까지도 예수님과 제자들은 '전혀 다른 곳'을 바라보고 있었다. 앞에서도 언급했듯이, 우리가 제자들을 비난할 처지는 아니다. 교회 역사 가운데 그때만 그랬을까? 우리가 정직하다면, 우리 또한 크게 다르지 않다는 사실을 잘 알 것이다.

사실을 이야기하자면, 우리는 그 시기의 제자들보다 '유리한 입장'에 있다. 그러니 오히려 제자들보다는 '우리 쪽이 더 할 말이 없는 처지'다. 우리는 '우리 안에 사시는 그리스도'를 힘입어 날마다 새로워지는 존재이기 때문이다.[5] 그렇게 '예수의 영'이신 '성령 하나님'을 힘입어 '예수님의 시선과 우리의 시선'이 '만났다 헤어짐'을 반복하는 것이 성화(聖化)의 과정이다. 그렇게 시간이 지남에 따라 '그 만남과 헤어짐의 폭'이 좁아지는 것이 '하나님의 은혜'다. 정말이지, 오랜 시간이 지났음에도 이러한 변화가 없다면 심각하게 고민해야 할 일이다. 아래 말씀은 '세베대의 아내의 요구'가 있기 전(前)의 사건에 대한 기록이다.

> [1] 예수께서 이 말씀을 마치시고 **갈릴리를 떠나 요단강 건너 유대 지경에 이르시니** [2] 큰 무리가 따르거늘 예수께서 거기서 그들의 병을 고치시더라(마태복음 19:1-2)

"갈릴리를 떠나 요단강 건너 유대 지경에 이르시니." 즉, 그들 셋이 예수님께 자리를 요구하던 때는 고향인 갈릴리를 떠나 십자가를 향한 '마지막 여행'을 하시던 시기였다. "예수께서 예루살렘으로 올라가려 하실 때에."[6] 그렇게 고향을 떠나 유대 지역에서 사역하시다가, '마지막 유월절'이 다가오자 비로소 예루살렘으로 올라가려 하실 때였다. 그렇다면 이들 셋은 왜 이

---

5 "내가 그리스도와 함께 십자가에 못 박혔나니 그런즉 이제는 내가 사는 것이 아니요 오직 내 안에 그리스도께서 사시는 것이라 이제 내가 육체 가운데 사는 것은 **나를 사랑하사 나를 위하여 자기 자신을 버리신 하나님의 아들을 믿는 믿음 안에서 사는 것이라**"(갈라디아서 2:20).

6 마태복음 20:17 전반절

시기에 예수님께 이러한 요구를 했을까?[7]

7   길게 잡을 경우, 예수님께서 십자가에 못 박히시기 열흘쯤 전에 있었던 일이었을 것이다. 내가 그렇게 보는 근거는 이와 같다.: "유월절 엿새 전에 예수께서 베다니에 이르시니 이 곳은 예수께서 죽은 자 가운데서 살리신 나사로가 있는 곳이라"(요한복음 12:1).: 예수님은 유월절에 십자가에 못 박히셨다. 그런데 예수님은 유월절 엿새 전에 '베다니'에 도착하셨다. 예수님께서 '죽었던 나사로를 살리신 이야기'를 여기에서 따로 언급하지는 않겠다. 어찌됐든, 바로 그 '나사로 남매'가 살던 '베다니'는 감람산 동쪽 기슭에 위치해 있었다. 예루살렘에서는 약 3km 정도 떨어진 거리였다. 그러니 이전 장소로부터 이동에 걸린 시간을 계산할 때, 예루살렘과 베다니를 같은 장소처럼 취급해도 문제가 되지 않는다.: "¹예수께서 여리고로 들어가 지나가시더라 ²삭개오라 이름하는 자가 있으니 세리장이요 또한 부자라 … ⁵예수께서 그곳에 이르사 쳐다 보시고 이르시되 **삭개오야 속히 내려오라 내가 오늘 네 집에 유하여야 하겠다** 하시니 ⁶급히 내려와 즐거워하며 영접하거늘 ⁷뭇 사람이 보고 수군거려 이르되 저가 죄인의 집에 유하러 들어갔도다 하더라 … (삭개오의 집)에서 있었던 '삭개오의 회개'와 '예수님의 말씀' … ²⁸**예수께서 이 말씀을 하시고 예루살렘을 향하여 앞서서 가시더라**"(누가복음 19:1-2, 5-7, 28).: 그리고 베다니에 도착하시기 전, 예수님은 여리고에 들르셨다. 그곳에서 세리장 삭개오를 만나셨다. 그런데 '삭개오의 집에 유(留)하시겠다'며 삭개오의 집에 들르셨던 예수님은 그곳에서 며칠 동안 머무시지 않고 바로 예루살렘으로 발길을 옮기셨던 것으로 보인다. 성경에 기록된 정황으로 볼 때, 예수님께서 삭개오의 집에 머무신 시간은 '한나절 남짓'이었던 것으로 보인다. 그렇다면 예수님께서 여리고에 머무신 시간은 하루를 넘기지 않았을 가능성이 높다. (물론, 하룻밤이었다고 주장해도 크게 달라질 것은 없다.): "그들이 여리고에서 떠나 갈 때에 큰 무리가 예수를 따르더라"(마태복음 20:29).: '세베대의 아내'가 예수님께 '주의 나라에서 하나는 주의 우편에, 하나는 주의 좌편에 앉게 해달라'고 요구했던 사건에 바로 이어지는 마태복음의 기록이다. 즉, 이들 셋의 요구는 예수님께서 본격적으로 예루살렘으로 올라가시기(이 표현은 상대적으로 낮은 고도에 위치한 요단강과 여리고 그리고 이에 비해 높은 고도에 위치한 예루살렘을 염두에 둔 것이다.) 직전에 있었던 일이다. 물론 성경의 기록을 자세히 살펴볼 때, 이들 셋의 요구가 '여리고를 눈앞에 둔 길가에서 있었는지' 혹은 '여리고 성안에서 있었는지'는 불분명하다. 하지만 어느 쪽이든지 시기에 있어서 하루 이틀 이상의 차이가 나지는 않을 것이다. 그리고 사복음서를 시간순으로 재배열해 놓은『한번에 보는 사복음서』(크로스피쉬)를 참고해 볼 때, 여리고에서 베다니로 오시는 도중에 '맹인 바디매오를 고쳐주신 사건'이 있었다. 이 또한 며칠이 걸리는 일이 아니었다. 이러한 상황을 종합하여, 우리는 '이들 셋'이 예수님께 그러한 요구를 한 시점이 예수님의 십자가부터 얼마나 떨어진 때였는지 특정(特定)할 수 있다. 그들이 요구한 때가 예수님 일행이 여리고 성에 들어가기 전이었는지 혹은 성안에 있을 때였는지는 불분명하다. 분명한 것은 여리고 성을 떠나기 전에 그들의 요구가 있었다는 사실이다. 여리고 성으로부터 예루살렘 성까지의 거리는 비록 산길이라고는 하지만 약 31km 정도에 불과했다. 즉, 하룻길이었다. 그리고 예수님은 유월절 엿새 전에 베다니에 도착하셨다. 이렇게 보면, 예수님께서 여리고 성을 출발하신 때로부터 십자가에 못 박히시기까지의 시간을 가장 짧게 잡을 경우 일주일이 나온다. 여기에 앞에서 언급한 이러저러한 사건에 소요되었을 시간을 어느 정도로 잡을 수 있을까? 넉넉잡아 2-3일을 넘기지 않았을 것이다. 그러니 '이들 셋'의 요구는 길게 잡아도 예수

³³**가버나움에 이르러 집에 계실새** 제자들에게 물으시되 너희가 길에서 서로 토론한 것이 무엇이냐 하시되 ³⁴그들이 잠잠하니 **이는 길에서 서로 누가 크냐 하고 쟁론하였음이라** ³⁵예수께서 앉으사 열두 제자를 불러서 이르시되 누구든지 첫째가 되고자 하면 뭇 사람의 끝이 되며 뭇 사람을 섬기는 자가 되어야 하리라 하시고 ³⁶어린 아이 하나를 데려다가 그들 가운데 세우시고 안으시며 제자들에게 이르시되 ³⁷누구든지 내 이름으로 이런 어린 아이 하나를 영접하면 곧 나를 영접함이요 누구든지 나를 영접하면 나를 영접함이 아니요 나를 보내신 이를 영접함이니라(마가복음 9:33-37)

"가버나움에 이르러 집에 계실새." 가버나움은 갈릴리에서 사역하실 때 예수님의 '베이스캠프(base camp)'였다.⁸ 즉, 서로 높은 자리를 차지하기 위한 제자들 사이의 신경전은 '갈릴리를 떠나기 전'부터 있었다. 쉽게 말해, '예수님께서 말씀하시는 주의 나라'와 '제자들이 상상하는 주의 나라'는 처음부터 서로 전혀 '다른 나라'였다. 이때도 예수님께서 제자들에게 당신이 받으실 고난에 대해 말씀하신 직후였다.⁹ 그러나 제자들의 관심은 예수님과는

님께서 십자가에 달리시기 열흘쯤 전에 있었을 것이다.
8 "¹²예수께서 요한이 잡혔음을 들으시고 갈릴리로 물러가셨다가 ¹³나사렛을 떠나 스불론과 납달리 지경 해변에 있는 **가버나움에 가서 사시니**"(마태복음 4:12-13).
9 "³⁰그곳을 떠나 갈릴리 가운데로 지날새 예수께서 아무에게도 알리고자 아니하시니 ³¹이는 제자들을 가르치시며 또 인자가 사람들의 손에 넘겨져 죽임을 당하고 죽은 지 삼 일만에 살아나리라는 것을 말씀하셨기 때문이더라 ³²그러나 제자들은 이 말씀을 깨닫지 못하고 묻기도 두려워하더라"(마가복음 9:30-32).

전혀 다른 곳을 향하고 있었다. 그러한 이유로 제자들에게 물으신 질문이었다. "너희가 길에서 서로 토론한 것이 무엇이냐?" 길을 걷는 중에도 서로 갑론을박(甲論乙駁)했다는 이야기는 무엇을 의미할까? 그만큼 제자들에게 있어서 그 문제가 서로 양보할 수 없는 소위(所謂) '핵심 이익과 관심사'였다는 뜻이다. "그들이 잠잠하니, 이는 길에서 **서로 누가 크냐** 하고 쟁론하였음이라." 이에 예수님께서 열두 제자를 불러서 말씀하셨다. "누구든지 첫째가 되고자 하면 뭇 사람의 끝이 되며 뭇 사람을 섬기는 자가 되어야 하리라." 그리고는, 어린아이 하나를 데려다가 그들 가운데 세우시고 말씀하셨다. "누구든지 내 이름으로 이런 어린아이 하나를 영접하면 곧 나를 영접함이요. 누구든지 나를 영접하면 나를 영접함이 아니요, 나를 보내신 이를 영접함이니라."

그렇다면, 제자들 사이에 이러한 신경전은 언제부터 시작되었을까? 어떤 사건을 계기로 이런 논쟁이 시작되었을까? "이는 길에서 **서로 누가 크냐** 하고 **쟁론**(爭論)하였음이라." 성경 본문에서도 알 수 있듯이, 제자들 사이에 시작된 논쟁은 '토론 수준'이 아니었다. 비록 말로 하는 것이었지만, 그들은 소위 '**권력 투쟁**(鬪爭)' 중이었다.

사복음서가 시간순으로 기록되지 않았다는 사실은 이미 여러 번 들어서 잘 알 것이다. 그러한 이유로 나는 '마태, 마가, 누가, 요한 설교문'을 쓸 때, 사복음서를 시간순으로 재배열해 놓은 『한번에 보는 사복음서』(크로스피쉬)를 펼쳐놓고 참고했다.[10] 이번에도 마찬가지였다. 그러던 중, 눈에 띈 사건

---

[10] 즉, 이후에 인용하는 성경 본문은 '마태, 마가, 누가, 요한복음'을 가리지 않고 '이해하기 쉬운

이 있었다. 그것은 '오병이어(五餠二魚)의 기적'[11]과 '칠병이어(七餠二魚)의 기적'[12]이었다. 성경에 기록된 '떡 다섯 개와 물고기 두 마리로 여자와 어린이 외에 오천 명을 먹인 사건'과 '떡 일곱 개와 생선 두어 마리로 여자와 어린이 외에 사천 명을 먹인 사건'을 모르는 사람은 없을 것이다.

쉽게 말해, 이 두 사건 이전에는 제자들 사이에 소위(所謂) "누가 크냐?" 는 논쟁이 없었다. 인생을 살아본 성도라면 가슴에 와닿는 사실일 것이다. 싸움은 '뭔가 먹을 것'이 생긴 후에 시작된다. 그런 점에서, 우리 인생에 무언가가 생겼다는 것을 깨닫는 순간 우리는 긴장해야 한다. 기도해야 한다. '아무것도 없는 곳'에서 생기는 다툼은 존재하지 않는다. 하나님께서 우리에게 주신 그 무엇이 '재난'이 되지 않도록 기도해야 한다. 하나님께서 눈에 보이는 그 무엇을 주시는 경우, 그것을 '감당할 수 있는 지혜'도 함께 구해야 한다.

[22]예수께서 즉시 제자들을 재촉하사 자기가 무리를 보내는 동안에 배를

본문'을 선택했다. 그러한 이유로 얼핏 볼 때 네 개의 복음서를 일관성 없이 인용하는 것처럼 보일 수 있다. 그러나 '이야기의 흐름'에 있어 '시간의 순서'를 지키고 있다는 것을 밝혀 둔다.

11 "[19]무리를 명하여 잔디 위에 앉히시고 **떡 다섯 개와 물고기 두 마리를 가지사** 하늘을 우러러 축사하시고 떡을 떼어 제자들에게 주시매 제자들이 무리에게 주니 [20]다 배불리 먹고 남은 조각을 열두 바구니에 차게 거두었으며 [21]먹은 사람은 여자와 어린이 외에 오천 명이나 되었더라"(마태복음 14:19-21).

12 "[34]예수께서 이르시되 **너희에게 떡이 몇 개나 있느냐** 이르되 일곱 개와 작은 생선 두어 마리가 있나이다 하거늘 [35]예수께서 무리에게 명하사 땅에 앉게 하시고 [36]**떡 일곱 개와 그 생선을 가지사** 축사하시고 떼어 제자들에게 주시니 제자들이 무리에게 주매 [37]다 배불리 먹고 남은 조각을 일곱 광주리에 차게 거두었으며 [38]먹은 자는 여자와 어린이 외에 사천 명이었더라"(마태복음 15:34-38).

타고 앞서 건너편으로 가게 하시고 ²³무리를 보내신 후에 기도하러 따로 산에 올라가시니라 저물매 거기 혼자 계시더니(마태복음 14:22-23)**[13]**

"예수께서 즉시 제자들을 재촉하사 자기가 무리를 보내는 동안에 배를 타고 앞서 건너편으로 가게 하시고." '오병이어의 기적' 후, 예수님은 제자들을 그 자리에 오래 머물지 못하게 하셨다. "즉시 제자들을 재촉하사." 예수님은 무리를 보내는 동시에 제자들을 재촉하셨다. 제자들을 배에 태워 갈릴리 호수 맞은편으로 보내셨다. 예수님께서 이렇게 재촉하며 서두르시는 모습은 정말 흔하지 않다. 그렇다면, 왜 예수님은 이토록 서두르셨을까? 무엇 때문에 그러셨을까?

¹⁴그 사람들이 예수께서 행하신 이 표적을 보고 말하되 이는 참으로 세상에 오실 그 선지자라 하더라 ¹⁵그러므로 예수께서 **그들이 와서 자기를 억지로 붙들어 임금으로 삼으려는 줄 아시고** 다시 혼자 산으로 떠나 가시니라(요한복음 6:14-15)

우리는 그 답을 요한복음에서 찾을 수 있다. 요한복음에는 '오병이어의 기적'에 대한 '유대 민중(民衆)의 반응'이 기록되어 있다. "그 사람들이 예수께서 행하신 이 표적을 보고 말하되 이는 참으로 세상에 오실 그 선지자라

---

[13] "⁴⁵**예수께서 즉시 제자들을 재촉하사** 자기가 무리를 보내는 동안에 배 타고 앞서 건너편 벳새다로 가게 하시고 ⁴⁶무리를 작별하신 후에 기도하러 산으로 가시니라"(마가복음 6:45-46).

하더라." 여기에서 '그 선지자'는 구약에 예언된 '그 메시아'를 의미한다. 그런데 '그 메시아'에 대한 '유대 민중의 기대'와 '성자 하나님이신 예수님께서 이 땅에 오신 목적'은 서로 달랐다. 이 부분은 내 다섯 번째 책 『하나님은 사람을 고쳐서 쓰신다-마태, 마가』에서 자세히 설명해 두었다. 즉, 유대 민중은 그들의 기대에 따라 예수님을 임금으로 삼고자 했다. 예수님께서 거절하신다 해도 억지로라도 그렇게 할 마음이 있었다. 그러한 유대 민중의 의도를 아셨던 예수님은 그들을 피해 기도하러 홀로 산으로 가셨다.

하지만 이것은 어디까지나 예수님의 입장이었다. 그러니까, 이러한 분위기를 목도(目睹)한 제자들은 그 자리에 더 있고 싶었을까? 아니면, 빨리 그 자리를 벗어나고 싶었을까? 사실 물어볼 필요도 없는 질문이다. 당연히 제자들은 그 자리에 계속 머무르고 싶었을 것이다. 당연히 예수님을 따라나선 자신이 너무도 대견스러웠을 것이다. 정말이지, '제대로 된 라인(line)을 잡았구나' 싶었을 것이다. 유대 민중의 마음뿐 아니라, 이러한 제자들의 마음 또한 알고 계셨던 예수님은 서두르셨다. 당연히 예수님은 제자들 또한 당신을 잡아 억지로라도 임금으로 세우려는 유대 민중의 마음과 같다는 사실을 아셨을 것이다.

그러니 '오병이어의 기적'과 '칠병이어의 기적' 이후, 열두 제자의 눈빛은 달라졌을 것이 분명하다. '예수님을 바라보는 눈빛'뿐 아니라 '자신과 다른 제자들을 바라보는 눈빛' 또한 달라졌을 것이다. '세상을 바라보는 눈빛' 자체가 달라졌을 것이다. 이후 제자들 사이에 **"누가 크냐?"**는 다툼이 벌어졌다고 성경은 증언하고 있다.

이러한 분위기에 기름을 부은 것은 '베드로'였던 것으로 보인다. 물론 성경 기록으로 볼 때, 베드로가 의도했던 것은 아닌 것으로 보이지만 말이다.

> [24]배가 이미 육지에서 수 리나 떠나서 바람이 거스르므로 물결로 말미암아 고난을 당하더라 [25]밤 사경에 예수께서 바다 위로 걸어서 제자들에게 오시니 [26]제자들이 그가 바다 위로 걸어오심을 보고 놀라 유령이라 하며 무서워하여 소리 지르거늘 [27]예수께서 즉시 이르시되 안심하라 나니 두려워하지 말라 [28]**베드로가 대답하여 이르되 주여 만일 주님이시거든 나를 명하사 물 위로 오라 하소서** 하니 [29]오라 하시니 **베드로가 배에서 내려 물 위로 걸어서 예수께로 가되** [30]바람을 보고 무서워 빠져 가는지라 소리 질러 이르되 주여 나를 구원하소서 하니 [31]예수께서 즉시 손을 내밀어 그를 붙잡으시며 이르시되 믿음이 작은 자여 왜 의심하였느냐 하시고 [32]배에 함께 오르매 바람이 그치는지라 [33]배에 있는 사람들이 예수께 절하며 이르되 진실로 하나님의 아들이로소이다 하더라(마태복음 14:24-33)

물론 위에 인용한 사건을 **'베드로의 흑역사'**로 기억하는 성도들이 많을 수 있다. '물 위를 걸어오신 예수님'과 '의심 때문에 물에 빠진 베드로'로 기억하는 지체들이 많을 것이다. 바로 이 사건은 '오병이어의 기적'이 일어났던 날 밤에 있었다. 때는 '밤 사경(四更)'이었다. 예수님 당시는 밤을 네 개로 나누는 '로마식 시간 개념'이 사용되었다. 이와 같은 시간 구분은 로마 군대에서 경계병들이 교대하던 시간을 기반으로 설정(設定)되었다. 즉, '밤 사경

(四更)'이라는 표현은 로마 제국 당시의 '군사적 배경'을 반영하고 있다. 참고로 '일경(一更)'은 저녁 6시에서 9시, '이경(二更)'은 밤 9시에서 자정, '삼경(三更)'은 자정에서 새벽 3시, '사경(四更)'은 새벽 3시에서 6시를 가리킨다. 즉, 몇 시간만 지나면 해가 뜰 시간에 있었던 일이다. 쉽게 말해, 제자들은 밤을 꼬박 샌 상황이었다.

"**저녁이 되매** 제자들이 나아와 이르되 이 곳은 빈 들이요 때도 **이미 저물었으니** 무리를 보내어 마을에 들어가 먹을 것을 사 먹게 하소서."[14] '오병이어의 기적'은 저녁때 있었다. 날이 저무는 상황이었다. 그런 상황에서 '여자와 어린이 외에 성인 남자 오천 명'이나 되는 군중에게 떡과 물고기를 나누어 먹이는 시간은 얼마나 걸렸을까? 그렇게 먹인 후, 남은 떡을 모으는 데는 또 어느 정도의 시간이 걸렸을까?[15] 수십 명이 함께 야유회를 가본 경험이 있다면, 지금 내가 하는 말의 의미를 알 것이다. 하물며 수십 명이 아니라 여자와 어린이까지 족히 2만 명은 되었을 사람들의 식사 시간은 얼마나 걸렸을까? 그러니 예수님께서 유대 민중과 제자들을 재촉하신 데는 '그들의 마음'뿐 아니라 '늦은 시각' 또한 한몫했을 것이다. 즉, 제자들은 자정이 다 되어서야 혹은 자정이 넘어서야 배에 탈 수 있었을 것이다.

"배가 이미 육지에서 수 리나 떠나서 바람이 거스르므로 물결로 말미암아 고난을 당하더라." 적지 않은 설교자들이 '예수님 없이 떠난 항해의 어려

---

[14] 마태복음 14:15
[15] "다 배불리 먹고 남은 조각을 열두 바구니에 차게 거두었으며"(마태복음 14:20).

움과 위험'에 대해 경고할 때 인용하는 본문이다. 뱃사람이었던 '베드로와 안드레 그리고 야고보와 요한'이 있었지만, 예수님이 타시지 않은 배는 고난을 당할 수밖에 없다는 주장과 함께 소환되는 본문이다. 결과적으로 예수님께서 배에 오르시자 바람이 그쳤다는 '은혜로운 결말'로 설교를 마무리할 때 빠지지 않는 본문이다.

하지만, 과연 그럴까? "예수께서 즉시 제자들을 재촉하사 자기가 무리를 보내는 동안에 배를 타고 앞서 건너편으로 가게 하시고."[16] 그 항해는 예수님의 지시에 의한 것이었다. 즉, 물리적으로는 예수님이 함께 승선(乘船)하지 않으셨지만, 예수님 없이 떠난 항해라는 주장은 잘못된 주장이다. 그러니 바로 앞에 언급한 설교 또한 말도 안 되는 소리다. 굳이 이 부분을 언급하고 지나가는 이유는 이러하다. '하나님의 사람'이 나선 길에 고난이 닥쳤다는 사실이 예수님이 그와 함께하지 않으신다는 증거가 될 수 없다. 바로 앞에 언급한 설교가 사실이라면, '예수님의 고난'은 어떻게 설명할 것인가? "제자가 그 선생보다, 또는 종이 그 상전보다 높지 못하나니, 제자가 그 선생 같고 종이 그 상전 같으면 족하도다. 집 주인을 바알세불이라 하였거든, 하물며 그 집 사람들이랴. 그런즉 그들을 두려워하지 말라. 감추인 것이 드러나지 않을 것이 없고, 숨은 것이 알려지지 않을 것이 없느니라."[17] 예수님의 말씀이다. 생각해 보라. 예수님께서 "그들을 두려워하지 말라"라고 하셨다는 것은, 예수님을 따르는 삶이 쉽지 않다는 것을 의미한다. 예수님을 따

---

[16] 마태복음 14:22
[17] 마태복음 10:24-26

르는 삶에 고난이 따르는 것은 이상한 일이 아니라는 의미다. 즉, 바로 앞에 언급한 설교는 '기독교 승리주의(勝利主義)'에 기반한 '기복주의(祈福主義) 설교'에 불과하다.

제자들이 배를 타고 갔던 갈릴리 호수의 수면이 지중해보다 약 210미터 정도 낮다는 것은 잘 알려진 사실이다. 또한 갈릴리 호수는 산으로 둘러싸인 지형 때문에, 산에서 불어오는 바람과 호수 위의 공기가 만나는 과정에서 '국지(局地)적인 폭풍과 강풍'이 자주 발생하는 것으로도 유명하다. 쉽게 말해, 갈릴리 호수는 '햇볕에 쉽게 데워지고 식는 산 쪽에 있는 공기'와 '상대적으로 비열(比熱)이 큰 물로 인해 온도 변화가 적은 호수 위의 공기'가 정기적으로 순환하는 곳이었다. 그로 인해 기후 변화가 과격한 곳이었다. 그러니 '바람이 거스르므로 물결로 말미암아 고난을 당하는 것'은 이상한 일이 아니었다. 일상적이고 예상된 일이었다.

당연히 어부 출신이 많았던 제자들은 누구보다도 이러한 사실을 잘 알고 있었을 것이다.[18] "예수께서 즉시 손을 내밀어 그를 붙잡으시며 이르시되 믿음이 작은 자여 왜 의심하였느냐 하시고 배에 함께 오르매 바람이 그치는지라." 오히려 그러한 일상 중에 '예수님께서 배에 오르시자 바람이 그쳤다'는 사실이 제자들에게 있어서 '예수님의 권능과 존재'를 드러내는 일이었을 것이다. 오히려 그 시각에 바람이 그쳤다는 사실이 '이례적(異例的)인 일'이

---

[18] "빌립은 안드레와 베드로와 한 동네 벳새다 사람이라"(요한복음 1:44).: 신학자들은 '베드로와 안드레 그리고 야고보와 요한'뿐 아니라 '빌립'도 갈릴리 호수에서 활동했던 어부라고 말한다.

었을 것이다. "배에 있는 사람들이 예수께 절하며 이르되 진실로 하나님의 아들이로소이다." 그러니 제자들의 이 고백은 '예수님께서 물 위를 걸어오셨다는 사실'뿐 아니라 '자연의 일상적인 기후 현상마저도 예수님께 순종하는 모습 때문'이었다는 것을 알 수 있다.

그렇게 놓고 보면, 예수님께서 제자들을 재촉하시게 된 이유가 하나 더 있었던 것 같다. 쉽게 말해, 배를 타고 건너편으로 가라는 예수님의 말씀에 제자들은 난감한 표정을 지었을 가능성이 높다. 아마도 어부였던 제자들은 그 시각에 배를 타고 갈릴리 호수를 건너서는 안 된다는 사실을 잘 알고 있었을 것이다. 갈릴리 호수의 지형적 특성상, 제자들이 만났던 바람과 물결은 거의 매일 일어나는 일이었을 것이다. 즉, 호수 위의 공기와 주변 산지의 공기가 순환하는 시간대에 호수 이쪽 끝에서 저쪽 끝으로 건너가는 것은 하지 않는 일이었을 것이다. 그러한 이유로, 배를 타고 건너편으로 가라는 말씀에 제자들은 머뭇거렸던 것 같다. 그렇지 않아도 그 자리에 더 있고 싶었는데, 파도가 치기 시작할 시간에 건너편으로 가라는 말씀에 다들 움직이려 하지 않았던 것 같다. 결과적으로 예수님은 제자들을 재촉하셨다. 그렇게 자정쯤 출발했다면, 거의 서너 시간 넘게 바람을 거슬러 애를 쓰던 상황이었을 것이다. 경험이 많던 베드로 입장에서는 이렇게 몇 시간만 더 버티면 날이 새고, 그 결과 바람이 바뀔 것이라는 생각을 했을 수도 있다.

바로 그때 예수님께서 '갈릴리 바다'[19] 위를 걸어서 제자들에게 오셨다.

---

[19] 염분이 없다는 의미에서 '갈릴리 호수'라고도 하고, 그 넓이 때문에 '갈릴리 바다'라고 부르기도 한다.

"밤 사경에 예수께서 바다 위로 걸어서 제자들에게 오시니, 제자들이 그가 바다 위로 걸어오심을 보고 놀라 유령이라 하며 무서워하여 소리 지르거늘, 예수께서 즉시 이르시되 안심하라 나니 두려워하지 말라." 몇 시간째 거친 풍랑과 싸우느라 기진맥진했을 '제자들의 시야(視野)'에 무언가 보이는 순간, 그들은 어떠했을까? '거친 물결 사이로 보이는 예수님의 모습'은 어떠했을까? 바람과 함께 얼굴을 때리던 물보라 때문에 정면을 제대로 응시할 수조차 없는 상황이었을 것이다. 게다가 시각은 밤이 가장 깊다는 새벽 3-4시 경이었다. 그러한 상황에서, 정신없이 위아래로 흔들리는 배 위에서 갑자기 물결 위로 걸어오는 누군가를 본다? 소리를 지르지 않는다는 것이 오히려 이상한 일 아닐까?

"안심하라. 나니, 두려워하지 말라." 예수님의 이 말씀에 베드로가 대답했다. "주여, 만일 주님이시거든 나를 명하사 물 위로 오라 하소서." 그러자 예수님께서 말씀하셨다. "오라." 그렇게 베드로는 배에서 내려 물 위를 걸어서 예수님께로 갔다. 그러다가 바람을 보고 무서워 물에 빠져 갔다고 성경은 증언하고 있다. 그 순간, 아마도 '패닉(panic)'[20]에 빠졌을 베드로가 예수님을 향하여 소리 질렀다. "주여, 나를 구원하소서." 그러자 예수님께서 즉시 손을 내밀어 베드로를 붙잡으시며 말씀하셨다. "믿음이 작은 자여, 왜 의심하였느냐?" 그리고 예수님과 베드로가 함께 배에 오르자, 바람이 그쳤다. 바로 이것이 성도들이 흔히들 **'베드로의 흑역사'**로 기억하는 '예수님께서 물

---

20 '갑작스러운 상황'에 놀라 두려워서 어찌할 바를 모르는 상태.

위를 걸어오신 사건'의 전말(顚末)이다.

그런데, 생각해 볼 일이다. 과연, 그 자리에 있었던 나머지 열한 제자와 베드로도 우리와 같이 이 사건을 '베드로의 흑역사'로 기억했을까? 물론 '예수님의 십자가와 부활 그리고 승천'을 경험한 뒤에는 생각이 달라졌을 수 있다. '오순절에 성령을 받은 후'에는 이 사건을 '베드로의 의심과 불신앙'으로 생각했을 수 있다. 그러나 '십자가에 매달리려 예루살렘을 향해 가시던 예수님' 뒤에서 '누가 크냐?'를 두고 싸우던 시절이었다. 그러니 그 시절, 과연 이 사건이 열두 제자들 사이에 '베드로의 흑역사'로 거론(擧論)되었을까? 내가 보기에는 '천만의 말씀'이다. 베드로는 나머지 열한 제자들 향하여 이렇게 말했을 가능성이 높다. **"야, 너희들 가운데 물 위를 걸어본 사람 있으면 한번 나와 볼래? 물론, 짧은 순간이기는 했지. 하지만 너희들이 물 위를 걸을 때, 발바닥에 느껴지던 그 감촉을 알아?"**

그리고 얼마 지나지 않아, 이방지역[21]에서 '칠병이어의 기적'이 있었다. 이때도 열두 제자는 열광하는 군중을 보면서 무슨 생각을 했을까? 당연히 그들은 예수님을 따라나선 자신이 대견하고 자랑스러웠을 것이다. 이러한 예수님의 기적이 반복될수록, 그들의 마음은 한없이 커져만 갔을 것이다. 동시에 그들 사이에 '누가 크냐?'는 논쟁 또한 커져만 갔다.

바로 이러한 분위기에 기름을 부은 것은, 이번에도 '베드로'였다. 예수님

---

[21] 예수님은 '갈릴리 호수 동편 데가볼리(Decapolis) 지역'에서 '칠병이어의 기적'을 일으키셨다. '10개(Deca)의 도시(Polis)'를 뜻하는 데가볼리는 알렉산더에 의해 식민지화된 곳으로 '헬라 문화가 지배하던 곳이었다. 그러한 배경 때문에 이방인들이 주로 거주하는 곳이었다.

은 '칠병이어의 기적' 이후 '하늘로부터 오는 표적을 보여달라는 바리새인과 사두개인들'을 뒤로 하고 제자들과 함께 갈릴리 호수를 건너가셨다. 그렇게 도착한 '벳새다'에서 맹인을 고쳐주셨다.[22] 그리고 제자들을 데리고 '빌립보 가이사랴'에 도착하셨다. 바로 그곳에서 있었던 일이다.

물론 이번에도 베드로가 의도한 것은 아니었을 것이다. 성경 전체를 통틀어 '가장 완벽하고 위대한 신앙 고백'이라고 불리는 '베드로의 신앙 고백'이 바로 이곳에서 나왔다.

> [13]예수께서 빌립보 가이사랴 지방에 이르러 제자들에게 물어 이르시되 사람들이 인자를 누구라 하느냐 [14]이르되 더러는 세례 요한, 더러는 엘리야, 어떤 이는 예레미야나 선지자 중의 하나라 하나이다 [15]이르시되 너희는 나를 누구라 하느냐 [16]시몬 베드로가 대답하여 이르되 주는 그리스도시요 살아 계신 하나님의 아들이시니이다 [17]예수께서 대답하여 이르시되 바요나 시몬아 네가 복이 있도다 이를 네게 알게 한 이는 혈육이 아니요 하늘에 계신 내 아버지시니라 [18]또 내가 네게 이르노니 너는 베드로라 내가 이 반석 위에 내 교회를 세우리니 음부의 권세가 이기지 못하리라 [19]내가 천국 열쇠를 네게 주리니 네가 땅에서 무엇이든지 매면 하늘에서도 매일 것이요 네가 땅에서 무엇이든지 풀면 하늘에서도 풀리리라 하시고 (마태복음 16:13-19)

---

22 "[20]또 일곱 개를 사천 명에게 떼어 줄 때에 조각 몇 광주리를 거두었더냐 이르되 일곱이니이다 [21]이르시되 아직도 깨닫지 못하느냐 하시니라 [22]벳새다에 이르매 사람들이 맹인 한 사람을 데리고 예수께 나아와 손 대시기를 구하거늘" (마가복음 8:20-22).

'칠병이어의 기적' 이후 갈릴리 호수를 건너 도착하신 '벳새다'에서 '빌립보 가이사랴'까지의 거리는 약 50km 정도였다. 당시 사람들의 걸음으로는 하루 남짓한 거리였다. 그러니 '베드로의 신앙 고백'은 '칠병이어의 기적'이 있은 지 며칠이 지나지 않은 때 나온 것이었다. 아마도 당시 빌립보 가이사랴에 있었던 거대한 신전(神殿)들 앞에서 하셨던 질문이셨을 것이다. "사람들이 인자를 누구라 하느냐?" 예수님의 이 질문에 제자들이 답했다. "더러는 세례 요한, 더러는 엘리야, 어떤 이는 예레미야나 선지자 중의 하나라 하나이다." 제자들의 대답에 예수님께서는 비로소 진짜 묻고 싶으셨던 질문을 꺼내셨다. "**너희는 나를 누구라 하느냐?**" 이에 시몬 베드로가 답했다. "**주는 그리스도시요, 살아 계신 하나님의 아들이시니이다.**" 정말이지, 더하거나 뺄 것 하나 없는 '완벽한 신앙 고백'이었다.

베드로의 고백에 예수님께서 '자세를 바로 하시고' 말씀하셨다. "바[23]요나 시몬아." 이 말의 뜻은 "요나의 아들 시몬아"이다. 당시 누군가의 이름을 이렇게 부르는 것은 주로 '공식적인 자리'였다고 전해진다. 그러니 베드로를 향해 이러한 호칭을 사용하신 후 예수님께서 하시는 말씀은 그냥 하시는 '일상적인 말씀'이 아니었다. 쉽게 말해, 그 자리에 있던 모든 사람들에게 하시는 '공식적인 선언'이었다. 그 자리에 있던 제자들 모두가 들으라고 하시는 '공식적인 선언'이었다. "바요나 시몬아, 네가 복이 있도다. 이를 네게 알게 한 이는 혈육이 아니요, 하늘에 계신 내 아버지시니라. 또 내가 네게 이르노니, 너는 베드로라. 내가 이 반석 위에 내 교회를 세우리니, 음부의 권

---

[23] 정확히는 '바'가 아니라 '바르'가 맞다.

세가 이기지 못하리라. 내가 천국 열쇠를 네게 주리니, 네가 땅에서 무엇이든지 매면 하늘에서도 매일 것이요, 네가 땅에서 무엇이든지 풀면 하늘에서도 풀리라."

'오병이어와 칠병이어의 기적'을 겪으면서, 제자들 사이에 '누가 크냐?'를 두고 '심각한 알력이 부딪히는 상황'에서 나온 말씀이었다. 물론, 예수님의 선언은 '자연인(自然人) 베드로'를 향한 것은 아니었다. 베드로가 아니라, 베드로의 신앙 고백 "주는 그리스도시요, 살아 계신 하나님의 아들이시니이다"를 향한 것이었다. 참고로, '로마 가톨릭'은 이때 예수님께서 하신 선언이 '자연인 베드로'를 향한 것이었다고 주장한다. 그런데 이때 예수님께서 하신 말씀을 '자연인 베드로'를 향한 것으로 해석할 경우 '심각한 문제'가 발생한다. 왜냐하면 예수님께서는 바로 이어서 베드로를 향하여 "사탄아, 내 뒤로 물러가라"고 말씀하셨기 때문이다.[24] 즉, '로마 가톨릭'의 주장처럼 이때 예수님께서 하신 선언이 '자연인 베드로'를 향한 것이라면, "사탄아, 내 뒤로 물러가라"고 하신 예수님의 말씀 또한 '자연인 베드로'를 향한 것이라고 해석해야 한다. 물론 '로마 가톨릭'은 이에 대해서는 선택적으로 침묵하지만 말이다. 우리 모두가 알고 있듯이, 베드로는 분명히 사탄이 아니다. 이에 대한 바른 설명은 내 두 번째 책 『나사렛 여인, 마리아』 마지막 단원인 "로마

---

[24] "[20]이에 제자들에게 경고하사 자기가 그리스도인 것을 아무에게도 이르지 말라 하시니라 [21]이 때로부터 예수 그리스도께서 자기가 예루살렘에 올라가 장로들과 대제사장들과 서기관들에게 많은 고난을 받고 죽임을 당하고 제삼일에 살아나야 할 것을 제자들에게 비로소 나타내시니 [22]베드로가 예수를 붙들고 항변하여 이르되 주여 그리 마옵소서 이 일이 결코 주께 미치지 아니하리이다 [23]**예수께서 돌이키시며 베드로에게 이르시되 사탄아 내 뒤로 물러 가라 너는 나를 넘어지게 하는 자로다 네가 하나님의 일을 생각하지 아니하고 도리어 사람의 일을 생각하는도다** 하시고"(마태복음 16:20-23).

가톨릭의 고해 성사의 모순: 너는 베드로라 내가 이 반석 위에 내 교회를 세우리니"에서 아주 자세히 해두었다. 바로 이 부분에 대한 바른 해석이 '로마 가톨릭'의 잘못된 '비성경적 교리'를 극복하는 핵심이다. 특별히 주변에 '성당'에 출석하는 친구가 있는 경우, 이 책을 선물할 것을 권한다. 내가 알기로는, 우리 한국 교회에서 '마리아'에 대해 출판된 유일한 책이다.

어찌됐든 '누가 크냐?'라는 논쟁에 빠져 있던 '열한 제자와 베드로'는 그 말씀을 들었을 당시, 지금의 '로마 가톨릭'처럼 예수님의 선언을 베드로라는 인물을 향한 것으로 해석했던 것으로 보인다. 그런 점에서 볼 때, 지금의 '로마 가톨릭'은 '십자가와 오순절 성령 강림 이전의 제자들의 수준'을 벗어나지 못하고 있다. '성령 하나님의 내주(內住)하심을 받기 이전의 수준'을 벗어나지 못하고 있다.

그리고 이 일이 있은 지 엿새 후에 '변화산 사건'이 있었다.

[1] 엿새 후에 예수께서 베드로와 야고보와 그 형제 요한을 데리시고 따로 높은 산에 올라가셨더니 [2] 그들 앞에서 변형되사 그 얼굴이 해 같이 빛나며 옷이 빛과 같이 희어졌더라 [3] 그때에 모세와 엘리야가 예수와 더불어 말하는 것이 그들에게 보이거늘 [4] 베드로가 예수께 여쭈어 이르되 주여 우리가 여기 있는 것이 좋사오니 만일 주께서 원하시면 내가 여기서 초막 셋을 짓되 하나는 주님을 위하여, 하나는 모세를 위하여, 하나는 엘리야를 위하여 하리이다 [5] 말할 때에 홀연히 빛난 구름이 그들을 덮으며 구름 속에서 소리가 나서 이르시되 이는 내 사랑하는 아들이요 내 기뻐

하는 자니 너희는 그의 말을 들으라 하시는지라(마태복음 17:1-5)

　바로 그곳에 예수님께서는 열두 제자 중에 '베드로와 야고보 그리고 요한'을 데려가셨다. 이렇게 '베드로와 야고보 그리고 요한'만을 데리고 가신 것은 '변화산 사건' 때만이 아니었다. '회당장 야이로'의 열두 살 된 딸을 살려주실 때도 예수님은 이들 셋만 그 장면을 목격할 수 있게 하셨다.[25] 십자가에 못 박히시기 전, 겟세마네 동산에서도 이들 셋만 따로 데리고 더 나아가 기도하셨다.[26] 물론 '회당장 야이로'의 열두 살 된 딸을 살려주실 때는 아직 열두 제자를 전부 부르신 때가 아니었다. 그때까지 예수님께서 부르신 제자는 마태까지 총 여섯 명이었다. 당연히 그때는 제자들 사이에 '누가 크냐?'는 논쟁이 없었다. 그리고 겟세마네 동산에서의 상황 또한 제자들 사이에 '누가 크냐?'는 논쟁이 있을 분위기는 아니었다.

---

25 "⁴¹이에 회당장인 야이로라 하는 사람이 와서 예수의 발 아래에 엎드려 자기 집에 오시기를 간구하니 ⁴²이는 자기에게 열두 살 된 외딸이 있어 죽어감이러라 예수께서 가실 때에 무리가 밀려들더라 … ⁴⁹아직 말씀하실 때에 회당장의 집에서 사람이 와서 말하되 당신의 딸이 죽었나이다 선생님을 더 괴롭게 하지 마소서 하거늘 ⁵⁰예수께서 들으시고 이르시되 두려워하지 말고 믿기만 하라 그리하면 딸이 구원을 얻으리라 하시고 ⁵¹그 집에 이르러 베드로와 요한과 야고보와 아이의 부모 외에는 함께 들어가기를 허락하지 아니하시니라"(누가복음 8:41-42, 49-51).: 이어지는 본문에서도 언급했듯이, 이 사건 때까지 예수님께서 부르신 제자는 마태까지 여섯 명이었다. 이 사건 후에 예수님은 여섯 명을 추가해 열두 제자를 완성하셨다. 예수님께서 제자를 부르신 순서와 그 의미에 대해서는 내 다섯 번째 책 『하나님은 사람을 고쳐서 쓰신다-마태, 마가』에서 자세히 설명해 두었다.

26 "³⁶이에 예수께서 제자들과 함께 겟세마네라 하는 곳에 이르러 제자들에게 이르시되 내가 저기 가서 기도할 동안에 너희는 여기 앉아 있으라 하시고 ³⁷베드로와 세베대의 두 아들을 데리고 가실새 고민하고 슬퍼하사 ³⁸이에 말씀하시되 내 마음이 매우 고민하여 죽게 되었으니 너희는 여기 머물러 나와 함께 깨어 있으라 하시고 ³⁹조금 나아가사 얼굴을 땅에 대시고 엎드려 기도하여 이르시되 내 아버지여 만일 할 만하시거든 이 잔을 내게서 지나가게 하옵소서 그러나 나의 원대로 마시옵고 아버지의 원대로 하옵소서 하시고"(마태복음 26:36-39).

그러나 '변화산 사건' 때는 달랐을 것이다. 참고로 '변화산의 위치'에 대해서는 두 가지 의견이 있다. 전통적으로 전해오는 변화산은 '다볼산'이다. '다볼산'은 나사렛에서 동남쪽으로 약 9km 정도 떨어진 곳에 있는 산으로 '빌립보 가이사랴'에서는 남쪽으로 약 100km 정도 떨어져 있다. 반면 '빌립보 가이사랴'에서 3-4km 정도 떨어진 곳에 있는 '헬몬산'이 변화산이라는 주장도 있다. '헬몬산'을 변화산으로 주장하는 사람들은 '해발 588m인 다볼산'에 비해 '해발 2,815m인 헬몬산'이 '자연경관에 있어서 수려(秀麗)하고 신성한 분위기'를 자아낸다는 말을 반복해서 하는 것으로 알려져 있다. '헬몬산'과 비교해 볼 때 '다볼산'은 '아담한 분위기'라는 것이다.

그렇다면 '변화산'은 이 두 곳 중에 어디일까? 잘 모르겠다. 다만 '헬몬산'이 변화산이라는 주장의 근거가 '산세(山勢)와 분위기'라는 점은 그리 좋아 보이지 않는다. 동시에 솔직한 마음은 '어느 쪽인들 뭐가 중요한가?'라는 입장이다. "엿새 후에 예수께서 베드로와 야고보와 그 형제 요한을 데리시고." 어찌됐든, 양쪽 모두 물리적으로 엿새라는 시간 동안에 이동할 수 있는 곳이었다. 그리고 빌립보 가아사랴는 이스라엘의 맨 북쪽 끝단 부근에 있는 도시다. 우리 한반도를 '백두에서 한라까지'라고 표현하는 것처럼 이스라엘 땅을 표현하면 '단에서 브엘세바까지'가 된다. 즉, 빌립보 가이사랴는 최북단(最北端) 지역인 '단 부근'에 위치한 곳이었다. 그런데 빌립보 가이사랴 이후 예수님의 행적(行蹟)에 대한 기록을 볼 때, 예수님은 갈릴리 지역을 떠나 유대와 예루살렘으로 향하고 있음을 알 수 있다. 즉, 북쪽에서 남쪽으로 계속 내려가고 계심을 알 수 있다. 그렇게 놓고 보면, 정황상 '헬몬산'보다는 '다볼산'이 변화산일 가능성이 더 높지 않을까?

'칠병이어의 기적'이 있은 지 채 며칠이 지나지 않은 때 '베드로의 신앙 고백'이 있었다. 그리고 '베드로의 신앙 고백'이 있은 지 엿새 후에 '변화산 사건'이 있었다. 즉, '칠병이어의 기적'이 있은 지 열흘 정도의 시간이 흐른 시점이었을 것이다. 쉽게 말해 '야고보와 요한의 입장'에서는 '오병이어와 칠병이어의 기적'을 통해 한껏 부풀어 올랐던 가슴이 '베드로의 신앙 고백'에 대한 '예수님의 공식적인 선언'으로 한풀 꺾여 있던 시점이었을 것이다. 그런데 변화산에서 이 둘의 귀에 들려온 음성이 있었다. "이는 내 사랑하는 아들이요, 내 기뻐하는 자니, 너희는 그의 말을 들으라." '성부 하나님'의 음성이었다. '성부 하나님'의 '성자 하나님'에 대한 증언이었다. 그 시기 '야고보와 요한'은 '십자가와 예수님의 부활'을 경험하기 전이었다. '오순절 성령 강림'을 통하여 성령 하나님의 내주(內住)하심을 입기 전이었다. 그러니 그 시기 '성자 하나님이신 예수님'에 대한 '야고보와 요한'의 이해는 제한적일 수밖에 없었을 것이다. 그러한 때 베드로와 셋이서 함께 들었던 '성부 하나님의 음성'이었다. "이는 내 사랑하는 아들이요, 내 기뻐하는 자니, 너희는 그의 말을 들으라." 즉, 이들 셋은 제자들 중에 '성부 하나님의 음성'을 직접 들은 존재가 된 것이다.

역사책에서 혹은 역사드라마에서 '고명대신(顧命大臣)'이라는 말을 들어본 지체들이 있을 것이다. 세자가 아직 어린 시기에 왕이 죽게 되는 경우, 선왕(先王)의 부탁을 받아 새로 즉위(卽位)하는 어린 왕을 보좌하게 되는 신하를 가리켜 '고명대신'이라고 한다는 사실을 들어본 적이 있을 것이다. '고명지신(顧命之臣)'이라고도 불리는 이들의 권력이 어느 정도인지에 대해서는 들어봤을 것이다. 후임 왕이 미성년인 동안, 이들의 권력은 '왕권에 비견(比肩)

된다는 사실' 또한 잘 알 것이다. 그러니 아직 '삼위일체 하나님'과 '성자 하나님이신 예수님'에 대한 이해가 제한적인 상황에서 '성부 하나님'의 음성을 들은 '야고보와 요한'은 무슨 생각을 했을까? "이는 내 사랑하는 아들이요, 내 기뻐하는 자니, 너희는 그의 말을 들으라." 이 말을 들은 제자는 단 세 명이었다. 그리고 그 셋 중에 둘은 '그들 형제'였다. 소위(所謂), 그들 형제가 '고명대신'의 '삼분의 이'를 차지한 것이다.

게다가 '야고보와 요한', 이 둘은 예수님과는 '이종사촌지간(姨從四寸之間)'이었다. 즉, '세베대의 아내'로 불리는 '야고보와 요한의 어머니'는 '예수님의 이모'였다. 물론 성경에 명시적(明示的)인 기록이 있지는 않다. 여러 성경 본문을 연결한 신학자들의 주장이다. '세베대의 아내'가 '예수님의 이모'였다고 주장하는 신학자들이 인용하는 성경 본문이다.

> ⁵⁴백부장과 및 함께 예수를 지키던 자들이 지진과 그 일어난 일들을 보고 심히 두려워하여 이르되 **이는 진실로 하나님의 아들이었도다** 하더라 ⁵⁵예수를 섬기며 갈릴리에서부터 따라온 많은 여자가 거기 있어 멀리서 바라보고 있으니 ⁵⁶그중에는 **막달라 마리아와 또 야고보와 요셉의 어머니 마리아와 또 세베대의 아들들의 어머니도** 있더라(마태복음 27:54-56)

> ³⁹예수를 향하여 섰던 백부장이 그렇게 숨지심을 보고 이르되 **이 사람은 진실로 하나님의 아들이었도다** 하더라 ⁴⁰멀리서 바라보는 여자들도 있

있는데 그중에 **막달라 마리아와 또 작은 야고보와 요세의 어머니 마리아와 또 살로메가** 있었으니 ⁴¹이들은 예수께서 갈릴리에 계실 때에 따르며 섬기던 자들이요 또 이 외에 예수와 함께 예루살렘에 올라온 여자들도 많이 있었더라(마가복음 15:39-41)

예수님께서 막 숨지시던 순간에 대한 증언이다. "예수를 향하여 섰던 백부장이 그렇게 숨지심을 보고 이르되 이 사람은 진실로 하나님의 아들이었도다 하더라." 예수님께서 숨지신 후, 로마 백부장의 입에서 나온 말이다. **"이 사람은 진실로 하나님의 아들이었도다."** 그렇게 십자가에서 죽으신 후, 유대인이 아닌 이방인의 입에서 '예수님에 대한 첫 번째 신앙 고백'이 터져 나왔다. 그리고 마태복음과 마가복음에는 그 시각에 멀리서 그 장면을 바라보던 여인들의 이름이 나온다. "그중에는 **막달라 마리아와 또 야고보와 요셉의 어머니 마리아와 또 세베대의 아들들의 어머니도** 있더라." 마태복음 기록이다. "그중에 **막달라 마리아와 또 작은 야고보와 요세의 어머니 마리아와 또 살로메가** 있었으니." 마가복음 기록이다. 여기에 기록된 '작은 야고보'는 이번 단원 처음에서 언급했듯이, 예수님의 열두 제자 중 '요한의 형인 야고보'와 구분하기 위해 이름 앞에 '작은'을 붙인 것이다. 이를 통해 우리는 '요한의 형인 야고보'는 '큰 야고보'로 불렸음을 알 수 있다. 또한 '요세'는 '요셉'의 '아람어 형태'로 알려져 있다. 즉, 마태복음과 마가복음에 기록된 세 여인의 이름 중에 다르게 기록된 이름은 '세베대의 아들들의 어머니'와 '살로메'만 남게 된다. 그러한 이유로 신학자들은 '야고보와 요한의 어머니'의 이름이 '살로메'였다고 주장한다. 내가 보기에 무리가 없는 주장이다.

> ²⁵예수의 십자가 곁에는 **그 어머니와 이모와 글로바의 아내 마리아와 막달라 마리아가** 섰는지라 ²⁶예수께서 자기의 어머니와 사랑하시는 제자가 곁에 서 있는 것을 보시고 자기 어머니께 말씀하시되 여자여 보소서 아들이니이다 하시고 ²⁷또 그 제자에게 이르시되 보라 네 어머니라 하신대 그때부터 그 제자가 자기 집에 모시니라(요한복음 19:25-27)

반면 요한복음에는 '십자가 위에서 아직 숨지시기 전'에 예수님의 곁에 서 있던 여인들의 이름이 기록되어 있다. "**그 어머니와 이모와 글로바의 아내 마리아와 막달라 마리아가** 섰는지라." 마태복음과 마가복음에 기록된 세 여인의 이름과 비교해 볼 때, 한 명이 늘었음을 알 수 있다. "그 어머니와" 즉, 요한복음에는 '예수님의 어머니 마리아'²⁷가 추가되어 있다. 이때 '예수님의 어머니 마리아'를 제외한 '나머지 세 여인'이 마태복음과 마가복음에 기록된 여인들과 '동일 인물(同一 人物)'이라는 것이 신학자들의 주장이다. 이러한 주장이 사실이라면, '마태, 마가, 요한복음' 모두에 똑같이 언급된 '막달라 마리아'뿐 아니라 서로 다르게 언급된 나머지 두 여인 또한 특정(特定)할 수 있게 된다. 즉, '글로바의 아내 마리아'²⁸는 '작은 야고보와 요세의 어

---

27 마리아는 '인성(人性)'을 따라서는 '예수님의 어머니'가 맞다. 그러나 '신성(神性)'을 따라서는 그렇지 않다. 이 부분에 대한 설명은 내 두 번째 책 『나사렛 여인, 마리아』에 자세히 해 두었다.

28 이번 단원 초반에 언급했던 내용을 반복한다. [참고로 예수님의 열두 제자 중에는 두 명의 야고보가 있었다. 이 둘을 구분하기 위해 '요한의 형 야고보'를 '큰 야고보'라고 하고 '알패오의 아들 야고보'를 '작은 야고보'라고 불렀다.] 신학자들은 이때 언급된 '알패오'와 위에 언급된 '글로바'를 '동일 인물'로 본다. 우리는 이와 비슷한 경우를 잘 알고 있다. '바울'과 '사울'. 바울은 '헬라식 이름'이고 사울은 '히브리식 이름'이다. 이에 대한 자세한 설명과 오해에 대해서는 내 다섯 번째 책 『하나님은 사람을 고쳐서 쓰신다-마태, 마가』에 자세히 해 두었다.

머니 마리아'였을 것이다. 결과적으로 '세베대의 아들들의 어머니인 살로메' 는 '예수님의 이모'라는 이야기가 된다. 물론 이러한 주장에 동의하지 않는 사람들이 존재할 수 있다. 그러나 나는 세 복음서에 나오는 여인들의 이름을 근거로 '야고보와 요한'이 '예수님의 이종사촌'이었다는 주장에 근거해서 앞으로의 이야기를 전개하려 한다. 즉, 나는 '세베대의 아내'가 '예수님의 이모'였다는 주장에 동의한다.

> [20]**그때에** 세베대의 아들의 어머니가 그 아들들을 데리고 예수께 와서 절하며 무엇을 구하니 [21]예수께서 이르시되 무엇을 원하느냐 이르되 **나의 이 두 아들을 주의 나라에서 하나는 주의 우편에, 하나는 주의 좌편에 앉게 명하소서** [22]예수께서 대답하여 이르시되 너희는 너희가 구하는 것을 알지 못하는도다 내가 마시려는 잔을 너희가 마실 수 있느냐 그들이 말하되 **할 수 있나이다** [23]이르시되 너희가 과연 내 잔을 마시려니와 내 좌우편에 앉는 것은 내가 주는 것이 아니라 내 아버지께서 누구를 위하여 예비하셨든지 그들이 얻을 것이니라(마태복음 20:20-23)

우리가 지금까지 추적해 온 사실을 염두에 두고 위에 인용한 성경 본문을 다시 살펴보면, 이번 단원 처음에 인용했을 때와는 느낌이 사뭇 다를 것이다. 예수님의 공생애가 마쳐가던 때였다. 이제 여리고를 지나 예루살렘에 올라가면, 예수님께서 십자가에 달리셨던 마지막 유월절이 시작될 것이었다. 그러나 여전히 제자들의 관심은 오직 **'누가 크냐?'**에 있었다. 그들은 보았다. '오병이어와 칠병이어의 기적'에 대한 유대인들과 이방인들의 열광적인 반응을 보았다. 유대인들과 데가볼리 지역 이방인들의 반응은 둘째 치고, 그들 스스로 부풀어 오르는 가슴을 주체하기 힘들었을 것이다. 먹을 것이 귀했던 시절이었다. 굶어 죽는 사람이 흔했던 시대였다. 그러한 시절에 자신들이 따르는 예수님을 통하여 끊임없이 솟아나는 음식을 보았을 때, 그들의 마음이 어떠했을지는 생각해 볼 필요조차 없을 것이다.

그러니 야고보와 요한 형제는 갈릴리를 떠나 유대 지역으로 오는 내내 그 고민을 했을 것이다. 자신들이 열두 제자 중 '첫 번째 두 번째 자리'를 차지해야 한다고 생각했을 것이다. 물론 '오병이어의 기적' 이후 물 위를 걸어오셨던 예수님께 구하여 '잠깐이나마 물 위를 걸었던 베드로' 때문에 마음을 접기도 했을 것이다. '칠병이어의 기적' 이후 '빌립보 가이사랴'에서 있었던 베드로의 '완벽한 신앙 고백'은 그들을 절망시켰을 수도 있다. 물론 베드로의 '완벽한 신앙 고백'과 '예수님의 극찬(極讚)' 후 바로 이어진 '베드로의 실수'는 이들 형제에게는 '문틈으로 들어오는 햇살'과도 같았을지 모른다. 그러나 '야고보와 요한'은 불안했던 것 같다. 이제 갈릴리를 떠난 지도 몇 개월, 여리고 성이 보이자 이들 형제의 마음은 급해지기 시작했던 것 같다.

여리고에서 예루살렘까지의 거리는 약 31km 정도에 불과했다. 물론 말이 31km이지, 경사가 심한 산길이 대부분이기는 했다. 여리고는 해수면보다 약 300미터 정도가 낮은 반면, 예루살렘은 해발 약 800미터 정도에 위치한 도시였다. 그러니 평지에 비해 쉬운 길이 아니었다. 또한 그 길은 '예루살렘 성전'에 제물(祭物)을 바치러 가는 순례자들을 노린 강도로 유명한 곳이었다. 하지만 예수님을 따르는 엄청난 무리의 규모를 생각할 때, 그러한 걱정을 할 필요는 없었을 것이다. 더군다나 공생애 내내 예수님의 능력을 보아온 입장에서 강도의 위험은 안중(眼中)에도 없었을 것이다. 그러니 이들 형제는 예루살렘에 들어가 예수님이 왕으로 추대되기 전에 그들의 자리를 확실히 해둘 필요가 있다고 생각했던 것 같다. 쉽게 말해, 그들은 '예수님께서 오르실 왕좌'가 무엇을 의미하는지 전혀 모르고 있었다. 그들은 '십자가의 길'을 전혀 모르는 상태였다.[29]

그러니 했던 요구였다. **"나의 이 두 아들을 주의 나라에서 하나는 주의 우편에, 하나는 주의 좌편에 앉게 명하소서."** 이를 위하여, 이들은 '예수님의 이모'인 '그들의 어머니'의 입을 동원했다. 그 순간, 예수님은 무슨 생각을 하셨을까? 다른 제자도 아닌, 혈연관계(血緣關係)에 있는 이들의 요구에 예수님은 어떤 마음이 드셨을까? 어쩌면, 그래서 하셨던 말씀일지도 모른다. "너희는 너희가 구하는 것을 알지 못하는도다. 내가 마시려는 잔을 너희가 마실 수 있느냐?" 그렇게 놓고 보면, 예수님은 간접적이나마 그들을 말리고 싶으셨던 것 같다. 그러나 예수님의 이 말씀이 끝나기가 무섭게 그들이 답했다. **"할 수 있나이다!"** 그렇게 **계약은 성립되었다.** 외치듯이, 어쩌면은 절규하듯이 반응하는 그들의 대답에 예수님께서 말씀하셨다. "너희가 과연 내 잔을 마시려니와 내 좌우편에 앉는 것은 내가 주는 것이 아니라. 내 아버지께서 누구를 위하여 예비하셨든지 그들이 얻을 것이니라."

---

[29] "[5]너희 안에 이 마음을 품으라 곧 그리스도 예수의 마음이니 [6]그는 근본 하나님의 본체시나 하나님과 동등됨을 취할 것으로 여기지 아니하시고 [7]오히려 자기를 비워 종의 형체를 가지사 사람들과 같이 되셨고 [8]사람의 모양으로 나타나사 자기를 낮추시고 죽기까지 복종하셨으니 곧 **십자가에 죽으심이라** [9]이러므로 하나님이 그를 지극히 높여 모든 이름 위에 뛰어난 이름을 주사 [10]하늘에 있는 자들과 땅에 있는 자들과 땅 아래에 있는 자들로 모든 무릎을 예수의 이름에 꿇게 하시고 [11]모든 입으로 예수 그리스도를 주라 시인하여 하나님 아버지께 영광을 돌리게 하셨느니라"(빌립보서 2:5-11).

그 결과, 야고보는 열두 제자 중 '첫 번째 순교자'가 되었다. "그때에 헤롯왕이 손을 들어 교회 중에서 몇 사람을 해하려 하여, 요한의 형제 야고보를 칼로 죽이니."[30] 그리고 요한은 열두 제자 중 "끝까지 남아 교회를 지키는 일"에 수고해야 했다. 요한은 예수님의 열두 제자 중 '복음 선포뿐 아니라 이단(異端)과의 싸움'에도 '본격적으로' 나서야 했던 유일한 제자였다. "그들이 우리에게서 나갔으나 우리에게 속하지 아니하였나니 만일 우리에게 속하였더라면 우리와 함께 거하였으려니와 그들이 나간 것은 다 우리에게 속하지 아니함을 나타내려 함이니라."[31] 요한서신의 기록이다. 이단과의 싸움은 정말이지, 극심한 '인간적인 고뇌와 아픔'을 수반하게 마련이다. 차라리 모르는 사이였다면, 그 아픔이 덜할 수 있었을 것이다. "그들이 우리에게서 나갔으나." 같은 경험이 있다면, 요한의 이 한마디에 담겨있는 '고뇌와 아픔'의 깊이를 가늠하는 것은 어렵지 않을 것이다.

> 열 제자가 듣고 그 두 형제에 대하여 분히 여기거늘(마태복음 20:24)

그렇게 어머니를 앞세운 야고보와 요한 형제의 요구를 들은 나머지 열 제자가 분개했다. 그러나 '야고보와 요한 형제가 마시게 될 잔'을 생각해 볼 때, 나머지 열 제자가 분히 여길 일은 아니었다.

---

[30] 사도행전 12:1-2
[31] 요한1서 2:19

²⁵예수께서 제자들을 불러다가 이르시되 이방인의 집권자들이 그들을 임의로 주관하고 그 고관들이 그들에게 권세를 부리는 줄을 너희가 알거니와 ²⁶너희 중에는 그렇지 않아야 하나니 너희 중에 누구든지 크고자 하는 자는 너희를 섬기는 자가 되고 ²⁷너희 중에 누구든지 으뜸이 되고자 하는 자는 너희의 종이 되어야 하리라 ²⁸**인자가 온 것은 섬김을 받으려 함이 아니라 도리어 섬기려 하고 자기 목숨을 많은 사람의 대속물로 주려 함이니라**(마태복음 20:25-28)

예수님께서는 제자들을 불러다가 '야고보와 요한'이 요구한 것이 무엇을 의미하는지 설명해 주셨다. 그러나 우리 모두가 알고 있듯이 소용없는 일이었다. 그런 점에서, 바로 이어지는 '**두 맹인의 눈을 뜨게 해주신 예수님의 이야기**'는 성경이 무엇을 말하고 싶은지를 은연중에 밝히고 있다.[32] 그 시기, '진정한 두 맹인'은 '**야고보와 요한**' 아니었을까?

그러나 불과 열흘이 지나지 않아, 그 둘은 알게 되었을 것이다. 불과 열흘이 지나지 않아, '요한과 그들의 어머니 살로메'는 그들이 예수님께 요구했던 것을 두 눈으로 확인할 수 있었다.[33]

---

[32] "²⁹그들이 여리고에서 떠나 갈 때에 큰 무리가 예수를 따르더라 ³⁰맹인 두 사람이 길 가에 앉았다가 예수께서 지나가신다 함을 듣고 소리 질러 이르되 주여 우리를 불쌍히 여기소서 다윗의 자손이여 하니 ³¹무리가 꾸짖어 잠잠하라 하되 더욱 소리 질러 이르되 주여 우리를 불쌍히 여기소서 다윗의 자손이여 하는지라 ³²예수께서 머물러 서서 그들을 불러 이르시되 너희에게 무엇을 하여 주기를 원하느냐 ³³이르되 주여 우리의 눈 뜨기를 원하나이다 ³⁴**예수께서 불쌍히 여기사 그들의 눈을 만지시니 곧 보게 되어 그들이 예수를 따르니라**"(마태복음 20:29-34).

[33] '야고보와 요한' 중, '요한'만 십자가 곁에 서서 그들이 예수님께 요구했던 것을 두 눈으로 확인할 수 있었던 이유에 대해서는 '요한 세 번째 단원'에 설명해 두었다.

³⁷그 머리 위에 이는 유대인의 왕 예수라 쓴 죄패를 붙였더라 ³⁸**이때에 예수와 함께 강도 둘이 십자가에 못 박히니 하나는 우편에, 하나는 좌편에 있더라**(마태복음 27:37-38)

십자가에 매달리신 예수님의 머리 위에는 "이는 유대인의 왕 예수"라는 패가 붙었다. "나의 이 두 아들을 **주의 나라에서** 하나는 주의 우편에, 하나는 주의 좌편에 앉게 명하소서." 살로메와 그녀의 두 아들은 모르고 한 말이지만, 십자가를 통하여 '주의 나라'가 임하게 되었다. 더군다나 십자가에 붙여진 패에 기록된 내용에 대해서, 대제사장들은 "유대인의 왕"이 아닌 '자칭 유대인의 왕'을 고집했었다. 그러나 빌라도는 대제사장들의 요구를 거절했다. 물론 빌라도 또한 자신이 '무슨 말을 하는지, 무슨 일을 하고 있는지' 전혀 모르고 한 일이었다. 그러나 이 세상 '어느 인간, 어느 장소, 어느 순간'도 '하나님의 섭리'를 벗어날 수는 없다. 대제사장들의 요구에 빌라도는 이렇게 대답했다. "내가 쓸 것을 썼다."**³⁴**

그렇게 십자가를 통하여 '주의 나라'가 임했다. 자신이 알고 있던 진실마저 외면했던 '비겁자 빌라도'**³⁵**를 통해 선포된 '왕의 등극식(登極式)'이었다.

---

34 "¹⁹빌라도가 패를 써서 십자가 위에 붙이니 **나사렛 예수 유대인의 왕**이라 기록되었더라 ²⁰예수께서 못 박히신 곳이 성에서 가까운 고로 많은 유대인이 이 패를 읽는데 **히브리와 로마와 헬라 말**로 기록되었더라 ²¹유대인의 대제사장들이 빌라도에게 이르되 **유대인의 왕**이라 쓰지 말고 **자칭 유대인의 왕**이라 쓰라 하니 ²²빌라도가 대답하되 **내가 쓸 것을 썼다** 하니라"(요한복음 19:19-22).

35 "²²빌라도가 이르되 그러면 그리스도라 하는 예수를 내가 어떻게 하랴 그들이 다 이르되 십자가에 못 박혀야 하겠나이다 ²³빌라도가 이르되 **어찜이냐 무슨 악한 일을 하였느냐** 그들이 더욱 소리 질러 이르되 십자가에 못 박혀야 하겠나이다 하는지라 ²⁴빌라도가 아무 성과도 없이 도

대제사장들의 시기로 말미암아 완성된 '왕의 등극식'이었다.[36] 물론 그 순간, 이 사실을 알아챈 사람은 강도 한 명뿐이었지만 말이다.[37] 그렇게 '우리 주 예수 그리스도의 십자가'는 '이방인의 대표인 로마 총독 빌라도'와 '언약 백성의 대표인 대제사장들'에 의해 완성되었다. 즉, '온 인류의 반역'으로 완성되었다.

어찌됐든 살로메와 요한은 불과 열흘 전쯤에, 그들이 예수님께 했던 말을 기억하고 있었을 것이다. **"나의 이 두 아들을 주의 나라에서 하나는 주의 우편에, 하나는 주의 좌편에 앉게 명하소서."** 그리고 그들의 눈에 비친 빌라도가 써 붙인 **"나사렛 예수 유대인의 왕"**이라는 명패의 좌우에는 '또 하나의 십자가'[38]가 서 있었다. 물론 그 모습을 보면서도 그들은 바로 그때가 '주의 나라가 임하는 순간'이라는 사실을 전혀 모르고 있었을 것이다. 하지

리어 민란이 나려는 것을 보고 물을 가져다가 무리 앞에서 손을 씻으며 이르되 이 사람의 피에 대하여 나는 무죄하니 너희가 당하라"(마태복음 27:22-24).: "빌라도가 대제사장들과 무리에게 이르되 내가 보니 이 사람에게 죄가 없도다 하니"(누가복음 23:4).: "빌라도가 이르되 진리가 무엇이냐 하더라 이 말을 하고 다시 유대인들에게 나가서 이르되 **나는 그에게서 아무 죄도 찾지 못하였노라**"(요한복음 18:38). "빌라도가 다시 밖에 나가 말하되 보라 이 사람을 데리고 너희에게 나오나니 이는 내가 그에게서 아무 죄도 찾지 못한 것을 너희로 알게 하려 함이로라 하더라"(요한복음 19:4).

36 "이는 그가 그들의 시기로 예수를 넘겨 준 줄 앎이더라"(마태복음 27:18).: "이는 그가 대제사장들이 시기로 예수를 넘겨 준 줄 앎이러라"(마가복음 15:10).
37 "[39]달린 행악자 중 하나는 비방하여 이르되 네가 그리스도가 아니냐 너와 우리를 구원하라 하되 [40]하나는 그 사람을 꾸짖어 이르되 네가 동일한 정죄를 받고서도 하나님을 두려워하지 아니하느냐 [41]우리는 우리가 행한 일에 상당한 보응을 받는 것이니 이에 당연하거니와 이 사람이 행한 것은 옳지 않은 것이 없느니라 하고 [42]이르되 **예수여 당신의 나라에 임하실 때에 나를 기억하소서** 하니 [43]예수께서 이르시되 내가 진실로 네게 이르노니 오늘 네가 나와 함께 낙원에 있으리라 하시니라"(누가복음 23:39-43).
38 비록 그때는 양쪽 십자가에 강도가 달려 있었지만 말이다.

만 불과 열흘 전쯤에 예수님의 우편과 좌편을 구했던 그들이었다.

  그러니 그 모습을 보며, 이들 모자는 무슨 생각을 했을까? 물론 그때는 정확히 인식하지 못했을 수도 있다. 그러나 최소한 이들 모자는 '무엇인가 심상치 않은 느낌'을 받았을 것이다. 그 느낌을 말로 표현해 본다면 어떻게 표현할 수 있을까? 21세기 대한민국 20대의 언어로 이것이 아니었을까? "뜨아~~~" 그렇게 예수님께서 십자가에 달리시기 열흘쯤 전에 '요한의 삶'은 정해졌다. 그 삶은 그의 어머니 그리고 그의 형과 함께 힘주어 외치듯 혹은 절규하듯 동의했던 삶이었다. 그렇게 **계약은 성립되었다.**

'보아너게'에서
'사랑의 사도'로

    내 다섯 번째 책 『하나님은 사람을 고쳐서 쓰신다-마태, 마가』에 이어, 지금 우리는 '사복음서의 저자들'에 대한 인물 설교를 따라오는 중이다. 그러한 이유로, 하나님께서 요한을 통하여 기록하신 성경이 '어떤 상황에서, 어느 시기에' 기록되었는지를 먼저 살펴보려 한다. 물론, 갑자기 이야기의 흐름이 끊기는 것처럼 느껴질 수도 있다. 그러나 이러한 작업은 요한이 활동했던 시대에 대한 '시공간적 지도'를 먼저 확인하는 것과도 같다. 즉, 글이 기록된 전체 배경을 미리 살펴봄으로써, 요한의 삶이 어떤 맥락 가운데 이루어진 것인지를 좀 더 깊이 이해할 수 있게 될 것이다.

    바로 앞 단원은 이렇게 끝이 났다. "그렇게 계약은 성립되었다." 그리고 바로 그 순간, 예수님께서는 요한에게 '마리아'를 부탁하셨다. "예수의 십자가 곁에는 그 어머니와 이모와 글로바의 아내 마리아와 막달라 마리아가 섰는지라. 예수께서 자기의 어머니와 **사랑하시는 제자가** 곁에 서 있는 것을 보시고 자기 어머니께 말씀하시되 **여자여 보소서 아들이니이다** 하시고 또 그 제자에게 이르시되 **보라 네 어머니라** 하신대 그때부터 그 제자가 자기 집에 모시니라."[39] 이때 '사랑하시는 제자'는 요한을 가리킨다. 이번 시간은 바로 이 부분을 중심으로 요한이 기록한 성경의 '기록 시기와 정황'을 추적해 보려 한다. 동시에 이 일이 어떻게 요한을 '사랑의 사도'로 성장시켰는지 살펴보려 한다.

요한복음이 기록된 시기에 대해서는 다른 복음서와 마찬가지로 여러 주장이 존재한다.[40] 어쩌면 복음서 스스로 '기록 연대'를 밝히고 있지 않기 때문에 생기는 당연한 결과일 수도 있다. 지금 나는 요한복음과 공관복음(共觀福音)[41]의 '기록 연대'를 비교하려는 것이 아니다. 다른 복음서 저자들과는 달리 여러 성경을 남긴 요한이 기록한 성경들의 '기록 연대'를 추적하려 한다. 그 과정을 통하여 '십자가 이후 요한의 일생'을 조망(眺望)해 보려는 것이다. 우선 요한이 기록한 '요한복음, 요한1서, 요한2서, 요한3서, 요한계시록'의 '기록 순서'에 대한 의견이 갈린다. 전통적으로는 바로 앞 문장에 나열된 순서대로 기록되었다는 것이 일반적인 주장이나, 다른 주장 또한 존재한다. '다른 주장'이라 함은 '요한계시록'이 가장 먼저 기록되었다는 주장이다.

---

39 요한복음 19:25-27
40 지금까지 합의된 사복음서의 기록 순서는 다음과 같다. '마가복음, 마태복음, 누가복음, 요한복음.' 그런데 마가복음이 가장 먼저 기록되었다고 하는 책에서조차, 요한복음의 '저작(著作) 연도 일부'가 마가복음보다 앞서는 경우가 적지 않다. 아마도 이러한 현상은 해당 복음서의 '저작 시기'에 대해 학자들이 주장하는 연도 대부분을 포괄했기 때문일 것이다. 그러한 이유로 성경의 저작 시기는 눈에 쉽게 들어오지 않는 경향이 있다.
41 마태복음, 마가복음, 누가복음

> ⁹나 요한은 너희 형제요 예수의 환난과 나라와 참음에 동참하는 자라 하나님의 말씀과 예수를 증언하였음으로 말미암아 **밧모라 하는 섬에 있었더니** ¹⁰**주의 날에 내가 성령에 감동되어** 내 뒤에서 나는 나팔 소리 같은 큰 음성을 들으니(요한계시록 1:9-10)

이렇게 의견이 갈리는 이유는 사도 요한이 '밧모섬에 유배된 시기'에 대해 서로 다른 주장이 있기 때문이다. **"밧모라 하는 섬에 있었더니."** 바로 앞에 인용한 요한계시록 말씀을 통해서도 알 수 있듯이, 요한계시록은 '요한의 밧모섬 유배 때 받은 계시'에 근거해 기록되었다. 즉, **'요한이 언제 밧모섬에 유배되었느냐?'가 논쟁의 핵심이다.** 쉽게 말해, 요한의 유배가 1세기에 있었던 '기독교 박해' 중 어느 시기냐는 논쟁이다. 1세기에 있었던 '기독교 박해'와 연관된 로마 황제로는 세 명이 꼽힌다. 첫 번째는 '제4대 황제인 글라우디오(Claudius)'**⁴²**로 '기원후 41년에서 54년까지' 재위(在位)했다. 두 번째는 '제5대 황제인 네로(Nero)'로 '기원후 54년에서 68년까지' 재위했다. 세 번째는 '제11대 황제인 도미티아누스(Domitianus)'로 '기원후 81년에서 96년까지' 재위했다.

이 셋 중, 전통적으로는 '도미티아누스' 때 있었던 기독교 박해로 요한이 밧모섬에 유배되었다고 알려져 있다. 바로 이때 받은 계시를 기록한 것이

---

42 보통 '클라우디우스'라고 부른다. 그러나 여기서는 '개역개정 성경'에 번역된 이름을 따랐다.: "그 후에 바울이 아덴을 떠나 고린도에 이르러 ²아굴라라 하는 본도에서 난 유대인 한 사람을 만나니 **글라우디오가 모든 유대인을 명하여 로마에서 떠나라 한 고로** 그가 그 아내 브리스길라와 함께 이달리야로부터 새로 온지라 바울이 그들에게 가매 ³생업이 같으므로 함께 살며 일을 하니 그 생업은 천막을 만드는 것이더라"(사도행전 18:1-3).

'요한계시록'이라는 주장이다. 이것이 '일반적인 상식(常識)'이었다. 이럴 경우, 자연스럽게 '요한복음'은 '요한계시록'보다 먼저 기록된 것으로 이해되었다. 물론 '요한계시록'이 '밧모섬에 있을 때 기록된 것인지' 아니면 '풀려난 뒤에 기록된 것인지'에 대해서는 일치된 의견이 없다. 다만 '요한계시록'이 요한의 말년(末年)에 기록되었다는 점에서는 이견(異見)이 없었다.

그런데 언제부터인가 '요한계시록'이 '네로' 때 있었던 기독교 박해와 연관된다는 주장이 제기되고 있다. 심지어 '글라우디오' 때였다는 주장까지 나온다. 물론 성경 각 권의 기록 시기에 대한 '분명한 기록이 없는 상황'에서 있을 수 있는 주장이다. 그러나 나는 '요한계시록'이 '네로' 심지어는 '글라우디오' 때 기록되었다는 주장에 동의하지 않는다. 그 근거는 이와 같다.

> [19]표적과 기사의 능력으로 성령의 능력으로 이루어졌으며 그리하여 내가 예루살렘으로부터 두루 행하여 일루리곤까지 그리스도의 복음을 편만하게 전하였노라 [20]**또 내가 그리스도의 이름을 부르는 곳에는 복음을 전하지 않기를 힘썼노니 이는 남의 터 위에 건축하지 아니하려 함이라**
> (로마서 15:19-20)

로마 교회에 보낸 '사도 바울'의 증언이다. 바울은 '제3차 전도 여행' 때 '고린도교회'에 머물면서 '로마서'를 기록한 것으로 알려져 있다. 참고로 바울의 '제3차 전도 여행'은 '기원후 53년에서 57년' 경에 있었다. 즉, 바울의 '제3차 전도 여행'은 '제4대 황제인 글라우디오' 말기에서 '제5대 황제인 네로' 초기에 걸쳐 이루어졌다. 바로 이때, 바울은 이렇게 증언했다. **"또 내**

가 그리스도의 이름을 부르는 곳에는 복음을 전하지 않기를 힘썼노니, 이는 남의 터 위에 건축하지 아니하려 함이라." 즉, 바울은 이미 교회가 세워진 곳에는 다시 복음을 전하지 않는 것을 원칙으로 했다. 이는 '다른 사도들이 닦아놓은 터' 위에 따로 교회를 세우지 않기 위해서였다. 이러한 바울의 정신은 지금도 중요하다. 다른 사도들을 통하여 이미 복음이 전해져 사역이 잘되고 있는 곳에 중복해서 복음을 전한다면, 어떤 상황이 벌어질까? 수없이 많은 교회 분열과 갈등을 겪어본 한국 교회 교인들은 이것이 무엇을 의미하지는 잘 알고 있으리라 믿는다. 불필요한 갈등과 경쟁은 오히려 복음 전파의 방해 요소가 되기 마련이다.

"너희는 사도들과 선지자들의 터 위에 세우심을 입은 자라. 그리스도 예수께서 친히 모퉁잇돌이 되셨느니라."[43] 교회론을 다룬 에베소서 말씀을 통해서도 우리는 '바울이 말하는 남의 터가 무엇을 의미하는지' 정확히 알 수 있다. 교회는 '사도들과 선지자들의 터' 위에 세워졌다. 교회는 '사도들과 선지자들의 신앙 고백' 위에 세워졌다.[44] 즉, 바울이 로마서에서 언급한 '남의 터'는 '다른 사도들과 그들의 신앙 고백'을 의미한다. 즉, 바울은 '다른 사도들과 그들의 신앙 고백'에 의해 이미 교회가 세워진 곳에는 복음을 다시 전하지 않는다는 원칙을 가지고 있었다.

꼭 이 부분에서 나오는 질문이 있다. "간사님, 바울은 남의 터 위에 건축

---

[43] 에베소서 2:20
[44] 이에 대한 설명은 내 두 번째 책 『나사렛 여인, 마리아』 마지막 단원인 "로마 가톨릭의 고해 성사의 모순: 너는 베드로라 내가 이 반석 위에 내 교회를 세우리니"에서 자세히 해두었다.

하지 않는다고 했는데, 왜 이미 교회가 세워진 로마에 갔나요?" 답은 간단하다. 바울은 로마에 압송되어 갔다. 물론 바울이 가이사랴에서 가이사에게 상소한 결과였다.[45] 그러나 이 일은 하나님께서 주도하신 것이었다. 바울이 가이사랴로 압송되기 전날 밤에 하나님께서 바울에게 하신 말씀은 이러했다. "그날 밤에 주께서 바울 곁에 서서 이르시되, **담대하라 네가 예루살렘에서 나의 일을 증언한 것 같이 로마에서도 증언하여야 하리라** 하시니라."[46]

물론 '로마에 가려는 의도로 자신을 소개하기 위해 쓴 서신'이 '로마서'가 아니냐고 따질 수도 있다.

> [22]그러므로 또한 내가 너희에게 가려 하던 것이 여러 번 막혔더니 [23]이제는 이 지방에 일할 곳이 없고 또 여러 해 전부터 언제든지 **서바나로 갈 때**에 너희에게 가기를 바라고 있었으니 [24]**이는 지나가는 길**에 너희를 보고 먼저 너희와 사귐으로 얼마간 기쁨을 가진 후에 너희가 그리로 보내 주기를 바람이라(로마서 15:22-24)

---

[45] "[10]바울이 이르되 내가 가이사의 재판 자리 앞에 섰으니 마땅히 거기서 심문을 받을 것이라 당신도 잘 아시는 바와 같이 내가 유대인들에게 불의를 행한 일이 없나이다 [11]만일 내가 불의를 행하여 무슨 죽을 죄를 지었으면 죽기를 사양하지 아니할 것이나 만일 이 사람들이 나를 고발하는 것이 다 사실이 아니면 아무도 나를 그들에게 내줄 수 없나이다 **내가 가이사께 상소하노라** 한대 [12]베스도가 배석자들과 상의하고 이르되 네가 가이사에게 상소하였으니 가이사에게 갈 것이라 하니라"(사도행전 25:10-12).
[46] 사도행전 23:11

그러나 로마서의 기록으로 볼 때, 바울은 교회 개척을 위해 로마에 가려 했던 것이 아니다. 로마에 가려 했던 바울의 목적지는 '서바나'였다.

> 그러므로 내가 이 일을 마치고 이 열매를 그들에게 확증한 후에 **너희에게 들렀다가 서바나로 가리라**(로마서 15:28)

로마 시대에 '서바나'는 유럽의 맨 서쪽에 있던 '지금의 스페인'을 가리키는 지명(地名)이었다. 즉, 바울은 서바나에 가는 길에 로마에 들러 로마 교회의 후원을 받아 '그 시대의 땅끝까지' 복음을 전할 계획이었다.[47] "오직 성령이 너희에게 임하시면 너희가 권능을 받고 예루살렘과 온 유대와 사마리아와 **땅끝까지 이르러** 내 증인이 되리라 하시니라. 이 말씀을 마치시고 그들이 보는데 올려져 가시니 구름이 그를 가리어 보이지 않게 하더라."[48] 그 당시 사람들의 세계관에서 '땅끝'은 지금의 스페인 지역인 '서바나'를 가리켰다. 지중해와 대서양이 만나는 지점인 '지브롤터 해협(Strait of Gibraltar)' 양쪽에는 '헤라클레스의 기둥'이라고 불리는 바위산이 솟아 있는데, 그 당시 사

---

[47] "오직 성령이 너희에게 임하시면 너희가 권능을 받고 예루살렘과 온 유대와 사마리아와 **땅끝까지 이르러** 내 증인이 되리라 하시니라"(사도행전 1:8).: 물론 '산티아고 순례길'로 유명한 스페인에는 '사도 야고보'가 예루살렘에서 순교하기 전(기원후 44년경에 순교)에 복음을 전한 것으로 알려져 있다. 야고보는 스페인에 복음을 전한 뒤 예루살렘에 돌아와 순교한 것으로 알려져 있다.: "'그때에 헤롯왕이 손을 들어 교회 중에서 몇 사람을 해하려 하여 ²요한의 형제 야고보를 칼로 죽이니"(사도행전 12:1-2).: 그렇게 놓고 보면, 서바나 지역은 야고보로부터 복음을 전해 받았으나, 10년이 넘는 세월 가운데(어쩌면 20년 가까운 세월 가운데) 교회 공동체가 와해 수준이었던 것으로 보인다.

[48] 사도행전 1:8-9

람들은 바로 그 지점을 '세상과 그 너머에 있는 미지의 세계를 잇는 관문'이라고 보았다. 이러한 그 당시 사람들의 인식은 충분히 이해된다. 그 당시 항해술로 대서양은 끝없이 펼쳐진 '험악한 죽음의 바다'일 뿐이었을 것이다. 즉, 바울은 예수님께서 승천하시기 직전에 주신 말씀에 그의 소명(召命)을 다하고 있었다.[49] 비록 예수님께서 승천하시던 장소에 있지는 못했지만, 바울은 다메섹 도상에서 만난 예수님의 명령에 그의 존재와 삶 전체를 드리고 있었던 것이다.

"그리하여 **내가 예루살렘으로부터 두루 행하여 일루리곤까지 그리스도의 복음을 편만하게 전하였노라**." 로마 교회에 보낸 바울의 증언이다. 바울은 로마서에서 그가 '예루살렘에서 일루리곤까지' 복음을 전했다고 증언하고 있다. '일루리곤'은 지금의 '알바니아(Albania)와 몬테네그로(Montenegro)'에 해당하는 지역이다. 즉, 바다 건너 '이탈리아 반도'가 보이는 곳이다. 그런데 요한은 예루살렘이 있는 팔레스타인 지역을 떠난 뒤에 '에베소'에서 사역한 것으로 알려져 있다. 그리고 밧모섬은 '에베소가 있는 소아시아'에 붙어 있는 섬이다. **그러니 바울이 로마서를 기록할 때까지 요한은 팔레스타인 지역에 있었을 것이다.** 이유는 간단하다. 바울이 로마서를 기록하기 전에 요한이 에베소교회를 개척했다면, 바울은 당연히 에베소 지역에 복음을 전

---

[49] "[18]예수께서 나아와 말씀하여 이르시되 하늘과 땅의 모든 권세를 내게 주셨으니 [19]그러므로 너희는 가서 모든 민족을 제자로 삼아 아버지와 아들과 성령의 이름으로 세례를 베풀고 [20]내가 너희에게 분부한 모든 것을 가르쳐 지키게 하라 볼지어다 내가 세상 끝날까지 너희와 항상 함께 있으리라 하시니라"(마태복음 28:18-20).

하지 않았을 것이다. '제2차 전도 여행' 때, 그렇게 에베소로 가는 길이 막혀 애를 태우지도 않았을 것이다.[50]

로마서가 기록된 바울의 '제3차 전도 여행' 기간 동안, 로마에서는 '제4대 글라우디오 황제'에서 '제5대 네로 황제'로의 권력 교체가 이루어졌다. **쉽게 말해 로마서에 기록된 바울의 증언으로 볼 때, 요한은 '글라우디오' 때는 물론이고 '네로' 초반까지도 에베소에서 사역한 적이 없다. 즉, '글라우디오' 때 '요한계시록'이 기록되었다는 주장은 사실이 아니다.** 밧모섬이 있는 소아시아 지역에 요한이 간 적이 없는데, 그 시기에 요한계시록이 기록되었다는 주장은 말이 안 된다.

앞에서도 언급했듯이, '네로'의 재위 기간은 '54년에서 68년'까지다. 즉, 로마서에서 밝힌 바울의 증언에 근거해 볼 때(로마서는 57년경 기록되었다.), 요한은 네로의 재위 기간 중 초반에는 분명히 에베소에 가지 않았을 것이다. 그러나 이 말은 네로의 재위 기간 중 중후반에는 에베소에 갔을 수도 있다는 이야기가 된다. 그러나 교회사의 기록으로 볼 때, 이 또한 가능성이 희박해 보인다.

교회사에 따르면, 십자가 이후에 '마리아'를 모시게 된 요한은 '팔레스타인 지역에서 있었던 로마의 박해'[51]를 피해 에베소로 옮겨갔다고 전해진다. 물론 이에 대한 기록 또한 '시기에 있어서' 두 가지 주장으로 나뉜다. **이때의**

---

50 이 부분은 '1부 누가'에서 자세히 설명해 두었다.
51 이때는 '기독교 박해'보다는 '유대인 박해'가 주(主)를 이루었다.

논점은 '마리아는 언제까지 생존했느냐?'이다. 물론 나는 이 문제를 '요한계시록의 저작(著作) 시기'와 연관해서 보지만, 사람들은 다른 지점에 관심이 있어 보인다. 그들의 논점은 '마리아기념교회를 어디로 정할 것인가?'와 연관되는 문제로 보인다.

우선 마리아가 40년대 초까지 살았다는 주장이 있다. 예수님께서 승천하신 뒤 약 12년 정도 더 생존했다는 주장이다. 이 경우, '마리아의 사망지(死亡地)'는 '예루살렘'이 된다. 이러한 이유로 '겟세마네 동산 부근'에 5세기부터 시작된 '마리아무덤교회(Tomb of the Virgin Mary)'가 존재한다.

물론 '로마 가톨릭'은 마리아가 사망(死亡)한 것이 아니라 승천(昇天)했다고 주장한다. 글쎄다. 성경에 분명한 기록이 없으니, 알 수 없는 일이다. 솔직한 내 속마음은 '사망이든 승천이든 무엇이 중요할까?'이지만, 여기에서 중요한 것은 '로마 가톨릭'의 주장이 '마리아의 우상화'를 위한 것이라는 점이다. 그런 점에서 건강하지 못한 주장이다. 더군다나 마리아가 승천했다면, '겟세마네 동산 부근'에 있는 교회의 이름을 왜 '마리아무덤교회'라고 했을까? '이곳이 마리아의 무덤이다'라며 특정 장소를 성지(聖地)로 떠받들면서, 동시에 마리아가 승천했다는 주장은 왜 하는 것일까? 생각해 보라. **"승천한 사람의 무덤이라?"** 쉽게 말해, 마리아를 우상화하고 싶은 욕망도 버릴 수 없고, '이곳이 마리아의 무덤이다'라고 주장하며 관광 수입도 올리고 싶은 욕망 또한 버릴 수 없다는 이야기 아닌가?

또 하나의 주장은 마리아가 아주 장수했다는 관점이다. 심지어 예수님의 십자가 이후 약 40년 정도나 더 생존했다는 것이다. 쉽게 말해, 70년경까지 살았다는 주장이다. 요한이 '팔레스타인 지역에서 일어난 로마의 박해'를 피해 마리아를 모시고 에베소로 갔다는 주장이 여기에서 나온다. 내가 보기에는 어느 정도 개연성이 있는 주장이다. 교회사를 볼 때, **마리아를 '하나님의 어머니'라고 처음 호칭**한 것은 '431년'에 있었던 '에베소 공의회'로부터다.

431년에 있었던 '에베소 공의회'는 '우리 주 예수 그리스도는 한 인격 안에 신성(神性)과 인성(人性)을 가진다'라고 선언했다. 바로 이 선언을 통하여 '위격적 연합(hypostatic union)'을 부정한 '네스토리우스'를 이단(異端)으로 정죄했다. '네스토리우스 이단'에 대해서는 여기에서 더 설명하지 않겠다. 검색해 보면 '네스토리우스 이단'에 대해 쉽게 찾아볼 수 있을 것이다.

'위격적 연합'을 좀 더 설명하면 이와 같다. 예수님은 성육신(成肉身)하신 이후 '한 인격 안에 신성(神性)과 인성(人性)을 동시'에 가지게 되셨다. 이때 인격이라는 표현은 '존재와 행위의 주체'를 의미한다. 즉, 성육신하신 이후 '예수님께서 신성(神性)을 따라 하신 것'은 '예수님께서 하신 것'이다. 동시에 '예수님께서 인성(人性)을 따라 하신 것' 또한 '예수님께서 하신 것'이다. 존재 또한 마찬가지다. '예수님의 신성(神性)'뿐 아니라, '시공간의 제한을 받는 예수님의 인성(人性)' 또한 '성자 하나님이신 예수님'이시다. 즉, 성육신하신 예수님께서 이 땅에서 제자들과 함께하실 때도, 예수님은 온 우주에 편만하신 하나님이셨다.

바로 이 '위격적 연합 교리'를 통하여 '마리아'의 위치를 설명하면 이와 같다. 우선 마리아는 '인성(人性)을 따라서는 예수님의 어머니'가 맞다. 그런데 예수님은 '성자 하나님'이시다. 그러므로 마리아는 '인성(人性)을 따라서는 하나님의 어머니'라고 불릴 수 있다. 즉, 이러한 배경 가운데 '에베소 공의회'에서 마리아를 '하나님의 어머니'라고 호칭한 것이다. 그러나 마리아는 '신성(神性)을 따라서는 예수님의 어머니'가 아니다. 마리아는 '신성(神性)을 따라서는 하나님의 어머니'가 아니라 '하나님의 피조물(被造物)이며 그분의 여종'이다. 즉, 마리아를 '신성(神性)을 따라서도 하나님의 어머니'라고 주장하는 로마 가톨릭의 교리는 성경적이지 않다.[52]

또한 이때 있었던 일을 기록한 '에베소 공의회 회의록'에는 요한이 마리아를 위해 집을 한 채 지었다는 기록이 남아있다. 현재 에베소에 가면 2세기경에 새워진 '마리아기념교회 유적'이 존재한다. 참고로 '에베소 공의회'는 모든 과정은 아니지만 상당히 많은 회의가 '마리아기념교회'에서 열렸던 것으로 알려져 있다. 즉, 에베소에는 마리아에 대한 이러저러한 흔적이 많이 남아있다. 그런 점에서, 나는 마리아가 장수했다는 주장에 한 표를 주고 싶다. **그렇다면 요한은 마리아를 모시고 언제 에베소로 건너갔을까?**

> [20]너희가 예루살렘이 군대들에게 에워싸이는 것을 보거든 그 멸망이 가까운 줄을 알라 [21]그때에 유대에 있는 자들은 산으로 도망갈 것이며 성내에 있는 자들은 나갈 것이며 촌에 있는 자들은 그리로 들어가지 말지

---

[52] 이와 관련된 자세한 설명은 내 두 번째 책 『나사렛 여인, 마리아』에 해두었다. '위격적 연합 교리'에 대해서 좀 더 자세히 공부하고 싶은 경우 『1559년 라틴어 최종판 직역 기독교 강요 1-4권 세트』(존 칼빈 저, 문병호 역, 생명의말씀사)와 『30주제로 풀어쓴 기독교 강요』(문병호, 생명의말씀사)를 권한다.

어다 ²²이 날들은 기록된 모든 것을 이루는 징벌의 날이니라 ²³그날에는 아이 밴 자들과 젖먹이는 자들에게 화가 있으리니 이는 땅에 큰 환난과 이 백성에게 진노가 있겠음이로다 ²⁴그들이 칼날에 죽임을 당하며 모든 이방에 사로잡혀 가겠고 예루살렘은 이방인의 때가 차기까지 이방인들에게 밟히리라(누가복음 21:20-24)

위에 인용한 성경 본문은 예수님의 말씀이다. "너희가 예루살렘이 군대들에게 에워싸이는 것을 보거든 그 멸망이 가까운 줄을 알라." 그렇다면 예수님께서 예언하신 이 사건은 언제 일어났을까? 예수님의 이 말씀은 일차적으로는 '66년에서 73년 사이'에 있었던 '제1차 유대-로마 전쟁' 때 성취되었다. 정확히는 '68년 여름'에 성취되었다.[53]

그리고 예수님은 그러한 징조가 있을 때 어떻게 행동해야 하는지 미리 말씀해 주셨다. "그때에 유대에 있는 자들은 산으로 도망갈 것이며, 성내에 있는 자들은 나갈 것이며, 촌에 있는 자들은 그리로 들어가지 말지어다." 쉽게 말해, 뒤도 돌아보지 말라는 말씀이었다. 이러한 예수님의 말씀은 마가복음을 볼 때 더욱 와닿는다. "멸망의 가증한 것이 서지 못할 곳에 선 것을 보거든, (읽는 자는 깨달을진저) 그때에 유대에 있는 자들은 산으로 도망할지어다. 지붕 위에 있는 자는 내려가지도 말고, 집에 있는 무엇을 가지러 들어가지도 말며, 밭에 있는 자는 겉옷을 가지러 뒤로 돌이키지 말지어다."[54]

---

[53] 동시에 예수님의 이 말씀은 '종말의 때'에 일어날 일에 대한 '계시적 말씀'이기도 하다.
[54] 마가복음 13:14-16

그렇다면 요한은 언제 에베소로 건너갔을까? 그러니까 우리가 요한이라면, 우리가 예수님의 부탁에 의해 마리아를 모신 입장이라면 언제 에베소로 건너갔을까? 다시 한번 기억을 상기하자면, 지금 우리는 요한계시록이 기록된 시기를 특정(特定)하려는 것이다. 그것을 위하여 '요한은 언제부터 에베소에서 사역했을까?'를 추적하는 중이다. 에베소에 가야 '에베소를 수도로 하는 소아시아'의 부속도서(附屬島嶼)인 밧모섬에 유배가 될 것이니 말이다. "나 요한은 너희 형제요, 예수의 환난과 나라와 참음에 동참하는 자라. 하나님의 말씀과 예수를 증언하였음으로 말미암아 **밧모라 하는 섬에 있었더니.**"⁵⁵

결론을 미리 말하자면, 이러하다. '제1차 유대-로마 전쟁' 초기, 팔레스타인 지역의 반란을 진압하기 위해 예루살렘을 목표로 출발했던 '로마 군대'는 초반에는 성과를 내지 못했다. 거기에 더해, 사령관이 병으로 죽는 일까지 발생했다. 이에 네로 황제는 '베스파시아누스(Vespasianus)'를 사령관으로 임명해 유대인들의 반란을 진압하게 했고, '67년 5월'부터 본격적인 진압이 시작되었다. 그렇게 팔레스타인 북부 해안가로부터 시작된 진압 작전 끝에 로마군은 '68년 여름'에 예루살렘 성을 포위할 수 있었다.

그런데 이때 '네로'가 사망하는 사건이 벌어졌다. 쉽게 말해, 명령을 내릴 '군 통수권자'가 사라진 것이다. 그 덕에 약 1년 남짓한 휴전이 있었다. 네로의 사망으로 휴전이 되자, 당연히 예수님의 말씀을 믿지 않던 '유대 민족주

---

55 요한계시록 1:9

의자'들은 '초대교회 교인'들을 비웃었을 것이다. 예수님의 말씀을 전하며, 빨리 피난 가야 한다는 '초대교회 교인'들을 경멸의 눈으로 봤을 것이다. 하나님이 자신들의 편을 든다며 '유대 민족주의자'들은 한껏 고양(高揚)되어 있었을 것이다.56 그러나 예수님의 말씀을 기억했던 '초대교회 교인'들은 이 시기에 대대적인 피난에 나섰고, 그 결과 거의 피해를 보지 않았다고 전해진다.

반면 1년 남짓한 휴전 기간, 로마 내부에서는 극심한 권력 투쟁이 벌어지고 있었다. 그 결과, '68년에서 69년 사이'에 세 명의 황제가 교체되는 일이 벌어졌다. 결과적으로 '69년 7월' 동방 군단에 의해 '제9대 로마 황제'로 추대된 '베스파시아누스'는 그의 아들 '티투스(Titus)'에게 지휘권을 넘기고 '로마의 정치적 안정'에 집중했다.

그리고 '70년 8월 10일' 예루살렘 성전이 '티투스가 지휘하는 로마군'에 의해 불탔다. 그렇게 실질적인 전쟁은 70년에 끝났지만, 예루살렘을 탈출한 유대인들이 '마사다'57에서 2년 이상을 버티다 최후를 맞이한 73년까지를 '제1차 유대-로마 전쟁' 기간으로 본다.

---

56 '비웃었을 것이다, 경멸의 눈으로 봤을 것이다, 한껏 고양되어 있었을 것이다'라고 표현한 이유는 이러한 기록을 찾지 못해서다. 참고로 총신대학교 신학대학원 교회사 명예교수이신 '박용규 교수'에 따르면, 예수님의 공생애 기간 예수님의 명성을 전해 들은 '에뎃사왕'이 예수님께 편지를 보내 자신의 병을 치료해 줄 것을 요청했으며, 예수님의 십자가 이후 파송된 사도를 통해 병 고침을 받은 '에뎃사왕'이 '제1차 유대-로마 전쟁'을 피해 피난 온 초대교회 교인들에게 피난처를 제공했다는 내용이 '유세비우스'에 의해 기록되어 있다고 한다.
57 히브리어로 '요새'라는 뜻이다. 좀 더 정확한 히브리어 발음은 '머추다'이다.

즉, "너희가 예루살렘이 군대들에게 에워싸이는 것을 보거든 그 멸망이 가까운 줄을 알라"는 예수님의 말씀은 '68년 여름'에 성취되었다. 앞에서도 언급했듯이, 그 당시 예루살렘에 있던 초대교회 교인 대부분은 예수님의 말씀에 따라 피난을 갔고, 그 결과 큰 피해를 면할 수 있었던 것으로 알려져 있다. 즉, 나는 마리아가 이때까지 생존해 있었다면, 요한은 이 시기에 마리아를 모시고 에베소로 건너갔을 것이라고 보는 것이다.

[18]그 이튿날 바울이 우리와 함께 야고보에게로 들어가니 장로들도 다 있더라 [19]바울이 문안하고 하나님이 자기의 사역으로 말미암아 이방 가운데서 하신 일을 낱낱이 말하니 [20]**그들이 듣고 하나님께 영광을 돌리고 바울더러 이르되 형제여 그대도 보는 바에 유대인 중에 믿는 자 수만 명이 있으니 다 율법에 열성을 가진 자라**(사도행전 21:18-20)

위에 인용한 기록은 '57년경' 예루살렘에서 있었던 일이다. 즉, '제1차 유대-로마 전쟁' 이전 상황이다. 이제 막 '제3차 전도 여행'을 마친 바울이 예루살렘에 도착한 다음 날 있었던 일이다. 바울을 통하여 하나님께서 이방(異邦)에 하신 일을 들은 뒤, '예수님의 친동생인 야고보'와 장로들이 바울에게 했던 말이다. "형제여, 그대도 보는 바에 유대인 중에 믿는 자 수만 명이 있으니 다 율법에 열성을 가진 자라." 한번 생각해 보자. 이때까지 마리아가 생존해 있었다면, 이들 수만 명을 예루살렘에 두고 에베소에 갈 수 있었을까? 설마, 그럴 수 있다고 생각하는가? 쉽지 않은 이야기다.

남의 터 위에 건축하려 하지 않는다는 로마서의 기록은 '위에 인용한 사건' 얼마 전에 기록되었다. 쉽게 말해, 바울은 '로마서'를 고린도 교회에서 기록하여 '로마 교회'로 발송한 뒤에 돌아와 위에 기록한 대화를 하는 중이다. 즉, 마리아가 이때까지 생존해 있었다면, 당연히 요한과 마리아는 예루살렘에 있었을 것이다.

> ¹그때에 헤롯 왕이 손을 들어 교회 중에서 몇 사람을 해하려 하여 ²**요한의 형제 야고보를 칼로 죽이니** ³유대인들이 이 일을 기뻐하는 것을 보고 베드로도 잡으려 할새 때는 무교절 기간이라(사도행전 12:1-3)

물론 '요한의 형제 야고보'가 열두 제자 중에 첫 번째 순교자가 된 직후 예루살렘을 떠나지 않았겠느냐는 주장을 할 수도 있다. 참고로 '사도 야고보'는 44년경에 순교한 것으로 알려져 있다. 쉽게 말해 '야고보'의 순교를 계기로 요한과 마리아가 예루살렘을 떠나 에베소로 건너갔다면, '제4대 황제인 글라우디오'의 재위 기간인 '41년에서 54년까지'와 겹치게 된다. 어쩌면 그러한 이유로 요한의 저작 중 요한계시록이 가장 먼저 기록되었다는 주장이 나오는지도 모른다.

그러나 그때는 아직 '바울의 제1차 전도 여행'이 시작되기도 전이었다.[58] 앞에서도 언급했듯이, 요한이 이때 마리아를 모시고 에베소에 교회를 개척했다면 바울은 소아시아에 복음을 전할 이유가 없었다. 즉, "남의 터 위에 건축하지 아니하려 한다"라는 바울의 주장으로 볼 때, 요한과 마리아는 '바

---

58 바울의 '1차 전도 여행'은 48년에서 50년 사이에 있었다.

울의 제3차 전도 여행'이 끝난 '57년경'까지 에베소가 아닌 예루살렘에 있었을 것이다.

물론 요한은 그의 형 야고보가 순교했을 때 마리아를 모시고 다른 지역으로 갈 명분이 있었을 것이다. 그러나 "남의 터 위에 건축하지 아니하려 한다"라는 바울의 주장으로 볼 때, 그러지 않았던 것으로 보인다. 그렇다면 그 시기를 지난 어느 날 뜬금없이, 마리아를 모시고 에베소로 가겠다는 말을 '예루살렘 교회 공동체'에 할 수 있었을까? 스데반 집사의 순교에서도 알 수 있듯이, 초대교회를 향한 유대인들의 핍박이 끊임없이 이어지던 세월이었다. '로마의 기독교 탄압' 정도에는 미치지 못할지 몰라도, 곱지 않은 시선, 적대적인 환경에 놓여있던 예루살렘 교회를 두고 어느 날 갑자기 다른 지역으로 갈 수 있었을까? 이제는 노인이 된 마리아의 안전을 위한다는 명분을 내세운들, 어디인들 예루살렘보다 안전하다는 보장이 있었을까? **그러니 바울의 '제3차 전도 여행'이 끝난 '57년경'까지 요한과 마리아가 예루살렘에 있었다면, 그들은 팔레스타인 북부에서 '제1차 유대-로마 전쟁'이 시작되던 66년 전까지는 에베소로 옮겨가지 못했을 것이다.** (아마도 66년을 넘어 예루살렘이 로마군에 포위되었던 '68년 여름' 전에 에베소로 옮겨갔을 것이다.)

그렇다면, 기원후 66년경 에베소는 어떤 상황이었을까?

[19]**에베소에 와서 그들을 거기 머물게 하고 자기는 회당에 들어가서 유대인들과 변론하니** [20]여러 사람이 더 오래 있기를 청하되 허락하지 아니하

고 ²¹작별하여 이르되 만일 하나님의 뜻이면 너희에게 돌아오리라 하고 배를 타고 에베소를 떠나 ²²가이사랴에 상륙하여 올라가 교회의 안부를 물은 후에 안디옥으로 내려가서(사도행전 18:19-22)

바울은 53년경 '제2차 전도 여행'에서 돌아오는 길에 에베소에 들른 적이 있다. 바울이 에베소에 처음 뿌린 '복음의 씨'였다. '누가 인물 설교' 중에 자세히 설명한 적이 있듯이, 바울의 '제2차 전도 여행'의 처음 목적지는 에베소였다. 그러나 성령 하나님께서 그의 길을 막으셨다. 그 결과, 바울은 '제2차 전도 여행' 때는 돌아오는 길에 잠시 에베소에 들러 '복음의 씨'를 뿌리는 것으로 만족해야 했다. "작별하여 이르되 만일 하나님의 뜻이면 너희에게 돌아오리라." 그렇게 후일(後日)을 기약했었다.

⁸바울이 회당에 들어가 석 달 동안 담대히 하나님 나라에 관하여 강론하며 권면하되 ⁹어떤 사람들은 마음이 굳어 순종하지 않고 무리 앞에서 이 도를 비방하거늘 바울이 그들을 떠나 **제자들을 따로 세우고 두란노 서원에서 날마다 강론하니라** ¹⁰**두 해 동안 이같이 하니 아시아에 사는 자는 유대인이나 헬라인이나 다 주의 말씀을 듣더라** ¹¹**하나님이 바울의 손으로 놀라운 능력을 행하게 하시니** ¹²심지어 사람들이 바울의 몸에서 손수건이나 앞치마를 가져다가 병든 사람에게 얹으면 그 병이 떠나고 악귀도 나가더라(사도행전 19:8-12)

그리고 바울은 바로 이어진 '제3차 전도 여행' 기간 중 2년 남짓 에베소에 머물렀다. '제1차와 제2차 사이'와 같이 모교회인 안디옥 교회에 어느 정도 머무르지 않고 바로 떠난 것은 '에베소를 향한 바울의 간절한 마음 때문'이었을 것이다. 그렇게 바울은 '제3차 전도 여행 초중반'에 에베소에 머물며 '에베소교회'를 온전히 세웠다. 참고로 바울의 '제3차 전도 여행'은 '53년에서 57년 사이'에 있었다.

> ³내가 마게도냐로 갈 때에 너를 권하여 에베소에 머물라 한 것은 어떤 사람들을 명하여 다른 교훈을 가르치지 말며 ⁴신화와 끝없는 족보에 몰두하지 말게 하려 함이라 이런 것은 믿음 안에 있는 하나님의 경륜을 이룸보다 도리어 변론을 내는 것이라(디모데전서 1:3-4)

그렇게 '에베소교회를 온전히 세운 바울'은 '제2차 전도 여행 때 세웠던 마게도냐와 아가야 지역의 교회들'을 돌아보려고 마게도냐로 넘어갔다. 바로 그때, 그의 영적 아들 '디모데'에게 '에베소교회'를 맡겼다. 그러니 기원후 66년이라면, 디모데가 에베소교회를 맡은 지 10년 정도의 세월이 흐른 때였다. 쉽게 말해, 팔레스타인 북부에서 '제1차 유대-로마 전쟁'이 시작되던 66년경에 에베소교회는 '요한과 마리아'를 맞을 준비가 충분히 된 상태였을 것이다.

> ⁹너는 어서 속히 내게로 오라 ¹⁰데마는 이 세상을 사랑하여 나를 버리고 데살로니가로 갔고 그레스게는 갈라디아로, 디도는 달마디아로 갔고 ¹¹**누가만 나와 함께 있느니라** 네가 올 때에 마가를 데리고 오라 그가 나

의 일에 유익하니라 ¹²두기고는 에베소로 보내었노라"(디모데후서 4:9-12)

그리고 바울의 '로마 2차 투옥(投獄)'이 66년에서 68년 사이라는 주장이 사실이라면⁵⁹, 디모데는 '요한과 마리아'의 소식을 가지고 감옥에 있는 바울을 방문했을 가능성이 높다. 바울은 예루살렘에서 요한과 교제한 적이 있었다.⁶⁰ 그러니 디모데를 통해 '요한과 마리아'의 소식을 전해 들었다면, 바울은 남다른 느낌이었을 것이다.

지금까지 우리는 "남의 터 위에 건축하지 아니하려 한다"라는 바울의 주장을 근거로 '요한은 언제 에베소로 건너갔을까?'를 추적했다. 로마서에 기록된 바울의 주장으로 볼 때, '바울의 제3차 전도 여행' 때까지 요한은 에베소에 가지 않았던 것으로 보인다. '바울의 제3차 전도 여행' 전에 요한이 에베소에 갔다면, 바울은 그토록 간절히 에베소에 가려 하지 않았을 것이다. 그 시기에 요한이 에베소에 있었다면, 바울은 에베소에 2년 남짓 머물면서 '에베소교회'를 세웠을 리가 없지 않은가?

또한 우리는 성경과 교회사의 기록을 근거로 '예루살렘 교회의 상황'을 가늠해 보았다. '요한의 형제 야고보'가 열두 제자 중에 첫 번째 순교자가 된

---

59 제5대 로마 황제인 '네로'의 재위 기간은 54년에서 68년까지다. 바울은 네로의 '기독교 박해' 때 순교했다. 그리고 디모데후서는 바울의 '로마 2차 투옥' 때 기록된 것으로 알려져 있다.

60 "또 기둥 같이 여기는 야고보와 게바와 요한도 내게 주신 은혜를 알므로 나와 바나바에게 친교의 악수를 하였으니 우리는 이방인에게로, 그들은 할례자에게로 가게 하려 함이라"(갈라디아서 2:9).

직후에도 예루살렘을 떠나지 않았다면[61], '요한은 언제 에베소로 건너갔을까? 그러니까 우리가 요한이라면, 우리가 예수님의 부탁에 의해 마리아를 모신 입장이라면, 언제 에베소로 건너갔을까?'를 추적했다. 즉, 바울의 '에베소교회 개척'이 마무리된 57년 이후, 어느 정도의 위기가 닥쳐야 '노인이 된 마리아의 안전을 위해 에베소로 넘어갈 수 있었을까?'를 추적했다. 그 결과, 팔레스타인 북부 지역에서 '제1차 유대-로마 전쟁'이 시작되던 66년 전까지는 에베소로 옮겨가지 못했을 것이라는 이야기를 했다.

이렇게 '요한은 언제 에베소로 건너갔을까?'를 추적한 이유는 '요한은 언제 밧모섬에 유배되었을까?'라는 질문 때문이었다. 밧모섬은 에베소가 있는 소아시아에 붙어 있는 '부속도서'였다. 그리고 요한계시록은 '밧모섬 유배 때 받은 계시'에 근거해 기록되었다. 즉, 요한이 언제 에베소로 건너갔는지 특정(特定)할 수 있다면, 우리는 '요한계시록의 기록 시기에 대한 논쟁'의 답을 찾을 수 있다. 쉽게 말해, 전통적인 상식인 '요한복음, 요한1서, 요한2서, 요한3서, 요한계시록'의 순서가 아니라, '요한계시록'이 가장 먼저 기록되었다는 최근의 주장을 검증(檢證)할 수 있다.

요한의 '밧모섬 유배'는 1세기에 있었던 로마의 '기독교 박해' 때문이었다. 그리고 1세기 '기독교 박해'와 연관된 로마 황제로는 세 명이 꼽힌다. 앞에서도 언급했듯이, 첫 번째는 '제4대 황제인 글라우디오'로 '41년에서 54년까지' 재위했다. 두 번째는 '제5대 황제인 네로'로 '54년에서 68년까지' 재위했

---

[61] '사도 야고보'는 44년경에 순교한 것으로 알려져 있다. 성경에 기록된 정황상, 앞에서도 언급했듯이 요한은 이 시기에도 예루살렘에 머물렀던 것으로 보인다.

다. 세 번째는 '제11대 황제인 도미티아누스'로 '81년에서 96년까지' 재위했다. 즉, '요한계시록'이 '요한복음'보다 먼저 기록되었다는 주장은 '글라우디오 혹은 네로의 기독교 박해' 때 요한이 밧모섬에 유배되었다는 주장과 같은 말이다.

그러나 지금까지 추적해 본 결과, '요한계시록'이 '네로' 심지어는 '글라우디오' 때 기록되었다는 주장은 근거가 희박해 보인다. 오히려 '도미티아누스' 때 계시를 받아 '요한계시록'을 기록했다는 '기존의 상식(常識)'이 맞아 보인다. **즉, 요한은 '요한복음, 요한1서, 요한2서, 요한3서, 요한계시록' 순서로 기록했을 것이다.**

결과적으로 요한과 마리아는 상당히 오랜 시간 동안 '예루살렘교회'를 섬겼던 것으로 보인다. 그리고 '제1차 유대-로마 전쟁'이 시작되던 66년경에 에베소로 건너가 소아시아의 여러 교회를 섬겼던 것으로 보인다. 쉽게 말해, 십자가 곁에서 마리아를 부탁받은 요한은 오랜 세월 동안 하루도 마음 편한 날이 없었을 것이다. 끊임없이 긴장하고 조심해야 하는 날들의 연속이었을 것이다. 다른 사도들처럼 전면(前面)에 나서서 복음을 전하다가 순교할 자유마저 없는 처지였을 것이다. 마리아가 살아 있는 동안, 요한은 **'살아남아야 한다는 부담'**으로부터 절대 자유로울 수 없었을 것이다. 그러던 어느 날, 에베소에서 마리아가 이 땅에서의 삶을 다한 후, 본격적으로(살아남아야 한다는 부담 없이) 복음을 전하다가 유배된 밧모섬에서 계시를 받아 요한계시록을 기록했던 것으로 보인다.

그러고 보면, 이 과정이 바로 '보아너게, 곧 우레의 아들'[62]이 '사랑의 사도'로 변하는 과정이었을 것이다. 요한과 같이 누군가를 봉양(奉養)한다는 것은 '자신의 시간을 포기한다는 것'을 의미한다. '자신의 일정을 포기한다는 것'을 의미한다. 자신의 일상을 '자신이 아닌 그가 봉양하는 상대에 맞춘다는 것'을 의미한다. 이것이 무엇을 의미하는지 젊은 세대에게 설명하자면, 아마도 '육아(育兒) 생활'과 비슷한 그 무엇일 것이다. 즉, **누군가를 모시거나 양육한다는 것은 '내 시간의 주도권'을 상대에게 내주는 삶을 의미한다.** 그것은 '자기 성장(?), 자아 성취(?), 자기 주도(?)'를 '삶의 목적 혹은 행복'으로 여기는 현대 사회에서는 '자기희생'으로만 비쳐질 수 있다. 생각해 보라. 누군가를 모시거나 양육하는 사람은 먹고 자는 시간마저 자신이 결정할 수 없다. 심지어 '육아 생활'은 혼자인 경우, 화장실에 가는 것마저 '마음 편한 일'이 아니다.

앞에서 했던 내용을 반복한다. [또 하나의 주장은 마리아가 아주 장수했다는 관점이다. 심지어 예수님의 십자가 이후 약 40년 정도나 더 생존했다는 것이다. 쉽게 말해, 70년경까지 살았다는 주장이다. 요한이 '팔레스타인 지역에서 일어난 로마의 박해'를 피해 마리아를 모시고 에베소로 갔다는 주장이 여기에서 나온다.] 즉, 요한 입장에서는 그의 시간의 주도권을 마리아에게 내어드린 세월이 자그마치 '40년'이었다.

---

[62] "또 세베대의 아들 야고보와 야고보의 형제 요한이니 이 둘에게는 보아너게 곧 우레의 아들이란 이름을 더하셨으며"(마가복음 3:17).

이 부분에서 모세의 '미디안 광야 생활 40년'이 떠오르는 것은 나뿐일까?[63] 모세는 그 세월을 거치는 동안 '애굽의 왕자'에서 '언약 백성의 지도자'로 변모했다. 모세가 바로의 눈을 피해 미디안 광야로 도망갔던 시절, '모세의 아내 십보라'의 눈에 비친 모세의 처음 모습은 분명 '애굽 사람'이었다. "그들이 이르되 **한 애굽 사람이 우리를 목자들의 손에서 건져내고 우리를 위하여 물을 길어 양 떼에게 먹였나이다. 아버지가 딸들에게 이르되, 그 사람이 어디에 있느냐? 너희가 어찌하여 그 사람을 버려두고 왔느냐? 그를 청하여 음식을 대접하라 하였더라. 모세가 그와 동거하기를 기뻐하매, 그가 그의 딸 십보라를 모세에게 주었더니.**"[64] 그렇게 바로의 눈을 피해 미디안 광야로 도망간 모세는 40년간 양을 쳤다. "모세가 그의 장인 미디안 제사장 이드로의 **양 떼를 치더니.**"[65] 더군다나 모세는 목축을 가증히 여기던 애굽의 왕궁에서 자란 사람이었다.[66] 그뿐인가? 모세가 치던 양 떼는 그의 소유도 아니었다. 모세는 그의 장인 이드로의 양 떼를 40년간 쳤다. 무엇 하나 모세 마음대로 할 수 있는 것이 없던 40년이었다. 즉, 40년간 모세는 그의 주도권을 완벽히 박탈당한 상태였다.

그렇게 겉으로 볼 때는 '의미 없이 반복되는 일상'처럼만 보이던 40년이

---

63 "²⁹모세가 이 말 때문에 도주하여 **미디안 땅에서 나그네 되어** 거기서 아들 둘을 낳으니라 ³⁰사십 년이 차매 천사가 시내 산 광야 가시나무 떨기 불꽃 가운데서 그에게 보이거늘"(사도행전 7:29-30).
64 출애굽기 2:19-21
65 출애굽기 3:1 전반절
66 "³³바로가 당신들을 불러서 너희의 직업이 무엇이냐 묻거든 ³⁴당신들은 이르기를 주의 종들은 어렸을 때부터 지금까지 목축하는 자들이온데 우리와 우리 선조가 다 그러하니이다 하소서 애굽 사람은 다 목축을 가증히 여기나니 당신들이 고센 땅에 살게 되리이다"(창세기 46:33-34).

지나자 하나님께서 모세를 부르셨다. **"이제 가라.** 이스라엘 자손의 부르짖음이 내게 달하고 애굽 사람이 그들을 괴롭히는 학대도 내가 보았으니, **이제 내가 너를 바로에게 보내어 너에게 내 백성 이스라엘 자손을 애굽에서 인도하여 내게 하리라."**[67] 무슨 말씀인가? 그렇게 '의미 없어 보이던 일상'을 통과하는 사이 준비가 되었다는 이야기다. '애굽의 왕궁'에서 자란 모세가 '그의 시간의 주도권'을 40년간 양 떼에게 내어준 사이, '언약 백성의 지도자'로 준비가 되었다는 의미다. 비로소 그의 아내 십보라가 말했던 '한 애굽 사람'이 '언약 백성의 지도자'가 된 것이다.[68] 이것이 바로 자신이 아닌 다른 사람의 시간에 맞추어 상대를 봉양하거나 양육하는 사람에게 생기는 변화다. 다른 존재를 섬기는 세월을 통과한 사람만이 뿜어낼 수 있는 범접할 수 없는 향기다. 오랜 세월, '내 시간의 주도권'을 상대에게 내주는 삶을 살아낸 사람에게 주어지는 선물이다.

요한 또한 마찬가지였다. '보아너게 즉, 우레의 아들'로 불렸던 그였다. 사마리아인의 한 마을이 예수님의 일행을 받아들이지 않자, 불을 명하여 하늘로부터 내려 그들을 멸하자고 했던 그였다.[69] 그런 그가 '사랑의 사도'로

---

67 출애굽기 3:9-10
68 이 부분은 하나님의 은혜로 '모세 인물 설교'를 하게 될 때, 좀 더 자세히 다루겠다.
69 "[51]예수께서 승천하실 기약이 차가매 예루살렘을 향하여 올라가기로 굳게 결심하시고 [52]사자들을 앞서 보내시매 그들이 가서 예수를 위하여 준비하려고 사마리아인의 한 마을에 들어갔더니 [53]예수께서 예루살렘을 향하여 가시기 때문에 그들이 받아들이지 아니 하는지라 [54]제자 야고보와 요한이 이를 보고 이르되 주여 우리가 불을 명하여 하늘로부터 내려 저들을 멸하라 하기를 원하시나이까 [55]예수께서 돌아보시며 꾸짖으시고 [56]함께 다른 마을로 가시니라"(누가복음 9:51-56).

불리게 되었다. 요한 첫 번째 단원에서 언급했듯이, '사랑의 사도'라는 별명(別名)은 초대교회 교인들이 붙여준 것이었다. 어떻게 이러한 변화가 가능했을까? 이제는 답할 수 있을 것이다. 모세의 '미디안 광야 40년'과 같이, 요한 또한 십자가 이후 '마리아를 봉양한 40년의 세월'이 있었다. 그 기간 요한의 일상은 마리아를 중심으로 돌아갈 수밖에 없었을 것이다. 쉽게 말해, '보아너게, 곧 우레의 아들'의 '일상의 주도권'이 마리아에게 넘어갔다. 마리아가 식사하는 시간에 맞추어 먹어야 했고, 마리아가 머무르는 곳에 머물러야 했다. 마리아가 움직일 때 같이 움직여야 했고, 마리아가 쉴 때에야 비로소 쉴 수 있었을 것이다. 화가 난다고 반응하듯이 화를 낼 수도 없었고, 자신의 눈에 불의(不義)해 보인다고 마냥 뛰쳐나갈 수도 없었을 것이다. 참아야 했고, 기다려야 했을 것이다. 그 과정을 통하여 하나하나 배워갔을 것이다. '세상이 그렇게 간단하지 않다'는 사실을 배울 수 있었을 것이다. '겉으로 보이는 것이, 그 일이 생긴 원인의 전부가 아니다'는 사실을 알게 되었을 것이다. '겉으로 보이는 해결 방법이 최선이 아니다'는 사실 또한 반복해서 배울 수 있었을 것이다. 아니, 궁극적으로 생명을 살릴 수 있는 '지혜로운 방법'이 무엇인지 체득(體得)할 수 있었을 것이다.

나는 이와 같은 기간을 '나이테가 생기는 시간'이라고 부른다. '아열대 지방의 나무'는 '사계절이 뚜렷한 지역의 나무'보다 겉으로 볼 때 빨리 자란다. 이 두 지방에서 자라는 나무의 중요한 차이는 '나이테'가 있고 없고이다. 누구나 알고 있듯이 '사계절이 뚜렷한 지방에서 자란 나무'는 '나이테'를 가지게 된다. 겨울에 자라지 못한 부분이 줄기에 짙게 남아 나무의 나이를 알려준다. 즉, 나이테는 '겨울마다 자라지 못한 흔적'이다. 당연히 나무 입장에서는 '유쾌하지 못한 추억'일 수 있다. 솔직히 말해, 나이테는 '아픈 세월의 추억'이다.

그러나 '나이테가 있는 나무'는 '나이테가 없는 나무'와는 달리 강풍(強風)에 쉽게 뽑히지 않는 것으로 알려져 있다. 이유는 간단하다. 척박한 그 시간 동안 나무의 뿌리가 땅속 깊이 박히기 때문이다. 태풍이 불 때, 나이테가 있는 나무는 쉽게 뽑히지 않는다. 나이테가 있는 나무가 뽑힐 정도의 태풍이라면, 건물 또한 무사하지 못하다는 것이 일반적인 상식이다. 그렇게 감당하기 힘들 만큼 강한 바람이 부는 경우, 나이테가 있는 나무는 뽑히기보다는 줄기가 둘로 쪼개지는 경향이 있다고 한다. 그렇게 태풍이 지나간 뒤 얼마의 시간이 흐르면 둘로 쪼개진 줄기 사이로 새로운 줄기가 돋아난다고 한다.[70] 오래된 시골 동네 입구에 하나쯤은 서 있을법한 커다란 고목(古木)의 경우, 매끈하게 반듯한 줄기를 가진 경우가 없다. 기본적으로 울퉁불퉁 여러 줄기가 서로 얽히며 자란 흔적이 대부분이다. 그리고 그렇게 얽혀 있는 줄기와 줄기 사이에는 수없이 많은 상처의 흔적이 남겨져 있게 마련이다. 바로 이것이 강한 바람에 줄기가 쪼개지고 다시 새로운 줄기가 돋아난 세월의 흔적이다. 바로 이것이 그 나무가 오랜 세월 그 자리에서 뽑히지 않았다는 증거다. 바로 이것이 그 나무가 오랜 세월 그 자리를 묵묵히 지켜냈다는 반증(反證)이다.

물론 '누군가를 봉양하거나 양육하는 것'이 태풍을 맞는 상황과는 다르지 않냐고 질문할 수도 있다. 그러나 나는 지금 '태풍을 맞는 상황'보다는 '항상

---

[70] 물론 지금처럼 '도시의 가로수'를 관리하는 경우에는 그러한 시간을 가지지 못한다.

그 자리에 그 모습으로 서 있는 나무의 특성'을 말하는 중이다. '누군가를 봉양하거나 양육한다는 것'은 '항상 그 자리에 그 모습으로 서 있어야 한다는 것'을 의미한다. 그리고 그런 세월이 짧은 시간이 아니라면, 과연 그 세월 동안 그곳을 지나는 태풍이 없을 수 있을까? 그런 점에서, '좋은 봉양자(奉養者)는, 좋은 양육자(養育者)'는 뛰어나기보다는 한결같아야 한다.

"또 그 제자에게 이르시되 **보라 네 어머니라** 하신대 그때부터 그 제자가 자기 집에 모시니라."[71] 즉, 예수님의 이 말씀은 요한에게 이와 같은 시간을 '40년간 한결같은 모습으로 통과하라는 의미'였다. 그 결과, 요한은 말년(末年)에 모든 초대교회 교인들로부터 '사랑의 사도'라고 불리게 되었다. 즉, 요한에게 허락된 40년의 세월은 그에게 '뽑히지 않는 강인함과 넉넉한 품'을 선물로 남겼다. 그것은 요한이 견디어 낸 '40년의 삶에 대한 선물'이었다.

그리고 오래된 시골 동네 입구에 하나쯤은 서 있을법한 커다란 고목(古木)의 또 하나의 특징은 '매미와 새 등 여러 생명체가 깃든다'는 것이다. '수많은 생명'이 그 나무에 기대어 삶을 유지한다는 것이다. '아열대 지방에서 자란 매끈한 나무'에 깃드는 생명체는 많지 않다. 그렇게 매끈한 모양을 가진 나무에 깃든 생명체는 외부 위험에 쉽게 노출되기 때문이다. 매끈한 나무에 자리한 새 둥지는 멀리서도 눈에 쉽게 띄게 마련이다. 즉, 그런 나무는 모진 세월과 상처를 품은 거목(巨木)과 달리 '강하고 넉넉한 품'을 제공하지 못한다. 그러나 오래된 시골 동네 입구에 하나쯤은 서 있을법한 커다란 고목(古木)에 자리를 잡은 둥지는 그 나무 아래 서서 오랫동안 위를 올려다보아야만

---

71 요한복음 19:27

찾을 수 있다. 그것마저도 둥지에서 나는 소리와 움직임이 없는 경우, 그 전부를 찾을 수도 없다. 그 결과 자연스럽게, 작고 약할수록 숨겨지고 크고 강해진 후에야 세상에 존재를 드러낼 수 있는 넉넉한 품이 되어준다.

요한 또한 마찬가지였다. 마리아를 모신 40년의 세월을 통과한 뒤, '예수님께서 사랑하시는 그 제자(요한)'는 '극심한 기독교 박해 시기, 초대교회 입구에 굳건히 서 있는 품 넓은 나무'가 되어 있었다. 그의 40년에 걸친 '사랑의 수고'가 그를 '초대교회 입구에 굳건히 서 있는 품 넓은 나무'로 성장시킨 것이다. 그리고 초대교회 교인들은 그 나무를 '사랑의 사도'라고 불렀다.

예수께서 사랑하시는 그 제자

앞 단원에는 '십자가 이후 40년간 마리아를 모신 요한의 상황'을 근거로 '요한이 기록한 성경의 기록 순서'를 추적했었다. 그리고 그 세월이 어떻게 요한을 '보아너게, 곧 우레의 아들'에서 '사랑의 사도'로 성장시켰을지에 대해 살펴보았다. 이제 우리는 세 단원에 걸쳐 '요한복음을 쓸 당시의 요한, 요한서신을 기록할 당시의 요한, 요한계시록의 계시를 받을 당시의 요한'을 살펴볼 것이다. 내가 '성경 인물 이야기'를 하는 목적은 항상 동일(同一)하다. 직접 성경을 읽고 싶은 마음이 생기길 바라기 때문이다. 익숙한 친구가 있는 장소에는 발길이 가는 법, 성경에 기록된 인물이 익숙해졌으면 하는 마음에서다. 즉, 세 번의 시도가 끝난 뒤, 요한이 이전보다 좀 더 가깝게 느껴진다면 성공이다. 그 결과, 하나님께서 요한을 통해 주신 성경이 읽어보고 싶은 마음이 든다면 내 목표는 성취된 것이다.

그러면 이제 시작해 보자. 이번 단원은 '요한복음을 쓸 당시의 요한'에 대한 이야기다. 그 시기, 요한의 마음이 '요한복음의 핵심 메시지(message)'[72]에 어떤 영향을 주었는지 살펴보려 한다. 이제 우리는 '요한의 첫 작품'[73]인 요한복음에 '요한이 스스로를 가리켜 붙인 명칭(名稱)'에 대해 살펴볼 것이다. 나는 요한 첫 번째 설교문을 이렇게 시작했었다.

[이제 **사랑의 사도, 요한**'에 대한 이야기를 시작하려고 한다. 그런데 '요한'은 처음부터 '사랑의 사도'로 불렸을까? '성경 인물 이야기'를 들어온 지체들이라면, 이제는 알 것이다. 당연히 그랬을 리가 없다. 우리가 성경을 통하여 배우는 것은 바로 이것이다. 성경에 등장하는 '하나님의 사람들'은 모두 성장한다. 우리는 성경을 통하여 하나님의 사람들의 '성장 드라마(drama)'를

---

[72] "¹⁶하나님이 세상을 이처럼 사랑하사 독생자를 주셨으니 이는 그를 믿는 자마다 멸망하지 않고 영생을 얻게 하려 하심이라 ¹⁷하나님이 그 아들을 세상에 보내신 것은 세상을 심판하려 하심이 아니요 그로 말미암아 세상이 구원을 받게 하려 하심이라"(요한복음 3:16-17).

[73] "성경은 100% 하나님의 작품인 동시에 100% 성경 기자의 작품이다. 그러므로 성경은 100% 참 하나님의 말씀이다." 즉, "요한복음은 100% 하나님의 작품인 동시에 100% 사도 요한의 작품이다. 그러므로 요한복음은 100% 참 하나님의 말씀이다." 쉽게 말해, 요한복음에는 '완전하지 못한 요한의 존재와 삶'이 오롯이 녹아 있다. 그럼에도 불구하고, 요한복음은 '하나님의 어떠하심(속성)과 하나님의 뜻'을 전혀 훼손하지 않고 우리에게 전달한다. 이것이 가능한 것은(유한한 인간의 언어적 한계에도 불구하고 무한하신 하나님의 속성과 뜻을 오류 없이 전달할 수 있는 것은) 성경이 '말씀의 영'이신 '성령 하나님의 영감'으로 기록되었기 때문이다. 즉, 성경이 오류가 없는 이유는 성경의 '원(原)저자'이신 '성령 하나님'이 오류가 없으신 분이시기 때문이다. 거기에 더해 구원받은 하나님의 백성은 요한복음을 읽을 때, 그의 안에 내주(內住)하시는 성령 하나님께서 비추어 주시는 빛을 통하여 말씀을 깨닫고 수납(受納)하게 된다. 이것이 바로 '온전하지 못한 성경 기자'를 통해 기록된 성경이 오류가 없는 이유이다. 이것이 바로 전지전능(全知全能)하신 하나님의 위대하심이며 은혜다. 그런 점에서, 세상에 없는 것까지도(유한을 넘어 무한까지도) 증언하는 성경 말씀은 '신비'다. 바로 이 '신비'는 오직 '믿음'으로만 받아들여질 수 있으며, 구원받은 하나님의 백성의 '고백'을 통해서만 표현될 수 있다. 이때 '고백'이라는 단어의 뜻은 '함께 말하다'이다. 그렇다면 구원받은 하나님의 백성은 누구와 함께 말하는 것일까? 바로 우리 안에 내주(內住)하시는 '성경의 원저자이자 말씀의 영이신 성령 하나님'과 함께 말하는 것이다.

접하게 된다. '보아너게, 곧 우레의 아들'이라는 별명(別名)을 가졌던 요한이었다. 즉, 요한의 처음 성품은 '사랑'과는 거리가 있었다. 그랬던 요한을 '사랑의 사도'라고 부르는 데 있어서 초대교회 교인들은 주저함이 없었다. '사랑의 사도'라는 또 하나의 별명은 초대교회 교인들이 붙여준 것이었다.]

그랬던 요한이 그의 첫 작품에서 스스로를 가리켜 '예수께서 사랑하시는 그 제자'라고 이름하고 있다. 그렇게 놓고 보면, 요한의 경우도 어김없이 그의 '사랑의 시작점'은 하나님이셨다. 우리는 사랑받아야 사랑할 수 있는 존재다. 사랑받아야만 피어날 수 있는 존재다. 그렇다면 사랑이란 무엇일까? 사랑이란 얼마나 큰 것일까? 흔히 하는 말로 '사랑은 솜사탕이다'라는 말과 '사랑은 눈물의 씨앗이다'라는 말이 회자(膾炙)되곤 한다. 이렇게 모순되어 보이는 표현이 양립(兩立)할 수 있는 것은, 그만큼 사랑이라는 개념이 우리 유한(有限)한 인간의 언어로 담기에는 너무 크다는 반증(反證)이다. 더군다나 방금 예로 든 모순되어 보이는 두 개의 표현은 '사람 사이의 사랑'에 대한 비유다. 하물며 이와 비교할 수조차 없는 '하나님의 사랑'은 얼마나 깊을까? 그 무게는 얼마나 무거운 것일까? 이번 시간은 요한이 스스로를 가리켜 이름했던 '예수께서 사랑하시는 그 제자'라는 명칭의 깊이와 무게를 추적해 보려 한다. 그리고 그 사랑의 깊이와 무게가 어떻게 요한에게 극심한 박해 속에서도 살아내는 힘이 되었는지 살펴보려 한다.

[21]예수께서 이 말씀을 하시고 심령이 괴로워 증언하여 이르시되 내가 진실로 진실로 너희에게 이르노니 너희 중 하나가 나를 팔리라 하시니

²²제자들이 서로 보며 누구에게 대하여 말씀하시는지 의심하더라 ²³예수의 제자 중 하나 곧 **그가 사랑하시는 자가 예수의 품에 의지하여 누웠는지라** ²⁴시몬 베드로가 머릿짓을 하여 말하되 말씀하신 자가 누구인지 말하라 하니 ²⁵그가 예수의 가슴에 그대로 의지하여 말하되 주여 누구니이까(요한복음 13:21-25)

'최후의 만찬' 장소에서 있었던 일이다. 세족식(洗足式) 후, '세족식의 의미와 권면(勸勉)'을 하시는 가운데[74] 하셨던 말씀이다. 그 말씀이 열두 제자 모두에게 하시는 것이 아니라는 사실을 밝힌 뒤에 하셨던 말씀이다. "내가 너희 모두를 가리켜 말하는 것이 아니니라. 나는 내가 택한 자들이 누구인지 앎이라. 그러나 **내 떡을 먹는 자가 내게 발꿈치를 들었다 한 성경을 응하게 하려는 것이니라.** 지금부터 일이 일어나기 전에 미리 너희에게 일러 둠은 일이 일어날 때에 내가 그인 줄 너희가 믿게 하려 함이로라."[75] 예수님께서 말씀하신 '발꿈치를 들었다'라는 표현은 '배신'뿐 아니라 '경멸을 표현하는 문화적 표시'였다.

예수님의 이 말씀을 듣는 순간, 구약에 밝은 제자가 있었다면 '다윗의 시

---

[74] "¹²그들의 발을 씻으신 후에 옷을 입으시고 다시 앉아 그들에게 이르시되 내가 너희에게 행한 것을 너희가 아느냐 ¹³너희가 나를 선생이라 또는 주라 하니 너희 말이 옳도다 내가 그러하다 ¹⁴내가 주와 또는 선생이 되어 너희 발을 씻었으니 너희도 서로 발을 씻어 주는 것이 옳으니라 ¹⁵내가 너희에게 행한 것 같이 너희도 행하게 하려 하여 본을 보였노라 ¹⁶내가 진실로 진실로 너희에게 이르노니 종이 주인보다 크지 못하고 보냄을 받은 자가 보낸 자보다 크지 못하나니 ¹⁷너희가 이것을 알고 행하면 복이 있으리라"(요한복음 13:12-17).

[75] 요한복음 13:18-19

편'을 떠올렸을 것이다. "내가 신뢰하여 **내 떡을 나눠 먹던 나의 가까운 친구도 나를 대적하여 그의 발꿈치를 들었나이다.**"[76] 참고로 유대인들은 절대 배신해서는 안 되는 상대로 둘을 꼽았다고 전해진다. 첫 번째는 '떡을 나누어 먹는 사이'로 식사를 같이하는 사이였다. 두 번째는 입맞춤으로 인사하는 사이였다. "말씀하실 때에 한 무리가 오는데, 열둘 중의 하나인 **유다라 하는 자가 그들을 앞장서 와서 예수께 입을 맞추려고 가까이하는지라. 예수께서 이르시되 유다야 네가 입맞춤으로 인자를 파느냐** 하시니."[77] 그러니 가룟 유다의 배신은 예수님 당시 문화에서는 있을 수 없는 일이었다.[78]

물론 모든 배신은 '아픈 경험'이다. 하지만 배신에 대한 아픔이 전부 '같은 크기'는 아니다. '정서적인 거리가 가까울수록' 그 아픔이 커지는 것은 어쩔 수 없는 일이다. '정서적인 크기가 클수록' 그 아픔이 잔인한 것은 어쩔 수 없는 일이다. 뼈를 녹이는 아픔이 무엇인지 처절히 경험할 수 있는 것이 '배신의 경험'이다.

"예수께서 이 말씀을 하시고 심령이 괴로워 증언하여 이르시되 내가 진실로 진실로 너희에게 이르노니 너희 중 하나가 나를 팔리라 하시니." 물론 가룟 유다의 배신은 성경에 예언된 일이었다. 그러나 공생애 기간 내내 함께 떡을 나누고 입맞춤으로 인사하던 가룟 유다의 배신은 예수님의 심령을 후벼팠다. 성육신(成肉身)하신 이후, 인성(人性)을 따라서는 '우리와 동일본질(同一本質)'이신 예수님이셨다. 그러니 예수님께서 인성을 따라 느끼셔야 했

---

[76] 시편 41:9
[77] 누가복음 22:47-48
[78] 물론 지금도 마찬가지긴 하다.

던 감정은 우리와 같을 수밖에 없었다. 그런 점에서, 가룟 유다의 배신에 대한 예수님의 아픔을 가늠하는 것은 어렵지 않다. 이러한 예수님의 심적(心的)인 고통은 우리의 구원을 위한 것이었다.

더군다나 예수님은 열두 제자를 확정하시기 전날 밤, 밤이 새도록 기도하셨었다. "이때에 예수께서 기도하시러 산으로 가사 밤이 새도록 하나님께 기도하시고, 밝으매 그 제자들을 부르사 그중에서 열둘을 택하여 사도라 칭하셨으니."[79] 생각해 보라. 열두 제자를 확정하시기 전날 밤, 예수님께서는 밤이 새도록 기도하셨다. 그렇다면 예수님께서 '밤이 새도록 기도하신 내용'은 무엇이었을까? 설마 '열둘 중 한 명은 저를 배신하게 해주세요'였을까? 그럴 리가 없지 않은가? 물론 예수님은 신성(神性)을 따라서는 '전지전능(全知全能)하신 성자 하나님'이셨다. 그러므로 예수님은 그들 중 누가 배신자가 될지 분명히 알고 계셨다.[80] 그러나 인성(人性)을 따라서는 그렇게 되지 않기를 간절히 바라셨을 것이 분명하다.[81]

이 부분을 교리적으로 좀 더 설명하자면 이러하다. 지난 단원에서 설명했던 '위격적 연합 교리'를 떠올리면 좀 더 이해가 쉬울 것이다. '가룟 유다

---

[79] 누가복음 6:12-13
[80] "내가 너희 모두를 가리켜 말하는 것이 아니니라 **나는 내가 택한 자들이 누구인지 앎이라** 그러나 내 떡을 먹는 자가 내게 발꿈치를 들었다 한 성경을 응하게 하려는 것이니라"(요한복음 13:18).
[81] "조금 나아가사 얼굴을 땅에 대시고 엎드려 기도하여 이르시되 내 **아버지여 만일 할 만하시거든 이 잔을 내게서 지나가게 하옵소서** 그러나 나의 원대로 마시옵고 아버지의 원대로 하옵소서 하시고"(마태복음 26:39).

의 배신'을 신성(神性)을 따라서 미리 아신 것도 '**예수님께서 아신 것**'이었다. 인성(人性)을 따라서 그렇게 되지 않기를 간절히 바라신 것 또한 '**예수님께서 바라신 것**'이었다. 즉, 성육신하신 이후, 이렇게 엇갈리는 상황은 반복되었다. 예수님의 지상 사역 가운데 이렇게 모순되어 보이는 상황은 반복되었다. 이러한 모순 가운데, 예수님께서 겪으셔야만 했을 아픔에 대해 깊이 묵상해 보길 바란다. 신학자들은 이러한 모순 때문에 겪으셔야 했던 예수님의 아픔을 '소극적 고난'이라고 칭(稱)한다. 이 말은 '예수님의 적극적 고난'인 '십자가 고난'과 대비되는 용어다.[82]

"예수께서 이 말씀을 하시고 심령이 괴로워 증언하여 이르시되." 그러니 예수님의 심령은 말할 수 없는 통증과 괴로움에 시달리고 계셨다. "유월절 전에 예수께서 자기가 세상을 떠나 아버지께로 돌아가실 때가 이른 줄 아시고 **세상에 있는 자기 사람들을 사랑하시되 끝까지 사랑하시니라**."[83] 성경에 기록된 것과 같이, 예수님은 '가룟 유다'마저 끝까지 사랑하셨다. 그러니 '사랑하는 사람의 배신'이 얼마나 아프셨을지, 인생을 살아본 지체들은 어느 정도 가늠할 수 있으리라 믿는다. "내가 진실로 진실로 너희에게 이르노니 너희 중 하나가 나를 팔리라." 그런 점에서 볼 때, 예수님의 이 말씀은 '가룟

---

[82] 예수님의 '십자가 고난'을 '적극적 고난'이라고 이름하는 것은 중요하다. 예수님은 공생애 중 어쩌다 보니 의도치 않게 '정치적 상황'에 휘말려 십자가에 달리신 것이 아니다. 예수님은 이 일을 위해 이 땅에 오셨다.: "[32]예루살렘으로 올라가는 길에 **예수께서 그들 앞에 서서 가시는데 그들이 놀라고 따르는 자들은 두려워하더라** 이에 다시 열두 제자를 데리시고 자기가 당할 일을 말씀하여 이르시되 [33]보라 우리가 예루살렘에 올라가노니 인자가 대제사장들과 서기관들에게 넘겨지매 그들이 죽이기로 결의하고 이방인들에게 넘겨 주겠고 [34]**그들은 능욕하며 침 뱉으며 채찍질하고 죽일 것이나 그는 삼 일 만에 살아나리라** 하시니라"(마가복음 10:32-34).
[83] 요한복음 13:1

유다'에게 기회를 주는 말씀이었다. 아직도 늦지 않았다는 것이었다. 신성(神性)을 따라서는 그의 결국을 분명히 알고 계셨지만, 인성(人性)을 따라서는 간절히 바라시면서 하신 말씀이었다. 피조물(被造物)인 우리도 그러할 때가 있지 않은가? 일의 결국을 알지만, 간절히 바랄 때가 있지 않은가? 전지전능(全知全能)하신 성자 하나님은 그렇게 이 땅에 오셔서 일의 결국을 아셨지만, 간절히 바라셨다.[84] 그 모든 것은 우리의 구원을 위한 것이었다.

물론 이 부분에서 이런 질문이 나올 수 있다. "가룟 유다가 예수님을 판 것은 정해진 것이잖아요. 그러니까 가룟 유다도 어쩔 수 없는 일 아닌가요? 가룟 유다가 예수님을 팔지 않았다면, 예수님은 십자가에 어떻게 달리실 수 있나요?" 정말이지, 쓸데없는 질문이다. 쓸모없는 걱정이다. 기억하라. 삼위일체 하나님은 전지전능(全知全能)하시다. 즉, '가룟 유다'가 그 자리에서 회개(悔改)해도 삼위일체 하나님은 구약의 모든 예언을 성취하시면서 십자가를 완성하실 수 있으셨다. 물론 구체적으로 어떤 방법을 통하여 그렇게 하셨을지는 우리로서는 알 수 없다.[85] 그러나 한 가지 사실은 분명하다. '가룟 유다'가 아니었어도 하나님은 구약의 모든 예언과 십자가를 완성하실 수

---

84 "[15]우리에게 있는 대제사장은 우리의 연약함을 동정하지 못하실 이가 아니요 **모든 일에 우리와 똑같이 시험을 받으신 이로되 죄는 없으시니라** [16]그러므로 우리는 긍휼하심을 받고 때를 따라 돕는 은혜를 얻기 위하여 은혜의 보좌 앞에 담대히 나아갈 것이니라"(히브리서 4:15-16).: 우리의 '중보자'가 되시기 위하여 성자 하나님이신 예수님께서 이 땅에 오셔서 겪으셔야만 했던 고난을 묵상해 보자.
85 "하나님이 모든 것을 지으시되 때를 따라 아름답게 하셨고 또 사람들에게는 영원을 사모하는 마음을 주셨느니라 그러나 **하나님이 하시는 일의 시종을 사람으로 측량할 수 없게 하셨도다**"(전도서 3:11).: 이 말씀을 깊이 묵상해 보기를 바란다.

있으셨다.

"내가 너희 모두를 가리켜 말하는 것이 아니니라. 나는 내가 택한 자들이 누구인지 앎이라." 어찌됐든, 제자들은 여기까지는 주의 깊게 듣지 않았던 것 같다. 요한 첫 번째 단원에서 자세히 다루었듯이, 그 시기 그들의 관심은 오로지 "누가 크냐?"에 있었다. **"내가 진실로 진실로 너희에게 이르노니 너희 중 하나가 나를 팔리라."** 그러나 이 부분에서 잠시 정신이 들었던 것으로 보인다. 제자들은 서로의 얼굴을 보며 예수님의 이 말씀이 누구에 대한 것인지 의심했다. "예수의 제자 중 하나 곧 **그가 사랑하시는 자가** 예수의 품에 의지하여 누웠는지라. 시몬 베드로가 머릿짓을 하여 말하되 말씀하신 자가 누구인지 말하라 하니." 그렇게 제자들이 술렁거리기 시작하자, 베드로가 '예수님의 품에 의지하여 누워 있던, 예수님께서 사랑하시는 제자'에게 머릿짓을 했다. 신학자들은 모두 '이때 예수님의 품에 의지하여 누워 있던 제자'는 요한이었다고 말한다. 즉, 요한복음에 기록된 "예수님께서 사랑하시는 그 제자"는 '요한'이라는 주장이다.[86] 성경 말씀에 대한 신학자들의 주장 중, 이만큼 '이견(異見)이 없는 부분'도 없을 것이다. "말씀하신 자가 누구인지 말하라." 베드로다운 반응이었다. 예상치 못한 말을 들었을 때, 당황스러운 말을 들었을 때, 대다수의 사람들은 제자들과 같이 술렁거리게 된다.

---

[86] "²⁶예수께서 자기의 어머니와 **사랑하시는 제자가** 곁에 서 있는 것을 보시고 자기 어머니께 말씀하시되 여자여 보소서 아들이니이다 하시고 ²⁷또 그 제자에게 이르시되 보라 네 어머니라 하신대 그때부터 그 제자가 자기 집에 모시니라"(요한복음 19:26-27). "**예수께서 사랑하시는 그 제자가** 베드로에게 이르되 주님이시라 하니 시몬 베드로가 벗고 있다가 주님이라 하는 말을 듣고 겉옷을 두른 후에 바다로 뛰어 내리더라"(요한복음 21:7). "베드로가 돌이켜 **예수께서 사랑하시는 그 제자가** 따르는 것을 보니 그는 만찬석에서 예수의 품에 의지하여 주님 주님을 파는 자가 누구오니이까 묻던 자더라"(요한복음 21:20).

그리고 그중 일부, 베드로와 같은 성정(性情)[87]을 가진 소수의 사람만이 직접 나서는 경향이 있다.

> [26]예수께서 대답하시되 내가 떡 한 조각을 적셔다 주는 자가 그니라 하시고 곧 한 조각을 적셔서 가룟 시몬의 아들 유다에게 주시니 [27]조각을 받은 후 곧 사탄이 그 속에 들어간지라 이에 예수께서 유다에게 이르시되 네가 하는 일을 속히 하라 하시니 [28]이 말씀을 무슨 뜻으로 하셨는지 그 앉은 자 중에 아는 자가 없고 [29]어떤 이들은 유다가 돈궤를 맡았으므로 명절에 우리가 쓸 물건을 사라 하시는지 혹은 가난한 자들에게 무엇을 주라 하시는 줄로 생각하더라 [30]유다가 그 조각을 받고 곧 나가니 밤이러라(요한복음 13:26-30)

"주여, 누구니이까?" 베드로의 요구에 요한이 예수님께 질문했다. 여전히 예수님의 가슴에 의지한 채였다. 즉, 요한은 온전히 몸을 돌려 예수님의 얼굴을 제대로 바라보지도 않은 채, 베드로의 질문을 옮겼다. 우리는 이 짧은 몇 개의 문장을 통하여 '평소 요한과 예수님의 관계'를 쉽게 유추할 수 있다. 정말이지, 둘은 아주 '막역한 사이'[88]였다.

"주여, 누구니이까?" 그러자 예수님이 답하셨다. "내가 떡 한 조각을 적셔다 주는 자가 그니라." 그리고는 '가룟 유다'에게 떡 한 조각을 적셔서 주

87　타고난 본성, 성품
88　'허물없이 매우 친한 사이' 혹은 '거스를 게 없는 사이'

셨다. 이 또한 '예수님의 마지막 간절한 소망이 담긴 행동'이었다. '가룟 유다'에게 다시 한번 돌이킬 기회를 주신 것이다. 다른 제자들은 몰라도, '가룟 유다'만큼은 예수님의 이 말씀과 행동이 무엇을 의미하는지 분명히 인식하고 있었을 것이다. 그러나 떡 조각을 받은 후에도 '가룟 유다'의 마음에 변화가 없다는 사실을 확인한 예수님이 말씀하셨다. "네가 하는 일을 속히 하라." 그리고 예수님께서 이 말씀을 무슨 뜻으로 하셨는지 그때 그 자리에 앉은 자 중에는 아는 자가 없었다고 요한은 증언하고 있다. 즉, 요한도 그때는 그 뜻을 몰랐다는 이야기다. 이 일을 기록한 요한 또한 훗날 성령 하나님의 내주(內住)하심을 받은 다음에야 깨닫게 되었을 것이다.[89]

"어떤 이들은 유다가 돈궤를 맡았으므로 명절에 우리가 쓸 물건을 사라 하시는지 혹은 가난한 자들에게 무엇을 주라 하시는 줄로 생각하더라." 이 증언을 통해서도 우리는 갈릴리에서 예루살렘으로 오는 내내 '누가 크냐?'를 두고 싸웠던 제자들의 심리 상태를 가늠할 수 있다. 즉, 최후의 만찬이 끝나갈 때까지도 제자들은 '위기의식(危機意識)'이 전혀 없었다. 앞에서 했던 말을 반복한다. ["내가 너희 모두를 가리켜 말하는 것이 아니니라. 나는 내가 택한 자들이 누구인지 앎이라." 어찌됐든, 제자들은 여기까지는 주의 깊게 듣지 않았던 것 같다. 요한 첫 번째 단원에서 자세히 다루었듯이, 그 시기 그들의 관심은 오로지 "누가 크냐?"에 있었다. **"내가 진실로 진실로 너희**

---

[89] "보혜사 곧 아버지께서 내 이름으로 보내실 성령 그가 너희에게 모든 것을 가르치고 **내가 너희에게 말한 모든 것을 생각나게 하리라**"(요한복음 14:26).: 물론 겟세마네 동산에서 드러난 '가룟 유다의 배신'으로 제자들은 그때 예수님을 팔 자가 누구인지 밝히 알았을 것이다. 즉, "훗날 성령 하나님의 내주(內住)하심을 받은 다음에야 깨닫게 되었을 것이다"라는 표현은, 구약의 예언까지를 포함한 '가룟 유다의 배신과 연관된 포괄적인 의미에 대한 깨달음'을 의미한다.

에게 이르노니 너희 중 하나가 나를 팔리라." 그러나 이 부분에서 잠시 정신이 들었던 것으로 보인다.] 즉, 인용한 마지막 문장을 **"갑자기 정신이 번쩍** 든 것으로 보인다"가 아니라 "잠시 정신이 든 것으로 보인다"라고 표현한 이유는 '제자들의 위기의식' 때문이다. 분명 '가룟 유다'의 배신 예고는 제자들의 주의를 잠시 끌었던 것으로 보인다. 하지만, 이내 그들은 그 일에 관심을 껐다는 것을 알 수 있다. 그렇게 최후의 만찬이 끝나갈 때까지도 제자들은 '예수님의 십자가'에 아예 관심이 없었다. 물론 이러한 제자들의 모습이 한없이 한심해 보일 수 있다. 하지만 지금 우리는 다를까? 쉽지 않은 이야기다. 그렇다면 우리 또한 수많은 '가룟 유다'와 섞여 있지만, 아무 생각 없이 살고 있는 것은 아닐까? 아니, 좀 더 적나라하게 표현하자면, 21세기 대한민국에서 우리는 '신앙생활'이 아니라 '사회생활'을 하고 있는 것은 아닐까?[90] **"유다가 그 조각을 받고 곧 나가니 밤이러라."** 그리고 그렇게 '가룟 유다'는 그의 길로 가버렸다.

이쯤 해서, 기억을 상기시킬 필요가 있다. 우리는 지금 '가룟 유다'가 아니라 '사도 요한'에 대해 알아보는 중이다. '가룟 유다'에 대해서는, 나중에 하나님께서 기회를 주시면 따로 다루겠다. **"예수의 제자 중 하나 곧 그가 사랑하시는 자가 예수의 품에 의지하여 누웠는지라."** 요한은 예수님이 가장 사랑하셨던 제자였다. 더군다나 이러한 사실은 다른 사람이 아닌 바로 '요

---

[90] 지금 내가 하는 말의 뜻을 아는 성도가 얼마나 있을까? 아니, 사역자가 얼마나 있을까? 결국 이러한 사회생활이(신앙생활이 아니라) 우리 한국 교회 내에 수많은 '가룟 유다'를 만들어 내는 것은 아닐까?

한'의 기록을 통해 전해졌다.

그러니 던지는 질문이다. 성경의 기록을 볼 때, 예수님께서 요한을 특별히 사랑하셨던 것은 분명해 보인다. 더군다나 그러한 사실을 우리는 요한의 입을 통해 전해 듣고 있다. **"사실은 예수님이 나를 가장 사랑하셨어!"** 그렇다면, 이런 말은 보통 '어느 나이대(帶)의 사람들'이 하는 이야기일까? 모두가 알고 있듯이, 이런 말은 주로 '어린아이들'이 하는 말이다. 그러니 던지는 질문이다. 정말, 요한은 요한복음을 기록할 때까지도 철이 없어서 그렇게 말한 것일까? 철이 덜 들어서 그렇게 말한 것일까? 이제는 누구나 동의할 수 있듯이, 그럴 리가 없지 않은가? 요한복음은 마리아가 이 땅에서의 삶을 다한 후에 기록되었다. 즉, 앞 단원에서 다루었던 '40년의 세월'이 지난 후에 기록되었다. 그렇다면 이 말에는 '어떤 깊이와 무게'가 숨겨져 있는 것일까? **이번에는 바로 '그 깊이와 무게'를 추적해 나가려 한다.**

'요한복음'은 요한이 '에베소교회'에서 사역할 때 기록한 것으로 알려져 있다. 물론 다른 주장을 하는 신학자들 또한 차고도 넘친다. 기록 장소 또한 '팔레스타인 부근 수리아'[91]에서 기록했다는 주장으로부터 심지어는 '북아프리카의 알렉산드리아'에서 기록했다는 주장까지 다양하다. 그런데 이렇게 다양한 주장 가운데 공통된 지점이 하나 있다. 그것은 예루살렘에서 요한복음을 기록했다는 주장이 없다는 사실이다. 교회사에 따르면, 요한의 주요 사역지는 '예루살렘과 에베소 그리고 밧모섬'이었던 것으로 전해진다. 그

---

[91] 사도 바울의 모교회인 '안디옥 교회'가 있던 지역

렇다면 요한복음의 기록 장소는 어디일 가능성이 가장 높을까? 당연히 밧모섬도 아닐 것이다. 밧모섬은 '요한계시록'과 관련된 장소다. 그렇다면 요한의 주요 사역지 중 남는 장소는 한 곳뿐이다. 바로 '에베소'.

그렇게 놓고 보면, 요한복음은 최소한 60년대에는 기록되지 않았을 것이다. 앞 단원에서 자세히 추적했듯이, 요한과 마리아가 '제1차 유대-로마 전쟁'이 시작되던 66년경에 에베소로 옮겨갔다면, 요한복음은 아무리 빨라도 60년대에는 기록되지 않았을 것이다. 물론 66년경에 에베소에 가자마자 요한복음을 기록했을지 어떻게 아냐고 한다면 할 말은 없다. 요한복음의 '저작(著作) 시기'에 대해서는 '예루살렘이 멸망하기 전인 60년대라는 주장'과 '80년대라는 주장' 이렇게 둘이 존재한다. 그런데 요한복음이 '60년대에 기록되었다는 주장의 근거'는 전적으로 '제1차 유대-로마 전쟁'에 대한 언급이 없다는 것 때문이다. 즉, '제1차 유대-로마 전쟁'을 겪기 전에 기록했으니까 '제1차 유대-로마 전쟁'에 대한 언급이 없다는 주장이다. 과연 그럴까? 이러한 주장을 하는 사람들은 요한복음에 기록된 시제(時制)[92]를 근거로 들기도 한다.

> ^{1}그 후에 유대인의 명절이 되어 예수께서 예루살렘에 올라가시니라 ^{2}**예루살렘에 있는 양문** 곁에 히브리 말로 **베데스다라 하는 못이 있는데** 거기 행각 다섯이 있고 ^{3}그 안에 많은 병자, 맹인, 다리 저는 사람, 혈기 마른 사람들이 누워 [물의 움직임을 기다리니 ^{4}이는 천사가 가끔 못에 내

---

[92] 과거, 현재, 미래의 시점

려와 물을 움직이게 하는데 움직인 후에 먼저 들어가는 자는 어떤 병에 걸렸든지 낫게 됨이러라] ⁵거기 서른여덟 해 된 병자가 있더라(요한복음 5:1–5)

즉, 그들은 티투스에 의해 예루살렘이 멸망한 70년 후에 요한복음이 기록되었다면 "베데스다 하는 못이 **있는데**"가 아니라 "베데스다 하는 못이 **있었는데**"로 기록되어야 한다고 주장한다. 쉽게 말해 "베데스다 하는 못이 **있는데**"로 기록되었으니, 요한복음은 예루살렘이 멸망하기 전인 60년대에 기록되었다는 주장이다. 베데스다 못이 없어지기 전인 60년대에 기록되었다는 주장이다. 이러한 주장에 대한 내 생각은 뭐랄까? "글쎄다"이다. 이들의 말대로 하자면, 요한복음이 80년대에 기록되었다면 베데스다 연못 뿐 아니라 "예루살렘에 **있는** 양문" 또한 "예루살렘에 **있었던** 양문"이 되어야 하지 않을까? 80년대의 예루살렘은 이미 폐허가 된 상황이었으니 말이다. 같은 논리로 "예루살렘" 또한 **"이전에 예루살렘이 있던 자리"**라고 해야 하지 않을까? 쉽게 말해, 요한복음이 60년대, 그러니까 예루살렘이 멸망하기 전에 기록되었다고 주장하는 신학자들의 논리대로 하자면 세상에 나온 모든 기록물의 연대는 어떻게 되어야 하는 것일까? 표현을 어떻게 고쳐야 할까? 그런 점에서 '요한복음의 저작(著作) 시기'를 80년대로 보는 신학자들의 주장에 나는 동의한다.[93]

---

[93] 참고로, 내가 신학자들의 주장에 분명하게 동의하지 못하는 경우는 딱 한 경우다. 성경에 신학자들의 주장과 다른 근거가 발견되었을 때뿐이다. 이 경우는, 절대다수의 신학자들이 주장하는 것이라 할지라도 절대 동의할 수 없다. 이런 경우, 신학자들이 그들의 주장을 수정해야 한

예수께서 사랑하시는 그 제자

요한은 예수님의 열두 제자 중 '가장 어린 제자'였다. 그 성경적 근거를 우리는 '십자가 옆에 서 있던 요한의 모습'에서 찾을 수 있다. 예수님 당시, 십자가형이 집행되는 곳에는 '여성과 미성년의 남자아이들'만 출입할 수 있었다.

> ²⁵**예수의 십자가 곁에는** 그 어머니와 이모와 글로바의 아내 마리아와 막달라 마리아가 섰는지라 ²⁶**예수께서 자기의 어머니와 사랑하시는 제자가 곁에 서 있는 것을 보시고** 자기 어머니께 말씀하시되 여자여 보소서 아들이니이다 하시고 ²⁷또 그 제자에게 이르시되 보라 네 어머니라 하신대 **그때부터 그 제자가 자기 집에 모시니라**(요한복음 19:25-27)

예수님의 십자가 이후, 요한이 마리아를 봉양(奉養)하게 된 계기에 대한 기록이다. 요한 첫 번째 단원에서 우리는 십자가 부근에 서 있던 여인들의 명단에 대해 살펴보았다. 이를 통해 우리는 마리아가 '요한의 이모'였다는 사실을 알 수 있었다. 그리고 '마태복음과 마가복음의 기록'과 '요한복음의 기록' 사이에 약간의 차이가 있음을 알 수 있었다. 그것은 '기록된 여인의 숫자와 장소'였다.

"**예수의 십자가 곁에는** 그 어머니와 이모와 글로바의 아내 마리아와 막

다. 하지만 그렇지 않은 경우, 절대다수 신학자들의 주장을 따르는 것은 당연한 일이다. 내가 뭐라고⋯ 하지만 신학자들 사이에 의견이 갈리는 경우는 다르다. 어찌됐든, 나는 요한복음의 저작 시기에 대한 두 가지의 주장 중, '요한복음의 저작(著作) 시기'를 80년대로 보는 신학자들의 주장에 동의한다.

달라 마리아가 섰는지라."⁹⁴ 우선 요한복음에는 네 명의 여인이 등장한다. "백부장과 및 함께 예수를 지키던 자들이 지진과 그 일어난 일들을 보고 심히 두려워하여 이르되 이는 진실로 하나님의 아들이었도다 하더라. 예수를 섬기며 갈릴리에서부터 따라온 많은 여자가 거기 있어 **멀리서 바라보고 있으니**, 그중에는 막달라 마리아와 또 야고보와 요셉의 어머니 마리아와 또 세베대의 아들들의 어머니도 있더라."⁹⁵ "예수를 향하여 섰던 백부장이 그렇게 숨지심을 보고 이르되 이 사람은 진실로 하나님의 아들이었도다 하더라. **멀리서 바라보는 여자들도 있었는데**, 그중에 막달라 마리아와 또 작은 야고보와 요세의 어머니 마리아와 또 살로메가 있었으니."⁹⁶ 반면 마태복음과 마가복음에는 세 명의 여인이 등장한다.

또한 요한복음에 기록된 장소는 '십자가 바로 곁'이었다. 즉, 요한과 네 명의 여인은 예수님과 대화를 나눌 수 있을 만큼 가까이에 있었다. 그러나 마태복음과 마가복음의 기록에 따르면, 어느 순간부터인가 네 명의 여인 중 셋이 예수님을 '멀리서' 바라보고 있음을 알 수 있다. 그리고 마태복음과 마가복음은 예수님께서 죽으신 후 '예수님을 향한 첫 번째 신앙 고백'이 '이방인인 백부장'을 통하여 나왔음을 기록하고 있다. 반면 요한복음은 예수님께서 요한에게 마리아를 부탁하는 장면이 기록되어 있다. 즉, 마태복음과 마가복음은 예수님께서 숨지신 직후에 있었던 일에 대한 기록인 반면, 요한복음은 예수님께서 숨지시기 전에 있었던 일에 대한 기록이다.

---

94 요한복음 19:25
95 마태복음 27:54-56
96 마가복음 15:39-40

그러면 이제 '마태복음과 마가복음 그리고 요한복음에 기록된 사건들'을 연결해 보자. "**그때부터** 그 제자가 자기 집에 모시니라." 우선 요한은 예수님의 말씀이 있자마자, 마리아를 모시고 바로 그 자리를 벗어났던 것으로 보인다. 그 장면을 한번 상상해 보자. 십자가 곁에 요한과 네 명의 여인이 서 있었다. 예수님께서 '당신이 사랑하시는 그 제자(요한)'가 서 있는 것을 보시고 마리아에게 말씀하셨다. "여자여, 보소서. 아들이니이다." 그리고 이어서 요한에게 말씀하셨다. "네 어머니라." 그러자 그때부터 요한이 마리아를 자기 집에 모셨다. 그렇다면 요한이 마리아를 모시고 그 자리를 빠져나올 때, 나머지 세 여인이 이 둘을 따라 나오는 것이 당연한 행동일까? 아니면 남아있는 것이 당연한 행동일까? 쉽지 않은 일이다. 어찌됐든, 성경의 기록으로 볼 때 요한이 마리아를 모시고 나올 때 나머지 세 여인 또한 같이 했음을 알 수 있다.

십자가에 달리신 예수님의 처참한 모습을 차마 더 볼 수 없어서였을까? 물론, 지난밤부터 채찍질로 만신창이가 되신 예수님의 모습을 보는 것은 차마 못 할 일이었을 것이다.[97] 당연히 아들의 죽음 앞에 마리아는 이미 거의 정신 줄을 놓은 상태였을 것이다. 그러니 조카인 요한의 손에 이끌려 어디로 향하는지도 모른 채 그저 한 걸음 한 걸음을 내딛는 수준이었을 것이다. 그 순간에도 여러 소음과 아우성이 마리아의 눈과 귀를 압도한 채 흔들렸을 것이다. 마리아의 눈을 통해 보인 화면은 마치 반투명 비닐을 씌워 놓

---

[97] "¹이에 빌라도가 **예수를 데려다가 채찍질하더라** ²군인들이 가시나무로 관을 엮어 그의 머리에 씌우고 자색 옷을 입히고 ³앞에 가서 이르되 유대인의 왕이여 평안할지어다 하며 손으로 때리더라"(요한복음 19:1-3).

은 듯 흐릿했을 것이다. 그리고 어느 순간 누군가의 일그러진 표정 혹은 연민과 슬픔이 가득한 표정이 갑자기 훅훅 들어왔다 사라졌을 것이다. 그렇게 마리아는 그녀를 잡은 요한의 손만을 의지하여 나아갔을 것이다. 어쩌면 부쩍 커진 조카의 존재를 처음으로 느끼는 순간이었을지도 모를 일이다. 그렇게 놓고 보면, '마리아의 심각한 상태'가 세 여인의 발길을 십자가 곁에서 요한과 마리아를 따라나서게 했을 수도 있다.

그렇게 '마리아의 심각한 상태' 때문에 따라나섰지만, 막상 그녀들의 발길은 다시 예수님 생각에 더 이상 떨어지지 않았던 것으로 보인다. 그렇게 어느 정도 발걸음을 같이하다가 '나머지 세 여인'은 요한에게 마리아를 안전한 곳으로 모시라고 한 뒤에 십자가를 향해 시선을 돌렸을 것이다. 그리고 마침 그 자리에는 갈릴리에서부터 함께했던 여인들이 있었을 것이다. 아니, 어쩌면 갈릴리로부터 함께했던 여인들의 얼굴이 보이자 '마리아의 심각한 상태' 때문에 잠시 잊었던 예수님 생각이 났을지도 모를 일이다. 즉, '나머지 세 여인'들도 제정신이 아닌 상태였을 것이다. 방금 내가 한 설명을 머릿속으로 상상할 경우, 마치 영화의 한 장면처럼 그려지는 모습이 있을 것이다.

"그때부터 그 제자가 **자기 집에 모시니라.**" 예수님은 예루살렘 서쪽 성문 밖에 있는 골고다 언덕에서 십자가에 못 박히셨다. 그렇다면 마리아를 모신 '요한의 집'이 예루살렘에 있었다는 이야기일까? 맞다. 성경에는 분명히 그 정황이 나와 있다.

[48]예수께서 무리에게 말씀하여 이르시되 너희가 강도를 잡는 것 같이 검과 몽치를 가지고 나를 잡으러 나왔느냐 [49]내가 날마다 너희와 함께 성

전에 있으면서 가르쳤으되 너희가 나를 잡지 아니하였도다 그러나 이는 성경을 이루려 함이니라 하시더라 **⁵⁰제자들이 다 예수를 버리고 도망하니라**(마가복음 14:48-50)

"제자들이 다 예수를 버리고 도망하니라." 겟세마네 동산에서 예수님께서 잡히시던 순간, 제자들은 모두 그 자리에서 도망쳤다. '요한'도 마찬가지였다. 단 한 명의 예외도 없었다.

⁵³그들이 예수를 끌고 대제사장에게로 가니 대제사장들과 장로들과 서기관들이 다 모이더라 **⁵⁴베드로가 예수를 멀찍이 따라 대제사장의 집 뜰 안까지 들어가서** 아랫사람들과 함께 앉아 불을 쬐더라(마가복음 14:53-54)

"베드로가 예수를 멀찍이 따라 대제사장의 집 뜰 안까지 들어가서." 그렇게 도망쳤던 제자들 중, 베드로가 예수님께서 심문받으셨던 대제사장의 집에 등장한다. 그런데 사실 이 자리에는 '요한'도 함께했었다.

¹²이에 군대와 천부장과 유대인의 아랫사람들이 예수를 잡아 결박하여 ¹³먼저 안나스에게로 끌고 가니 안나스는 그 해의 대제사장인 가야바의 장인이라 ¹⁴가야바는 유대인들에게 한 사람이 백성을 위하여 죽는 것이 유익하다고 권고하던 자러라 **¹⁵시몬 베드로와 또 다른 제자 한 사람이 예수를 따르니 이 제자는 대제사장과 아는 사람이라** 예수와 함께 대제

사장의 집 뜰에 들어가고 ¹⁶베드로는 문밖에 서 있는지라 대제사장을 아는 그 다른 제자가 나가서 문 지키는 여자에게 말하여 베드로를 데리고 들어오니(요한복음 18:12-16)

"시몬 베드로와 **또 다른 제자 한 사람이** 예수를 따르니, 이 제자는 대제사장과 아는 사람이라." 요한복음에 기록된 '또 다른 제자 한 사람'은 바로 '요한'이다.⁹⁸ "제자들이 다 예수를 버리고 도망하니라." 겟세마네 동산에서 예수님께서 잡히시던 순간, 제자들은 모두 그 자리에서 도망쳤다. 그렇게 놓고 보면, 베드로와 요한 또한 예수님께서 잡히시던 순간 허겁지겁 그 자리를 벗어났던 것이 분명하다. "베드로가 예수를 멀찍이 따라 대제사장의 집 뜰 안까지 들어가서." 그러나 차마 발길이 떨어지지 않았던 이 둘은 멀찍이 예수님을 따라갔던 것으로 보인다. 그렇게 겟세마네 동산에서 예수님을 체포한 무리는 예수님을 안나스의 집으로 끌고 갔다.

"먼저 안나스에게로 끌고 가니, 안나스는 그 해의 대제사장인 가야바의 장인이라." '종신직(終身職)'이었던 대제사장직의 특성상, 살아 있는 대제사

---

98 "¹안식 후 첫날 일찍이 아직 어두울 때에 막달라 마리아가 무덤에 와서 돌이 무덤에서 옮겨진 것을 보고 ²시몬 베드로와 **예수께서 사랑하시던 그 다른 제자에게** 달려가서 말하되 사람들이 주님을 무덤에서 가져다가 어디 두었는지 우리가 알지 못하겠다 하니 ³베드로와 **그 다른 제자**가 나가서 무덤으로 갈새 ⁴둘이 같이 달음질하더니 **그 다른 제자가** 베드로보다 더 빨리 달려가서 먼저 무덤에 이르러 ⁵구부려 세마포 놓인 것을 보았으나 들어가지는 아니하였더니 ⁶시몬 베드로는 따라와서 무덤에 들어가 보니 세마포가 놓였고 ⁷또 머리를 쌌던 수건은 세마포와 함께 놓이지 않고 딴 곳에 쌌던 대로 놓여 있더라 ⁸그때에야 무덤에 먼저 갔던 **그 다른 제자도** 들어가 보고 믿더라"(요한복음 20:1-8).: 요한복음에 기록된 '그 다른 제자'는 요한이다. 이러한 표현은 요한복음 기록 당시 흔한 일이었다. 즉, 기록자가 기록 중 '자신을 가리키는 흔한 방식'이었다.

장은 한 명만 있는 것이 원칙이었다. 그러나 성경은 '그 해의 대제사장인 가야바'뿐 아니라 '안나스' 또한 대제사장으로 소개하고 있다. **"안나스와 가야바가 대제사장으로 있을 때에** 하나님의 말씀이 빈 들에서 사가랴의 아들 요한에게 임한지라."[99] 이것은 로마의 식민 지배를 받게 된 이후, 로마 총독이 대제사장을 임명하게 되면서 생긴 현상이었다. 당연히 이러한 현상은 율법적으로 '불법(不法)'이었다. 기록에 의하면, 기원후 25년경에 안나스에서 가야바로 대제사장직이 넘어간 것으로 전해진다. 그러한 이유로 성경에서는 '안나스와 가야바의 집'을 구분하지 않고 '대제사장의 집'이라고 기록하고 있다.

어찌됐든, 겟세마네 동산에서 예수님이 잡히시던 순간 허겁지겁 자리를 피했던 '베드로와 요한'은 멀찍이 예수님을 따라갔다. 그러나 대제사장의 집에는 요한만 들어갈 수 있었다. 그리고 그 이유를 요한은 이렇게 밝히고 있다. "시몬 베드로와 또 다른 제자 한 사람이 예수를 따르니 **이 제자는 대제사장과 아는 사람이라.** 예수와 함께 대제사장의 집 뜰에 들어가고, 베드로는 문 밖에 서 있는지라." 그렇다면, 요한은 어떻게 그 당시 유대인 중에 최고 권력자라고 할 수 있는 대제사장과 아는 사이였을까? 더군다나 성경의 기록으로 볼 때, 요한과 대제사장의 사이는 '대제사장의 집 사람들 모두'가 알고 있는 공공연한 사실이었던 것으로 보인다. 게다가, 그 위중(危重)한 시기에 예수님의 핵심 제자였던 요한이 대제사장의 집을 출입하는데 어떠한 제지(制止)도 없었다. "대제사장을 아는 그 다른 제자가 나가서 문 지키는 여

---

99 누가복음 3:2: 이때 요한은 '세례 요한'을 가리킨다.

자에게 말하여 베드로를 데리고 들어오니." 즉, 이러한 모습들로 보아, 요한의 대제사장집 출입(出入)은 일상적이었던 것으로 보인다. 쉽게 말해, 요한은 대제사장과 단순히 아는 사이를 넘어 상당한 위치를 가진 존재였다는 이야기다. 어떻게 이러한 일이 가능했을까?

> [16]갈릴리 해변으로 지나가시다가 **시몬과 그 형제 안드레가** 바다에 그물 던지는 것을 보시니 그들은 어부라 [17]예수께서 이르시되 나를 따라오라 내가 너희로 사람을 낚는 어부가 되게 하리라 하시니 [18]곧 그물을 버려 두고 따르니라 [19]조금 더 가시다가 **세베대의 아들 야고보와 그 형제 요한을** 보시니 그들도 배에 있어 그물을 깁는데 [20]곧 부르시니 그 아버지 세베대를 품꾼들과 함께 배에 버려 두고 예수를 따라가니라(마가복음 1:16-20)

우리는 그 답을 예수님께서 '베드로와 안드레 형제' 그리고 '야고보와 요한 형제'를 제자로 부르시는 기사에서 찾아볼 수 있다. 먼저 이 두 형제를 부르는 호칭(呼稱)에 주목해 보자. "시몬과 그 형제 안드레", "세베대의 아들 야고보와 그 형제 요한", 이제 보이는가? 유대인들이 누군가의 이름을 소개할 때 "누구의 아들 누구"라고 하는 경우는 그 시대 사람들에게 따로 부연 설명을 하지 않아도 될 정도로 '유명한 집안의 사람'이라는 것을 의미했다. 쉽게 말해, '야고보와 요한 형제'는 '베드로와 안드레 형제'와는 달리 그 시대에 널리 알려진 집안의 자제(子弟)였다. "곧 그물을 버려두고 따르니라." 이것은 '베드로와 안드레 형제'에 대한 기록이다. 반면 '야고보와 요한 형제'의 경우, 약간 다른 기록을 볼 수 있다. "그 아버지 세베대를 **품꾼들과 함께** 배에 버려두고 예수를 따라가니라." 쉽게 말해, '요한의 아버지 세베대'는 일반적인 어부가 아니었다. 그는 그 당시 팔레스타인 지역에서 '이름있는 수산업자'였다는 이야기다.

그러한 이유로, 신학자들은 예루살렘에 세베대가 갈릴리 호수에서 잡은 수산물을 파는 상당한 규모의 매장(賣場)을 소유하고 있었다고 주장한다. 거기에 더해서, 요한은 갈릴리 호수와 예루살렘을 오가며 '매장 관리'를 했다고 말한다. 이러한 주장은 요한에 대한 많은 궁금증을 해소해 준다. 특별히 랍비 교육을 받지 않은 요한이 어떻게 '요한복음과 같이 깊이 있는 성경'을 기록할 수 있냐며, 요한이 요한복음의 저자가 아니라고 주장하는 일부 신학자들의 헛소리를 반박하게 해준다. 이 부분은 마지막 단원에서 자세히 다루겠다.

어찌됐든, 대제사장의 집까지는 보였던 베드로가 십자가에서는 보이지 않는다. "베드로가 이르되 이 사람아 나는 네가 하는 말을 알지 못하노라고 아직 말하고 있을 때에 닭이 곧 울더라. 주께서 돌이켜 베드로를 보시니, 베드로가 주의 말씀 곧 오늘 닭 울기 전에 네가 세 번 나를 부인하리라 하심이 생각나서 **밖에 나가서 심히 통곡하니라.**"[100] 어쩌면, 예수님을 세 번 부인한 뒤에 차마 예수님의 얼굴을 볼 염치가 없어서였을까? 과연 그럴까? 그렇지 않다. 예수님 당시, 팔레스타인 지역에서 십자가형(十字架刑)이 집행되는 곳

---

[100] 누가복음 22:60-62

에는 '유대인 성인 남자'의 출입이 엄격히 제한되었던 것으로 전해진다. 그 이유는 쉽게 예상할 수 있다. 가족 친척 혹은 친구가 십자가에 달리는 경우, 그 형을 집행하는 로마 군병(軍兵)들을 물리적으로 제지(制止)할 수 있는 힘을 가진 '성인 남성'의 출입을 제한하는 것은 당연한 일이었을 것이다. 그 결과, 십자가형이 집행되는 곳에는 '여성과 미성년의 남자아이들'만 출입할 수 있었다. 그렇게 놓고 보면, 십자가형이 집행되는 장소를 통제했던 로마 군병들의 눈에 요한이 어린아이로 보였다는 이야기가 된다. 즉, 열두 제자 중에서 가장 어렸던 요한만이 십자가형이 집행되는 곳에 출입할 수 있는 나이였다.

그렇다면 예수님께서 십자가에 달리시던 때, 요한은 몇 살쯤 되었을까? 신학자들은 보통 그 당시 요한의 나이를 '16세에서 20세 사이'라고 주장한다. 내가 보기에 무리가 없어 보이는 주장이다. 유대인의 경우, '남자는 만 13세에, 여자는 만 12세에' 성인식을 올리는 것으로 알려져 있다. 갑자기 성인식 나이를 거론하는 이유는 '그래도 성인식을 올린 뒤에 요한을 제자로 부르시지 않으셨을까?'라는 생각 때문이다. 즉, 공생애가 3년이니, 성인식이 지난 요한을 제자로 부르셨다면 '대충 16세 정도는 되지 않았을까?'라는 생각 때문이다.

이러한 신학자들의 주장과 내 생각이 맞다면, 기원후 80년대에 요한복음을 기록할 당시 요한의 나이는 얼마나 되었을까? 예수님께서 십자가에 달리신 지 50여 년의 세월이 훌쩍 지난 때였다. 반세기가 지난 시점이었다. 그 사이, '예수님께서 사랑하시는 그 제자'는 최소 '칠십 전후의 노인'이 되어 있었을 것이다.

　이미 나머지 열한 명의 제자는 모두 순교한 후였다.[101] 요한과 공생애를 같이 했던 나머지 '열한 명의 형들'은 모두 예수님께로 간 후였다.[102] 즉, 요한을 제외한 '열한 명의 형들'은 모두 '창이나 칼 혹은 십자가형'으로 이 땅에서의 소명을 완성한 후였다. 그렇게 공생애를 함께 했던 형들의 순교 소식을 '한 명 한 명' 삼사십 년에 걸쳐 들은 뒤였다.[103] 쉽게 말해, 초대교회에 '예수님의 직계(直系) 제자'는 이제 요한 한 명만 남은 상황이었다. 이 땅에서의 소명이 완성되지 않은 '예수님의 직계 제자'는 요한만 남은 상황이었다.

　즉, 요한은 끊임없이 '사랑하는 사람들'을 떠나보낸 후였다. '사랑하는 사람을 보내본 경험'이 있는 것과 없는 것은 '삶을 바라보는 눈'에서 근본적인 차이를 드러낸다. '사랑하는 사람을 보낸 후 생기는 시선' 중 하나는 '인생의

---

[101] "제비 뽑아 맛디아를 얻으니 **그가 열한 사도의 수에 들어가니라**"(사도행전 1:26).: 열두 제자에서 '가룟 유다'가 빠졌지만, 그 자리는 바로 '맛디아'로 채워졌다.

[102] "²¹이러하므로 요한의 세례로부터 우리 가운데서 올려져 가신 날까지 주 예수께서 우리 가운데 출입하실 때에 ²²**항상 우리와 함께 다니던 사람 중에 하나를 세워** 우리와 더불어 예수께서 부활하심을 증언할 사람이 되게 하여야 하리라 하거늘"(사도행전 1:21–22).: '가룟 유다'의 자리를 채운 '맛디아' 또한 예수님과 공생애를 함께 했다. 그러니 요한은 당연히 공생애 시절부터 맛디아를 알았을 것이다.

[103] "¹그때에 헤롯왕이 손을 들어 교회 중에서 몇 사람을 해하려 하여 ²**요한의 형제 야고보를 칼로 죽이니**"(사도행전 12:1–2). "¹안디옥 교회에 선지자들과 교사들이 있으니 곧 바나바와 니게르라 하는 시므온과 구레네 사람 루기오와 분봉 왕 헤롯의 젖동생 마나엔과 및 사울이라 ²주를 섬겨 금식할 때에 성령이 이르시되 내가 불러 시키는 일을 위하여 바나바와 사울을 따로 세우라 하시니 ³이에 금식하며 기도하고 두 사람에게 안수하여 보내니라"(사도행전 13:1–3). 열두 제자 중 첫 번째 순교자인 '요한의 친형(親兄) 야고보'는 바울의 '제1차 전도 여행'이 시작되기 전에 예루살렘에서 순교했다. 즉, 기원후 48년(바울의 '제1차 전도 여행'이 시작되던 해) 이전에 순교했다. (보통 44년경에 순교했다고 전해진다.) 그리고 여러 기록을 살펴볼 때, 열한 제자 중 '빌립'이 가장 나중에 순교한 것으로 보인다. '소아시아 지역인 히에라폴리스'에서 순교한 것으로 알려진 '빌립의 순교 시기'는 '80년경쯤'으로 알려져 있다.

마지막'을 보게 된다는 것이다. '인생의 마지막을 매일 마음에 담는 삶'과 '그렇지 않은 삶'은 같을 수가 없다. '인생의 마지막을 매일 마음에 담는 삶'과 '그렇지 않은 사람'은 오늘의 시간을 바라보는 데 있어서 완전히 다른 시공간을 통과하는 것이다. 그런 점에서, 요한은 '예수님의 직계 제자' 중 자신의 소명만이 아직 완성되지 않았다는 사실을 아주 잘 인식하고 있었을 것이다.

게다가 이미 순교한 '열한 명의 형들'은 복음만 전해도 되는 상황이었다.[104] 그런데 이제는 초대교회 안에 '이단(異端)의 싹'이 본격적으로 얼굴을 내밀기 시작하고 있었다. 즉, 요한복음은 '나머지 세 공관복음(共觀福音)[105]에 대한 보완'뿐 아니라, '예수님의 신성(神性)을 부정하는 이단에 대한 경계(警戒)'를 담고 있다.[106]

그러니 하는 말이다. 입장을 바꾸어서, 우리가 요한이었다면 요한복음을 기록할 당시 어떤 마음이었을까? "예수의 제자 중 하나 곧 **그가 사랑하시는 자가 예수의 품에 의지하여 누웠는지라**. 시몬 베드로가 머릿짓을 하여 말하되 말씀하신 자가 누구인지 말하라 하니, 그가 예수의 가슴에 그대로 의지하여 말하되 **주여 누구니이까?** 예수께서 대답하시되 **내가 떡 한 조각을 적셔다 주는 자가 그니라** 하시고 곧 한 조각을 적셔서 가룟 시몬의 아들 유다

---

[104] 물론 '유대주의'는 처음부터 초대교회가 직면한 어려운 도전이었지만 말이다.
[105] 마태복음, 마가복음, 누가복음
[106] 사복음서 각자의 강조점에 대해 들어본 적이 있을 것이다. 마태복음은 '왕으로 오신 예수님', 마가복음은 '종으로 오신 예수님', 누가복음은 '사람의 아들로 오신 예수님', 요한복음은 '하나님의 아들이신 예수님, 예수님의 신성(神性)'에 강조점을 두고 있다.

에게 주시니."[107] 그러니까 초대교회에 '예수님의 직계 제자'는 나만 남았는데, 반세기가 지나 새로이 '예수를 팔 자'[108]가 나타난 상황에서, 우리가 요한이었다면 '요한복음과 요한서신'[109]을 기록할 때 어떤 마음이었을까? 어떤 마음으로 '요한복음과 요한서신'을 기록했을까? 그 무게와 깊이를 가늠한다는 것이 쉽지 않은 것은 나뿐만이 아닐 것이다.

어쩌면 도망가고 싶었을까? 물론 우리 같았으면 그랬을 것 같지만 말이다. 하지만 그 자리를 지켜야 한다는 사실을 그 누구보다도 잘 알고 있었던 요한이었다. 이제 '예수님의 직계 제자' 중 그만 홀로 남은 상황이었다. 어쩌면 바위처럼 그 자리에 박힌 '자신의 존재의 무거움'을 온 존재로 느끼고 있지는 않았을까? 온 우주를 울리는 '자신의 발걸음, 한 걸음 한 걸음의 울림'을 스스로 경험하고 있지는 않았을까? 앞 단원에서 다루었듯이, 마리아를 모신 40년의 세월은 이미 그를 '초대교회 입구에 굳건히 서 있는 품 넓은 나

---

[107] 요한복음 13:23-26
[108] 이번에는 '예수님의 신성(神性)과 인성(人性)을 부정하는 이단(異端)'이 나타나 예수님을 팔려고 하는데
[109] 물론 '요한서신'에는 '예수께서 사랑하시는 그 제자'라는 표현이 나오지 않는다. 오히려 '하나님은 사랑이시니, 서로 사랑하라'는 요한 사도의 권면이 끊임없이 반복된다. '예수께서 사랑하시는 그 제자'라는 표현은 '요한복음'에만 기록되어 있다. 그럼에도 요한복음이라고 하지 않고 '요한복음과 요한서신'이라고 한 이유는 바로 '요한서신'의 기록 목적 때문이다. 요한서신은 '영지주의(靈知主義)와 가현설(假現說) 그리고 예수님의 신성(神性)을 부정하는 이단을 경계하기 위해 기록되었다. 쉽게 말해, '예수님의 인성(人性)을 부정하는 영지주의(靈知主義)와 가현설(假現說) 그리고 예수님의 신성(神性)을 부정하는 이단'을 경계하기 위해 기록되었다. 그러한 이유로 '요한복음'이 아닌 '요한복음과 요한서신'이라고 표현하였다. 이전 각주에서 지적했듯이, '요한복음'은 '예수님의 신성(神性)'을 강조하고 있다. 같은 맥락에서, 요한복음을 기록하던 시절에 최소 '칠십 전후의 노인'이었을 요한을, '요한서신'을 기록하던 시절까지 고려하여 마지막 문단에는 "그렇게 이제는 '칠십 대의 노인'이 되어 버린 '예수님께서 사랑하시는 그 제자'가 붓을 들었다"라고 표현한 것이다.

무'로 성장시킨 후였다.

  누군가의 말처럼, 신앙의 좋고 나쁨은 존재하지 않는다. "신앙은 있거나 없는 것이지, 좋고 나쁨이 존재할 수 없다. 신앙이 좋아진다는 것은, 있던 신앙이 성숙하는 것일 뿐이다. 그리고 신앙이 있는지 없는지 세상에 드러나는 것은, 결정적인 순간에 그가 무엇을 선택하는가에 달려 있을 뿐이다." 내가 CMF에서 평생 사역하면서 알게 된 사실이 하나 있다. 그것은 신앙이란 그가 평소에 무슨 말을 하는지 혹은 어떻게 행동하는지와 별 상관이 없다. "신앙은 그의 존재와 삶에 직접 연관되는 상황이 닥쳐왔을 때, 그가 무엇을 선택하느냐?"이다. 왜냐하면, 절대다수의 '신앙호소인'[110]들은 '신앙생활'이 아니라 '사회생활'을 하기 때문이다.

  그렇게 이제는 '칠십 대의 노인'이 되어 버린 '예수님께서 사랑하시는 그 제자'가 붓을 들었다. 열두 제자 중, '자신만 남은 외로움'을 느끼는 것조차 사치로 느껴지는 상황이었을 것이다. 공생애 기간, 어쩌면 막내였기에 누렸던 것들이 많았을 것이다. 하지만 이제는 예수님이 나를 당신의 품에 안아주셨듯이, 내가 교회를 안아줘야 하는 상황이 된 것이다. 이제는 모두가 나만 바라보는 상황, 어른이 되어야만 하는 상황에서 '예수님께서 사랑하시는 그 제자'가 붓을 들었다. 어쩌면 '내 마음속에 가득한 외로움과 두려움'을 들키지 않으려 선택한 명칭(名稱)이었을까?[111] 아니면 자신을 그렇게 사랑해

---

[110] 자신을 가리켜 '신앙인'이라고 '호소' 혹은 '주장'하지만, 그에 대한 '삶의 대가(代價)'는 전혀 없는 사람.

[111] 아무리 마리아를 모신 40년의 세월이 요한을 '거목(巨木)'으로 성장시켰을지라도, 모든 사람의 안에는 '작은 아이'가 살게 마련이다.

주신 예수님을 추억하며 힘을 내려 했던 것일까? 그렇게 요한은 그가 기록하는 복음서에 자신을 '예수께서 사랑하시는 그 제자'라고 기록했다. 그렇게 '사랑의 사도'는 당신의 사랑 때문에 독생자를 주신 '하나님 아버지의 사랑'을 세상에 전하기 시작했다. 그 결과, '교회 역사상 가장 많은 회심자(回心者)'를 낳은 복음서가 세상에 나오게 되었다. 그렇게 '사랑의 사도'의 '사랑의 수고'로 쓰여진 '사랑의 복음'을 통하여 '교회 역사상 가장 많은 회심자(回心者)'가 태어나게 되었다. 그리고 그 많은 회심자(回心者) 중에 한 사람이 바로 이 책을 쓰고 있는 '나'다.[112]

> ¹⁶**하나님이 세상을 이처럼 사랑하사 독생자를 주셨으니** 이는 그를 믿는 자마다 멸망하지 않고 영생을 얻게 하려 하심이라 ¹⁷하나님이 그 아들을 세상에 보내신 것은 세상을 심판하려 하심이 아니요 그로 말미암아 세상이 구원을 받게 하려 하심이라(요한복음 3:16-17)

---

[112] 나는 '요한복음 서문'을 읽다가 회심했다.: "말씀이 육신이 되어 우리 가운데 거하시매 우리가 그의 영광을 보니 아버지의 독생자의 영광이요 은혜와 진리가 충만하더라."(요한복음 1:14).: 바로 이 말씀을 읽다가 회심했다. 그 순간에 대한 자세한 이야기는 내 첫 번째 책『하나님을 위한 변명』"보아스와 룻 2, 나는 당신의 여종 룻이오니 당신의 옷자락을 펴 당신의 여종을 덮으소서" 단원에 간증해 두었다.

우리가 들은 바요, 눈으로 본 바요, 손으로 만진 바라

태초부터 있는 생명의 말씀에 관하여는 우리가 들은 바요 눈으로 본 바요 자세히 보고 **우리의 손으로 만진 바라**(요한1서 1:1)

"태초부터 있는 생명의 말씀에 관하여는." 이때 요한이 증언하고 있는 "말씀"은 바로 '성자 하나님이신 예수님'이시다. 요한은 바로 이 "말씀"이 '창조 중보자'[113]이심을 요한복음의 시작에서 증언하였다. 즉, 세상 만물은 모두 예수님을 통하여 창조되었다. 예수님을 통하지 않고 창조된 세상 만물은 존재하지 않는다. 우리 주 예수 그리스도를 통하지 않는 구원이 존재할 수 없는 것과 같이, 세상만물(世上萬物) 그 어떤 것도 예수님 없이 지어진 것이

---

[113] "⁵하나님은 한 분이시요 또 하나님과 사람 사이에 **중보자도 한 분이시니** 곧 사람이신 그리스도 예수라 ⁶그가 모든 사람을 위하여 자기를 대속물로 주셨으니 기약이 이르러 주신 증거니라"(디모데전서 2:5-6).: '성자 하나님이신 예수님'은 '우리의 구속(救贖) 중보자'이실 뿐만 아니라 '창조(創造) 중보자'이시다.

없다. 그렇다면, 이 진리(眞理)가 뜻하는 것이 무엇일까? 그것은 바로 "예수님은 하나님이시다"라는 증언이다. 즉, 앞 단원 마지막 부분에서 이야기했듯이[114], 요한복음은 '예수님의 신성(神性)'을 강조하고 있다.

> ¹태초에 말씀이 계시니라 이 말씀이 하나님과 함께 계셨으니 **이 말씀은 곧 하나님이시니라** ²그가 태초에 하나님과 함께 계셨고 ³만물이 그로 말미암아 지은 바 되었으니 **지은 것이 하나도 그가 없이는 된 것이 없느니라**(요한복음 1:1-3)

바로 앞에 인용한 말씀은 '삼위일체(三位一體) 하나님'의 중요한 근거 구절이기도 하다. 성경 통독 때, 혹은 혼자 성경을 읽을 때도 우리는 이 부분을 별생각 없이 읽는 경향이 있다. 그저 은혜로운 말씀으로 아무 생각 없이 지나가곤 한다.

하지만 익숙함은 많은 것을 지나치게 한다. 익숙함은 때로 소중한 진리를 놓치게 되는 원인이다. 이러한 익숙함을 극복하는 가장 효과적인 방법은 '낯설게 보는 것'이다. 그러면 이 부분을 약간 낯설게 읽어보자. 우선 '말씀'을 주변에 있는 '성격 좋은 지체의 이름'[115] 혹은 '홍길동'으로 바꾸어서 읽어보자. "태초에 홍길동이 계시니라. 이 홍길동이 하나님과 함께 계셨으니." 여기까지는 별 무리가 없을 것이다. 그냥 '홍길동이라는 분이 정말 오

---

[114] 본문과 각주에서 밝혔듯이
[115] 설교자가 모임에서 누군가를 예로 든다는 것은, 그 모임에서 그 지체의 '성격'이 가장 좋을 뿐 아니라 가장 상처를 덜 받는 '회복 탄력성'이 좋은 지체라는 것을 의미한다.

래된 존재구나' 정도일 것이다. 이 부분에서 기억해야 하는 단어는 "함께"이다. 이 단어를 통하여 우리가 알 수 있는 것은, 이 홍길동과 하나님이 '구별된 존재'라는 것이다.

그러나 이렇게 낯설게 읽기를 할 때, 바로 이어지는 문장에서 바로 "어?"라는 탄성이 당연히 나온다. "이 홍길동은 곧 하나님이시니라." 이제 보이는가? 분명 바로 앞 문장에서는 '홍길동이 하나님과 구별된 존재'라고 했는데, 바로 이어 '이 홍길동이 하나님이시라고?' 이렇게 요한은 요한복음 시작에서부터 이 땅에서 그와 함께하셨던 예수님의 '하나님이심'에 대하여 증언하였다. "그가 태초에 하나님과 함께 계셨고." 이 표현은 유한한 인간 언어의 한계 때문에 "태초에"라고 표현되었을 뿐이다. 예수님은 시간이 창조되던 "태초" 이전부터 하나님과 함께 계셨다.[116] 이렇듯, 예수님은 시간이 창조되기 전부터 존재하셨다. 즉, 시작이 없으신 예수님은 바로 '하나님'이셨다.

그렇게 하나님이신 예수님은 태초에 하나님과 '함께' 계셨다. 앞에서도 언급했듯이, '함께'라는 표현은 '구별된 존재'를 의미한다. 그런데 하나님[117]과 함께 계셨던 그분은 '하나님'이셨다! 이제야 세상의 눈으로는 모순되어 보이는 이 표현이 눈에 들어올 것이다. 이렇듯 성경에는 세상에는 존재하지

---

116 물론 "그가 태초에 하나님과 함께 계셨고"라는 문장 안에 이미 이 뜻이 포함되어 있다. 즉, 여기에서 내가 쓰는 문장들은 설명을 위한 것이다. 설명을 좀 더 이어가 보면, 사실 "태초 이전"이라는 표현은 문법상 '모순된 표현'이다. 왜냐하면 '이전'이라는 단어 자체가 이미 '시간을 전제(前提)로 하는 것'이기 때문이다. 위에서 표현했듯이, 시간은 '태초에 창조된 피조물'이다. 즉, "태초 이전"에는 시간이 존재하지 않았다. 그러니 시간을 전제로 하는 '이전(以前)'이라는 단어는 "태초 이전"을 표현할 수 없다. 즉, 성경을 읽을 때 우리는 '무한하신 하나님의 속성과 사역을 설명하는 이러한 문장과 표현들의 한계'를 인식할 필요가 있다.
117 이때의 하나님은 '성부 하나님'을 의미한다.

않는, 그리하여 세상의 눈으로는 이해할 수 없는 '하나님의 속성과 사역'이 가득히 증언되어 있다.

물론 성경에는 '삼위일체 하나님'이라는 명칭(名稱)이 직접 나오지 않는다. '삼위일체 하나님'은 신구약 전체에 기록된 하나님에 대한 증언을 모아 나온 '신앙 고백'이다. 우리 믿음의 선배들이 '우리 안에 내주(內住)하시는 성령 하나님'을 힘입어 성경에 증언된 하나님에 대한 진리를 깨닫게 된 후에 했던 '신앙 고백'이다.

"만물이 그로 말미암아 지은 바 되었으니, 지은 것이 하나도 그가 없이는 된 것이 없느니라." 이렇듯, 온 세상이 '삼위일체 하나님이신 예수님'으로 말미암아 지은 바 되었다. 세상 만물 가운데 어느 것 하나 예수님이 없이 된 것이 없었다. 즉, 천지창조는 삼위일체 하나님께서 함께하신 사역이었다. 이와 같이 '삼위일체 하나님으로 일하심'을 교리적으로는 '경륜적 삼위일체론'이라고 한다.[118]

> **말씀이 육신이 되어 우리 가운데 거하시매** 우리가 그의 영광을 보니 아버지의 독생자의 영광이요 은혜와 진리가 충만하더라(요한복음 1:14)

"말씀이 육신이 되어 우리 가운데 거하시매." 그렇게 온 천지를 만드신 '성자 하나님(말씀)'께서 육신이 되어 우리 가운데 거하셨다. 사람으로 오셔

---

[118] 이 부분에 대해 좀 더 자세히 공부해 보고 싶은 지체에게는 『1559년 라틴어 최종판 직역 기독교 강요 1-4권 세트』(존 칼빈 저, 문병호 역, 생명의말씀사)와 『30주제로 풀어 쓴 기독교 강요』(문병호, 생명의말씀사)를 권한다.

서 우리와 함께하셨다. 바로 "예수께서 사랑하시는 그 제자"의 증언이다. "예수의 제자 중 하나 곧 그가 사랑하시는 자가 예수의 품에 의지하여 누웠는지라."[119] 그는 최후의 만찬 때, 예수님의 품에 누워 있던 예수님께서 사랑하시던 제자였다. "말씀이 육신이 되어 우리 가운데 거하시매." 그러니 사람이 되신 성자 하나님에 대해 증언할 때마다 요한은 '그를 감싸안던 예수님의 체온'을 추억했을 것이다. 마치 그 순간 예수님이 그를 감싸 안는 것만 같은 느낌이 들었을 것이다. 즉, **요한은 '성자 하나님께서 우리의 구원을 위하여 사람이 되셨다'는 진리에 대한 가장 합당한 증인이었다.**

꼭, 성경에 이런 부분이 나올 때마다 기어 나오는 반갑지 않은 주장이 있다. 잠시 이야기의 흐름을 벗어나 이 부분을 언급하는 것은, 이 부분에 있어서 적지 않은 한국 교회가 합당한 자세를 취하고 있지 않기 때문이다. 어느 순간부터인가, 적지 않은 사역자들이 '목회적 배려?'라는 명분으로 성경에서 말씀하는 진리를 제대로 전하고 있지 않기 때문이다. 적지 않은 목회자들이 하나님이 아닌 사람의 눈치를 보기 시작했기 때문이다.[120] 소위(所謂), 사역자들마저 '신앙생활'이 아닌 '사회생활'을 하기 때문이다.

바로 앞에서 언급한 '반갑지 않은 주장'이라 함은 '동성애를 옹호하는 자들의 헛소리'를 의미한다. 쉽게 말해, 예수님의 품에 안겨 있는 요한의 모습을 근거로 예수님과 요한이 '동성애적 애정 관계'였다고 주장하는 자들이 있

---

[119] 요한복음 13:23
[120] "이제 내가 사람들에게 좋게 하랴 하나님께 좋게 하랴 사람들에게 기쁨을 구하랴 내가 지금까지 사람들의 기쁨을 구하였다면 그리스도의 종이 아니니라"(갈라디아서 1:10).

다. 정말이지, 저주를 받을 자들이다.

"요나단은 **다윗을 자기 생명같이 사랑하여** 더불어 언약을 맺었으며, 요나단이 자기가 입었던 겉옷을 벗어 다윗에게 주었고 자기의 군복과 칼과 활과 띠도 그리하였더라."[121] 이런 헛소리를 하는 자들은 '다윗과 요나단의 관계' 또한 '동성애 코드(code)'로 해석한다. 말도 안 되는 소리다. 뭐 눈에는 뭐만 보인다고, 그들의 눈에는 성경에 나오는 '사랑'이라는 단어 모두가 '동성애'로만 보이는 것 같다.[122]

모두가 알고 있듯이, 다윗은 오랜 세월 동안 사울에게 쫓겨 다녔다. 사울이 그렇게 했던 것은 '다윗이 자신의 왕권을 위협한다'는 위기의식 때문이었다. 그런데 율법에 따르면 동성애자는 반드시 사형에 처해야 했다. "누구든지 여인과 동침하듯 남자와 동침하면 둘 다 가증한 일을 행함인즉 **반드시 죽일지니** 자기의 피가 자기에게로 돌아가리라."[123] 즉, '다윗과 요나단'의 관계가 '동성애 관계'였다면, 사울에게는 이보다 더한 호재(好材)가 없었을 것이다. 그러나 사울은 다윗을 죽이기 위해 온 이스라엘을 헤집고 다녔지만, 성경 어디에도 사울이 다윗을 향하여 동성애적 의혹을 제기했다는 기록이

---

121 사무엘상 18:3-4
122 나는 동성애자를 혐오하지 않는다. 우리에게는 죄인을 혐오할 권리가 없다. 내가 지적하는 부분은 이것이다. 성경은 분명히 동성애를 '죄'라고 증언한다. 그러므로 동성애는 분명히 '하나님의 창조 질서를 벗어난 죄'다. 그리고 '정신과 전문의'로서 나는 동성애가 타고 난다는 주장에 동의하지 않는다. 백번 양보해서 동성애가 타고나는 질환이라고 한들, 달라지는 것은 없다. 이유는 간단하다. 누군가 '동성애적 성향'을 가지게 된 이유는 '첫 번째 아담의 타락 때문'이다. 즉, 동성애는 '죄(원죄)의 결과'다. 나는 이 부분에 대해 이미 CMF에서 자세히 가르친 적이 있다. 언제인가, 적절한 기회에 그 내용 또한 출판되는 은혜가 있기를 기도한다.
123 레위기 20:13

없다. 이것이 의미하는 것은 무엇일까? 그것은 '다윗과 요나단의 관계'를 '동성애 코드(code)'로 해석하는 자들의 주장이 헛소리라는 명백한 증거다.

물론, 사울 입장에서는 '자신의 아들이며 왕위 계승권자'인 요나단을 보호하기 위해 그랬던 것이 아니냐는 반론이 있을 수 있다. 사실은 '다윗과 요나단의 관계'가 '동성애 관계'였으며, 사울 또한 그 사실을 알고 있었지만, 그의 아들이 연루(連累)되어 있던 까닭에, 비록 그에게 '아주 유리한 사안(事案)'이었음에도 불구하고 어쩌지 못했다는 주장이다. 그러나 나는 이러한 주장에 동의하지 않는다. 이유는 간단하다. 사울은 '자신이 중요한 인물'이지, 자식을 아끼는 정상적인 아빠가 아니었다. "패역무도한 계집의 소생아, 네가 이새의 아들을 택한 것이 네 수치와 네 어미의 벌거벗은 수치 됨을 내가 어찌 알지 못하랴." 다윗을 두둔하는 요나단을 향하여 사울이 했던 말이다. "사울이 요나단에게 단창을 던져 죽이려 한지라." 다윗의 편을 드는 요나단에게 했던 사울의 행동이다.[124] 더군다나 요나단은 사울의 유일한 아들이 아

---

[124] "[27]이튿날 곧 그 달의 둘째 날에도 다윗의 자리가 여전히 비었으므로 사울이 그의 아들 요나단에게 묻되 이새의 아들이 어찌하여 어제와 오늘 식사에 나오지 아니하느냐 하니 [28]요나단이 사울에게 대답하되 다윗이 내게 베들레헴으로 가기를 간청하여 [29]이르되 원하건대 나에게 가게 하라 우리 가족이 그 성읍에서 제사할 일이 있으므로 나의 형이 내게 오기를 명령하였으니 내가 네게 사랑을 받거든 내가 가서 내 형들을 보게 하라 하였으므로 그가 왕의 식사 자리에 오지 아니하였나이다 하니 [30]사울이 요나단에게 화를 내며 그에게 이르되 **패역무도한 계집의 소생아 네가 이새의 아들을 택한 것이 네 수치와 네 어미의 벌거벗은 수치 됨을 내가 어찌 알지 못하랴** [31]이새의 아들이 땅에 사는 동안은 너와 네 나라가 든든히 서지 못하리라 그런즉 이제 사람을 보내어 그를 내게로 끌어 오라 그는 죽어야 할 자이니라 한지라 [32]요나단이 그의 아버지 사울에게 대답하여 이르되 그가 죽을 일이 무엇이니이까 무엇을 행하였나이까 [33]**사울이 요나단에게 단창을 던져 죽이려 한지라** 요나단이 그의 아버지가 다윗을 죽이기로 결심한 줄 알고 [34]심히 노하여 식탁에서 떠나고 그 달의 둘째 날에는 먹지 아니하였으니 이는 그의 아버지가 다윗을 욕되게 하였으므로 다윗을 위하여 슬퍼함이었더라"(사무엘상 20:27-34).

니었다. 비록 요나단이 '왕위 계승권 1순위'이기는 했지만, 사울에게는 다른 선택지가 있었다.[125] 게다가 '큰딸 메랍'과 '작은딸 미갈'을 자신의 정적을 제거할 수단으로 활용했던 사울의 인성(人性)으로 볼 때[126], 사울이 자신의 아들인 요나단이 연루된 까닭에 '다윗의 동성애'를 '다윗을 제거하는 명분'으로 활용하지 못했다는 주장은 말도 안 된다.

"예수의 제자 중 하나 곧 그가 사랑하시는 자가 예수의 품에 의지하여 누웠는지라."[127] 더군다나 최후의 만찬 때 요한이 예수님의 품에 안겨 있던 자세는 그 당시 유대인의 식사 습관에서는 일상적인 일이었다. 흔히들 예수님께서 십자가에 못 박히시기 전에 가지셨던 '최후의 만찬 장면'을 상상할 때, '레오나르도 다 빈치(Leonardo di ser Piero da Vinci)'의 작품인 '최후의 만찬'을 떠올리곤 한다. 하지만 '레오나르도 다 빈치'의 작품은 고증(考證)에 있어서

---

[125] "사울과 그의 세 아들과 무기를 든 자와 그의 모든 사람이 다 그 날에 함께 죽었더라"(사무엘상 31:6). "⁸사울의 군사령관 넬의 아들 아브넬이 이미 **사울의 아들 이스보셋**을 데리고 마하나임으로 건너가 ⁹길르앗과 아술과 이스르엘과 에브라임과 베냐민과 온 이스라엘의 왕으로 삼았더라"(사무엘하 2:8-9).

[126] "¹⁴다윗이 그의 모든 일을 지혜롭게 행하니라 여호와께서 그와 함께 계시니라 ¹⁵사울은 다윗이 크게 지혜롭게 행함을 보고 그를 두려워하였으나 ¹⁶온 이스라엘과 유다는 다윗을 사랑하였으니 그가 자기들 앞에 출입하기 때문이었더라 ¹⁷**사울이 다윗에게 이르되 내 맏딸 메랍을 네게 아내로 주리니** 오직 너는 나를 위하여 용기를 내어 여호와의 싸움을 싸우라 하니 **이는 그가 생각하기를 내 손을 그에게 대지 않고 블레셋 사람들의 손을 그에게 대게 하리라 함이라** ¹⁸다윗이 사울에게 이르되 내가 누구며 이스라엘 중에 내 친족이나 내 아버지의 집이 무엇이기에 내가 왕의 사위가 되리이까 하였더니 ¹⁹사울의 딸 메랍을 다윗에게 줄 시기에 므홀랏 사람 아드리엘에게 아내로 주었더라 ²⁰사울의 딸 미갈이 다윗을 사랑하매 어떤 사람이 사울에게 알린지라 사울이 그 일을 좋게 여겨 ²¹**스스로 이르되 내가 딸을 그에게 주어서 그에게 올무가 되게 하고 블레셋 사람들의 손으로 그를 치게 하리라** 하고 이에 사울이 다윗에게 이르되 네가 오늘 다시 내 사위가 되리라 하니라"(사무엘상 18:14-21).

[127] 요한복음 13:23

실패한 작품이다. '레오나르도 다 빈치'의 작품은 전적으로 '그가 살던 시대, 그가 살았던 이탈리아'라는 시공간적 특성을 담고 있다. 쉽게 말해, '최후의 만찬' 당시 예수님과 열두 제자는 전혀 다른 자세로 식사했다.

예수님 당시, 유대인들은 낮은 식탁을 가운데 두고 옆으로 누운 자세로 식사하는 것이 일반적이었다고 전해진다.[128] 좀 더 자세히 묘사하자면, 왼쪽 팔꿈치로 몸을 받친 상태에서 비스듬히 누워 식사했다고 한다. 이때 식사에 참여하는 사람의 다리는 식탁의 반대 방향을 향했다. 그리고 식사에 참여하는 사람들의 숫자에 따라 식탁은 '디귿(ㄷ)' 모양 혹은 마름모꼴로 배치되었던 것으로 알려진다. 즉, 이러한 식사 자세 때문에 여럿이 모여 식사할 때, 식사에 참여하는 사람들은 왼쪽에 있는 사람의 품에 안기는 모습이 되었다.[129] "예수의 제자 중 하나 곧 그가 사랑하시는 자가 예수의 품에 의지하여 누웠는지라." 즉, 요한은 최후의 만찬 때, 예수님의 바로 오른편에서 식사했다는 것을 알 수 있다. 그리고 아마도 예수님의 바로 왼편에는 가룟 유다가 있었을 것이다.[130]

---

128 물론 현대의 유대인들은 다르다고 한다. 현대의 유대인들은 '종교적인 의미를 부여한 식사 예절'을 지키는 경우가 있기는 하나, 우리가 생각하는 일반적인 모습을 보인다고 한다.

129 식사에 참여하는 사람의 다리가 식탁 아래 방향을 향했다면, 오른쪽에 있는 사람의 품에 안기는 모습이 되었을 것이다. 하지만 예수님 당시 유대인들은 다리를 식탁의 반대 방향으로 향한 상태에서 식사했다고 전해진다.

130 "[21]예수께서 이 말씀을 하시고 심령이 괴로워 증언하여 이르시되 내가 진실로 진실로 너희에게 이르노니 너희 중 하나가 나를 팔리라 하시니 [22]제자들이 서로 보며 누구에게 대하여 말씀하시는지 의심하더라 [23]예수의 제자 중 하나 곧 그가 사랑하시는 자가 예수의 품에 의지하여 누웠는지라 [24]시몬 베드로가 머릿짓을 하여 말하되 말씀하신 자가 누구인지 말하라 하니 [25]그가 예수의 가슴에 그대로 의지하여 말하되 주여 누구니이까 [26]**예수께서 대답하시되 내가 떡 한 조각을 적셔다 주는 자가 그니라 하시고 곧 한 조각을 적셔서 가룟 시몬의 아들 유다에게 주시니** [27]조각을 받은 후 곧 사탄이 그 속에 들어간지라 이에 예수께서 유다에게 이르시되 네가 하는

내가 예수님의 바로 왼편에 가롯 유다가 있었을 것이라고 보는 이유는 이와 같다. 왼쪽 팔꿈치로 몸을 받쳐 비스듬히 누운 상태에서, 예수님에게 있어서 자유로운 손은 당연히 오른손이었을 것이다. 바로 오른편에는 요한이 예수님의 품에 의지하여 비스듬히 누워 있었다. 그 상태에서 '예수님을 팔 자가 누구냐?'는 요한의 질문에 하셨던 예수님의 답이다. "예수께서 대답하시되 내가 떡 한 조각을 적셔다 주는 자가 그니라 하시고 곧 한 조각을 적셔서 가롯 시몬의 아들 유다에게 주시니." 즉, 예수님의 오른손이 닿을 수 있는 거리에 가롯 유다가 있었다는 이야기다. 그리고 그 순간 요한의 시선은 바로 왼편에 계시는 예수님을 향했을 것이다. 온전히 몸을 예수님 쪽으로 돌리지는 못했을지라도, 그러지 않았을까? 그 상태에서 예수님께서 떡 한 조각을 적셔서 줄 수 있는 상대는 바로 예수님 왼편에 있던 사람 아닐까? 즉, 예수님의 답을 듣고, 예수님의 바로 오른편에서 몸을 돌려 예수님을 본 요한은 그 장면을 볼 수 있었을 것이다.

이 부분을 이렇게 자세히 다루는 이유는 이것 때문이다. "태초부터 있는 생명의 말씀에 관하여는 **우리가 들은 바요 눈으로 본 바요 자세히 보고 우리의 손으로 만진 바라.**" 이번 단원 처음에 인용했던 요한1서 1장 1절 말씀이다. 요한서신은 '예수님의 인성(人性)을 부정하는 영지주의(靈知主義)와 가현설(假現說) 그리고 예수님의 신성(神性)을 부정하는 이단'을 경계하기 위해

일을 속히 하라 하시니 [28]이 말씀을 무슨 뜻으로 하셨는지 그 앉은 자 중에 아는 자가 없고 [29]어떤 이들은 유다가 돈궤를 맡았으므로 명절에 우리가 쓸 물건을 사라 하시는지 혹은 가난한 자들에게 무엇을 주라 하시는 줄로 생각하더라 [30]유다가 그 조각을 받고 곧 나가니 밤이러라"(요한복음 13:21-30).

기록되었다.

> ¹사랑하는 자들아 영을 다 믿지 말고 오직 영들이 하나님께 속하였나 분별하라 많은 거짓 선지자가 세상에 나왔음이라 ²이로써 너희가 하나님의 영을 알지니 곧 **예수 그리스도께서 육체로 오신 것을 시인하는 영마다 하나님께 속한 것이요** ³예수를 시인하지 아니하는 영마다 하나님께 속한 것이 아니니 이것이 곧 적그리스도의 영이니라 오리라 한 말을 너희가 들었거니와 지금 벌써 세상에 있느니라(요한1서 4:1-3)

> 미혹하는 자가 세상에 많이 나왔나니 **이는 예수 그리스도께서 육체로 오심을 부인하는 자라** 이런 자가 미혹하는 자요 적그리스도니(요한2서 1:7)

특별히 요한은 이 시기, 예수님께서 마치 육신을 가진 것처럼 보였을 뿐이라는 '가현설(假現說)'에 직면해 있었다. '거짓 가(假), 나타날 현(現)'으로 구성된 이 '설(說)'은 말 그대로 예수님께서 이 땅에 거짓으로 나타나셨다는 주장이었다. '성자 하나님'이신 예수님이 이 땅에 오셨을 때 '참된 사람의 몸'을 가지지 않았다는 주장이었다. 이들은 성육신(成肉身)하신 '예수님의 인성(人性)을 부정'하는 이단이었다. 성육신하신 이후, 우리 주 예수 그리스도에 대한 바른 신앙 고백은 이와 같다. "우리 주 예수 그리스도는 성육신하신 이후 100% 참 하나님이신 동시에 우리와 동일본질(同一本質)이신 100% 참 사람이시다. 그러므로, 예수님은 우리를 위한 삼위일체 하나님이시다." 즉, 요한은 요한서신을 통하여 '예수님의 인성(人性)을 부정하는 이단'과 '예수님의 신성(神性)을 부정하는 이단'[131]을 동시에 경계하고 있다. 그리고 이번 단원에서 나는 '예수님의 인성(人性)을 부정하는 이단'들을 경계하는 **사도 요한이 '예수님과 함께했던 장면'을 자세히 다루고 있다.**

"예수의 제자 중 하나 곧 그가 사랑하시는 자가 예수의 품에 의지하여 누웠는지라." 바로 이 증언을 통하여 우리는 언뜻 보기에 모순되어 보이는 성경의 증언을 이해할 수 있다.

예수님은 유월절 엿새 전에 '예루살렘 부근 베다니'에 도착하셨다. 그리고 유월절에 십자가에 못 박히셨다. 성경에는 '베다니'라는 지명(地名)이 두 번 나온다. 즉, '예루살렘 부근 베다니'라는 표현은 요한이 세례를 베풀었던 '요단 동편 베다니'와 구별하기 위함이다.[132] 참고로 예수님께서 유월절 전에 도착하셨던 베다니는 감람산 동쪽 기슭에 위치해 있었다. 예루살렘에서 약 3km 정도 떨어진 곳이었다. 그곳은 바로 예수님께서 '죽었던 나사로를 살리신 곳'이었다. 그리고 나사로의 누이들인 '마리아와 마르다의 마을'로 불리던 곳이었다.[133] 바로 그곳에서 있었던 일을 '마가의 시선(視線)'과 '요한의 시선(視線)'을 통하여 입체적으로 살펴보려 한다. **먼저 '마가의 시선'이다.**

---

131 "[22]거짓말하는 자가 누구냐 **예수께서 그리스도이심을 부인하는 자가** 아니냐 아버지와 아들을 부인하는 그가 적그리스도니 [23]아들을 부인하는 자에게는 또한 아버지가 없으되 아들을 시인하는 자에게는 아버지도 있느니라"(요한1서 2:22-23).
132 "이 일은 **요한이 세례 베풀던 곳 요단강 건너편** 베다니에서 일어난 일이니라"(요한복음 1:28).
133 "어떤 병자가 있으니 이는 마리아와 그 자매 마르다의 마을 베다니에 사는 나사로라"(요한복음 11:1).

¹**이틀이 지나면 유월절과 무교절이라** 대제사장들과 서기관들이 예수를 흉계로 잡아 죽일 방도를 구하며 ²이르되 민란이 날까 하노니 명절에는 하지 말자 하더라 ³**예수께서 베다니 나병환자 시몬의 집에서 식사하실 때에 한 여자가 매우 값진 향유 곧 순전한 나드 한 옥합을 가지고 와서 그 옥합을 깨뜨려 예수의 머리에 부으니** ⁴어떤 사람들이 화를 내어 서로 말하되 어찌하여 이 향유를 허비하는가 ⁵**이 향유를 삼백 데나리온 이상에 팔아 가난한 자들에게 줄 수 있었겠도다** 하며 그 여자를 책망하는지라 ⁶예수께서 이르시되 가만 두라 너희가 어찌하여 그를 괴롭게 하느냐 그가 내게 좋은 일을 하였느니라 ⁷가난한 자들은 항상 너희와 함께 있으니 아무 때라도 원하는 대로 도울 수 있거니와 나는 너희와 항상 함께 있지 아니하리라 ⁸그는 힘을 다하여 내 몸에 향유를 부어 내 장례를 미리 준비하였느니라 ⁹내가 진실로 너희에게 이르노니 온 천하에 어디서든지 복음이 전파되는 곳에는 이 여자가 행한 일도 말하여 그를 기억하리라 하시니라(마가복음 14:1-9)

두 번째로 '예수께서 사랑하시는 그 제자, 요한의 시선'이다.

¹유월절 엿새 전에 예수께서 베다니에 이르시니 이 곳은 예수께서 죽은 자 가운데서 살리신 나사로가 있는 곳이라 ²거기서 예수를 위하여 잔치할새 마르다는 일을 하고 나사로는 예수와 함께 앉은 자 중에 있더라 ³마리아는 지극히 비싼 향유 곧 순전한 나드 한 근을 가져다가 예수의 발에 붓고 자기 머리털로 그의 발을 닦으니 향유 냄새가 집에 가득하더

라 ⁴제자 중 하나로서 예수를 잡아 줄 가룟 유다가 말하되 ⁵**이 향유를 어찌하여 삼백 데나리온에 팔아 가난한 자들에게 주지 아니하였느냐** 하니 ⁶이렇게 말함은 가난한 자들을 생각함이 아니요 그는 도둑이라 돈궤를 맡고 거기 넣는 것을 훔쳐 감이러라 ⁷예수께서 이르시되 그를 가만 두어 나의 장례할 날을 위하여 그것을 간직하게 하라 ⁸가난한 자들은 항상 너희와 함께 있거니와 나는 항상 있지 아니하리라 하시니라 ⁹유대인의 큰 무리가 예수께서 여기 계신 줄을 알고 오니 이는 예수만 보기 위함이 아니요 죽은 자 가운데서 살리신 나사로도 보려 함이러라(요한복음 12:1-9).

우선 마가복음과 요한복음에 기록된 사건이 '동일 사건(同一 事件)'인지 확인할 필요가 있다. 복음서에는 예수님께 향유를 부은 여인이 두 명 나온다. 이 둘을 구별하는 것은 어렵지 않다.¹³⁴ 위에 인용한 기록 외에 예수님께 향유를 부은 여인은 '죄를 지은 한 여자'였다. 장소 또한 한 바리새인이 예수님을 그의 집에 초청하여 식사하던 장소에서 일어났다. 즉, 사건이 일어난 장소와 예수님께 향유를 부은 여인에 대한 평가가 전혀 다르다. 앞에서도 언급했듯이, 베다니는 나사로의 누이들인 '마리아와 마르다의 마을'로 불리던

---

134 "³⁶한 바리새인이 예수께 자기와 함께 잡수시기를 청하니 이에 바리새인의 집에 들어가 앉으셨을 때에 ³⁷그 동네에 **죄를 지은 한 여자**가 있어 예수께서 바리새인의 집에 앉아 계심을 알고 향유 담은 옥합을 가지고 와서 ³⁸예수의 뒤로 그 발 곁에 서서 울며 눈물로 그 발을 적시고 자기 머리털로 닦고 그 발에 입맞추고 향유를 부으니 ³⁹예수를 청한 바리새인이 그것을 보고 마음에 이르되 이 사람이 만일 선지자라면 자기를 만지는 이 여자가 누구며 어떠한 자 곧 죄인인 줄을 알았으리라 하거늘"(누가복음 7:36-39).

곳이었다. 당연히 '죄를 지은 여인의 이름'으로 불리는 마을은 없다.[135]

    위에 연달아 인용한 '마가의 시선'과 '요한의 시선'을 통하여 우리는 이 사건의 장소와 시기를 좀 더 입체적으로 특정(特定)할 수 있다. 동시에 마가복음에 기록된 사건과 요한복음에 기록된 사건이 '동일 사건'임을 쉽게 확인할 수 있다. 방금 언급한 두 가지 사항을 함께 살펴보자.

    마가복음과 요한복음을 함께 살펴볼 때, 이 일은 '예루살렘 부근 베다니'에서 일어났다. 그곳은 '나사로와 마르다 그리고 마리아 남매'가 사는 동네였다. "예수께서 본래 마르다와 그 동생과 나사로를 사랑하시더니."[136] 그리고 이들 남매는 예수님의 사랑을 받는 사람들이었다. "그들이 길 갈 때에 예수께서 한 마을에 들어가시매 **마르다라 이름하는 한 여자가 자기 집으로 영접하더라.** 그에게 마리아라 하는 동생이 있어 주의 발치에 앉아 그의 말씀을 듣더니, 마르다는 준비하는 일이 많아 마음이 분주한지라. 예수께 나아가 이르되, 주여 내 동생이 나 혼자 일하게 두는 것을 생각하지 아니하시나이까? 그를 명하사 나를 도와 주라 하소서."[137] 이 기록은 아직 예수님께서 죽은 나사로를 무덤에서 살리시기 전에 있었던 일이었다. 이때 예수님은 '나사로 남매의 집'에서 식사하셨다. "예수께서 **베다니 나병환자 시몬의 집에서 식사하실 때에.**" 그런데 유월절 전 예수님께 향유를 부은 장소는 이들 남매의 집이 아니라 '나병환자 시몬의 집'이었다. 우리는 이 기록을 통하

---

135 특정 동네가 모든 사람이 꺼리는 '저주의 대명사'가 아닌 이상 그런 일은 없다.
136 요한복음 11:5
137 누가복음 10:38-40

여 두 가지 사실을 유추할 수 있다. 첫 번째, 베다니에 거주했던 나병환자 시몬은 예수님께 고침을 받았을 것이다. 그렇지 않고서야, 어떻게 그 많은 사람들이 나병환자의 집에서 식사할 수 있었을까?[138] 두 번째, '나사로 남매의 집'보다 '나병환자 시몬의 집'이 훨씬 넓었던 것으로 보인다. "유대인의 큰 무리가 예수께서 여기 계신 줄을 알고 오니, 이는 예수만 보기 위함이 아니요, 죽은 자 가운데서 살리신 나사로도 보려 함이러라." 아마도 '나병환자 시몬의 집'에서 베풀어졌던 잔치는 시몬의 치유뿐 아니라 죽은 자 가운데서 살리신 나사로 사건의 영향 때문이었을 것이다.[139] 즉, '나사로 남매의 집'은 예수님 일행을 대접하기에 턱없이 작은 공간이 되었을 것이다.

"유월절 엿새 전에 예수께서 베다니에 이르시니." 요한복음의 기록이다. "이틀이 지나면 유월절과 무교절이라." 마가복음의 기록이다. 맨 처음 나는 이 두 구절을 보고 이렇게 생각했었다. '유월절 엿새 전에 예수님께서는 베다니에 도착하셨고, 그로부터 약 4일 정도의 준비 뒤에 예수님을 위한 잔치가 나병환자 시몬의 집에서 있었구나.' 그러나 신학자들의 생각은 달랐다. "이틀이 지나면 유월절과 무교절이라. 대제사장들과 서기관들이 예수를 흉계로 잡아 죽일 방도를 구하며 이르되 민란이 날까 하노니 명절에는 하지 말자 하더라." 즉, 신학자들은 이 구절을 '삽입구'로 보았다. 쉽게 말해, '유월절 엿새 전에 있었던 향유 사건' 바로 앞에 굳이 '유월절 이틀 전의 일'을

---

138 "[45]나병 환자는 옷을 찢고 머리를 풀며 윗입술을 가리고 외치기를 부정하다 부정하다 할 것이요 [46]병 있는 날 동안은 늘 부정할 것이라 **그가 부정한즉 혼자 살되 진영 밖에서 살지니라**"(레위기 13:45-46).
139 "거기서 예수를 위하여 잔치할새 마르다는 일을 하고 나사로는 예수와 함께 앉은 자 중에 있더라"(요한복음 12:2).

끼워 넣은 이유는 '종교 지도자들의 흉계'와 '한 여인의 헌신'을 극적으로 대조하기 위함이라는 의견이었다.[140] "예수께서 베다니 나병환자 시몬의 집에서 식사하실 때에 한 여자가 매우 값진 향유 곧 순전한 나드 한 옥합을 가지고 와서 그 옥합을 깨뜨려 예수의 머리에 부으니." 그리고 신학자들은 바로 이어지는 향유 사건 앞에 '그 후에'라는 언급이 없다는 점에 주목했다. 마가복음의 경우, 시간순으로 이어지는 사건의 경우 '그 후에'라는 언급이 있다는 것이다.[141] 신학자들의 지적을 접한 뒤, 나는 이 부분에 유의하여 마가복음을 다시 읽어보았다. 신학자들의 지적이 옳았다. 신학자들은 또한 '시기에 대한 이러한 오해의 가능성'을 알고 있었던 요한이 요한복음을 기록할 때 "유월절 엿새 전에"라는 말을 신경 써서 기록했다고 주장했다. 그런 의미에서 요한복음은 공관복음의 보완적 성격을 가지고 있다고 한다는 것이었다. 나는 신학자들의 이러한 관점에 동의한다.

"**한 여자가** 매우 값진 향유 곧 순전한 나드 한 옥합을 가지고 와서 그 옥합을 깨뜨려 **예수의 머리에 부으니.**" 마가의 기록이다. "**마리아는** 지극히 비싼 향유 곧 순전한 나드 한 근을 가져다가 **예수의 발에 붓고** 자기 머리털로 그의 발을 닦으니 향유 냄새가 집에 가득하더라." 요한의 기록이다. 그렇게 십자가에 달리시기 엿새 전에 예수님께 향유를 붓는 일이 있었다. 우리는

---

[140] 이전에도 여러 번 언급했듯이, '사복음서는 시간순으로 기록되지 않았다'는 말은 이런 것을 의미한다.
[141] 마태복음 또한 마찬가지다. 마리아가 예수님께 향유를 부은 사건은 '마태복음, 마가복음, 요한복음'에 기록되어 있다.

요한복음을 통하여 마가복음에 기록된 '한 여자'가 '마리아'임을 알 수 있다.

그런데 하나 더 눈에 걸리는 부분이 있을 것이다. **"예수의 머리에 부으니."** 마가의 증언이다. **"예수의 발에 붓고."** 요한의 증언이다. 얼핏 보기에 마가와 요한은 '서로 다른 증언'을 하는 것처럼 보인다. 누구의 말이 맞을까? 일단 답을 먼저 이야기하자면, 둘 다 맞다. 어떻게 그럴 수 있을까? 보통 이런 경우, 적지 않은 사람들이 '성경의 오류'를 이야기한다. 그러나 이러한 태도는 바른 태도가 아니다. "성경은 100% 삼위일체 하나님의 작품인 동시에, 100% 성경 기자의 작품이다. 그러므로 성경은 100% 참 하나님의 말씀이다." 성경에 오류가 없는 이유는, 그 저자가 오류가 없으신 '성령 하나님'이시기 때문이다. 물론 이러한 신앙 고백은 지금은 발견할 수 없는 '성경 원본'에 대한 고백이다. 성경 번역본에는 당연히 오류가 존재한다. 멀리 갈 것도 없다. 우리 '한글 성경'도 '개역한글'에서 '개역개정'으로 바뀔 때 '여러 오역(誤譯)'이 수정되었다는 것은 누구나 아는 사실이다. 그러나 바로 위에 언급한 내용은 '오역'으로 보기에는 무리가 있다. 누가 봐도 '오역의 범주를 넘어선 차이'다. '성경 원어(原語)'를 살펴볼 때도 마찬가지다. 분명히 헬라어 원어 성경에도 마가는 '마리아가 향유를 예수님의 머리에 부었다'고 증언하고 있다. 동시에 요한은 '마리아가 향유를 예수님의 발에 부었다'고 기록하고 있다. 이런 경우, 답은 하나다. 양쪽 증언이 모두 맞다. 우리 눈에 양쪽 증언이 모순되어 보이는 것은 우리 문제다. 이러한 증언들을 이해할 수 없는 것은 우리의 지식이 짧아서이지, 하나님 편의 문제가 아니다.

"예수의 머리에 부으니." 마가의 증언이다. **"예수의 발에 붓고."** 요한의 증언이다. 즉, 마가와 요한은 마리아가 향유를 부은 '예수님의 신체 부위'를 다르게 증언하고 있다. 내 다섯 번째 책 『하나님은 사람을 고쳐서 쓰신다-마태, 마가』에서도 언급했듯이, **마가복음을 '베드로 복음'이라고 부르는 신학자들이 많다.** 이유는 이러하다. 복음서 중 가장 먼저 기록된 마가복음은 '베드로의 설교를 통역하던 마가'가 기록했다. 마가는 베드로의 생전(生前)에 '마가복음 초안(草案)'을 작성했다고 전해진다. 바로 이 초안을 베드로가 승인했으며, 교회가 이를 회람(回覽)했다는 것이다. 그리고 이렇게 회람되던 '마가복음의 초안'이 베드로의 순교 후 마가에 의해 최종적으로 정리되어 우리에게 전달되었다는 것이 신학자 다수의 증언이다. 즉, **'마리아가 예수님의 머리에 향유를 부었다'는 마가의 증언은 '베드로의 시선(視線)'을 담고 있다. 반면 '마리아가 예수님의 발에 향유를 부었다'는 요한의 증언은 '요한의 시선(視線)'을 담고 있다.** 쉽게 말해, 베드로는 마리아가 예수님의 머리에 향유를 붓는 장면을 목격했다는 이야기다. 반면 요한은 마리아가 예수님의 발에 향유를 붓는 장면을 목격했다는 이야기다. 어떻게 이것이 가능할까?

앞에서 언급했듯이, 예수님 당시에 유대인들은 낮은 식탁을 가운데 두고 옆으로 누운 자세로 식사했다. 좀 더 자세히 묘사하자면, 왼쪽 팔꿈치로 몸을 받친 상태에서 비스듬히 누워 식사했다. 이때 식사에 참여하는 사람의 다리는 식탁의 반대 방향을 향했다. 그리고 식사에 참여하는 사람들의 숫자에 따라 식탁은 '디귿(ㄷ)' 모양 혹은 마름모꼴로 배치되었다. 이러한 식사 자세 때문에 여럿이 모여 식사할 때, 식사에 참여하는 사람들은 왼쪽에 있는 사람의 품에 안기는 모습이 되었다. "예수의 제자 중 하나 곧 **그가 사랑하시**

는 자가 예수의 품에 의지하여 누웠는지라."¹⁴² 즉, 요한은 '최후의 만찬' 때, 예수님의 바로 오른편에서 식사했다.

바로 그 상황에서, 제자 중 한 명이 예수님을 팔 것이라는 예수님의 말씀에 베드로가 요한에게 했던 행동이다. "**시몬 베드로가 머릿짓을 하여 말하되** 말씀하신 자가 누구인지 말하라 하니, **그가 예수의 가슴에 그대로 의지하여 말하되** 주여 누구니이까?"¹⁴³ 물론 이 일은 '나병환자 시몬의 집에서 있었던 식사'로부터 5일 뒤에 있었다. 장소 또한 '마가의 다락방'으로 바뀐 상태였다. 그러나 우리는 알고 있다. 공생애 기간 내내, 예수님과 함께했던 열두 제자였다. 개인 좌석이 정해지지 않은 대학 강의실에서도 마찬가지다. 사람들은 특별한 일이 없는 한, 앉던 자리에 앉는다. 더군다나 그 숫자가 열세 명이라면 그들의 식사 자리는 암묵적으로 정해져 있게 마련이다. 요한 첫 번째 단원에서 언급했듯이 "누가 크냐?"를 두고 치열하게 다투던 그들이었다. 그러니 예수님을 중심으로 열두 제자의 식사 자리는 거의 고정석(固定席)이었을 것이다. 게다가 유대인들이 단체로 식사하는 경우, 상석(上席)과 말석(末席)에 대한 관례가 있었다고 전해진다.¹⁴⁴ 참고로 상석(上席)인 예수님의 바로 오른편에 있었던 요한의 자리가 말석(末席)이었다고 한다. 그 자리

---

142 요한복음 13:23
143 요한복음 13:24-25
144 "⁷청함을 받은 사람들이 **높은 자리 택함을** 보시고 그들에게 비유로 말씀하여 이르시되 ⁸네가 누구에게나 혼인 잔치에 청함을 받았을 때에 **높은 자리에 앉지 말라** 그렇지 않으면 너보다 더 높은 사람이 청함을 받은 경우에 ⁹너와 그를 청한 자가 와서 너더러 이 사람에게 자리를 내주라 하리니 그때에 네가 부끄러워 **끝자리로 가게 되리라** ¹⁰청함을 받았을 때에 차라리 가서 **끝자리에 앉으라** 그러면 너를 청한 자가 와서 너더러 **벗이여 올라 앉으라** 하리니 그때에야 함께 앉은 모든 사람 앞에서 영광이 있으리라"(누가복음 14:7-10).

가 하인들이 가져다주는 음식을 받아 전달해 주는 자리이기 때문이다.[145] 즉, '나병환자 시몬의 집에서 있었던 식사 때'와 5일 뒤에 있었던 '최후의 만찬 때' 열두 제자의 자리 배치는 차이가 없었을 것이다. 그리고 '식탁의 배치' 또한 비슷했을 것이다.

그런 상황에서 베드로가 머릿짓으로 요한을 향하여 "말씀하신 자가 누구인지 말하라"고 했다. 그렇다면 베드로와 요한은 서로 어떤 위치에 있었을까? 한 가지 사실은 분명하다. 최소한 그들 사이에는 '디귿(ㄷ)' 모양 혹은 마름모꼴로 배치된 식탁이 가로막고 있었을 것이다. 그리고 그들 모두 왼쪽 팔꿈치로 몸을 받쳐 비스듬히 누운 상태였다. 각자의 발은 식탁 반대 방향을 향하고 있었고, 머리는 식탁을 향해 있는 상태였다. '나병환자 시몬의 집에서 있었던 식사 때'도 그들은 같은 자세로 있었을 것이다. 그러한 상황에서 있었던 일이다.

"한 여자가 매우 값진 향유 곧 순전한 나드 한 옥합을 가지고 와서 그 옥합을 깨뜨려 **예수의 머리에 부으니**." 베드로의 눈에 보였던 장면이다. "마리아는 지극히 비싼 향유 곧 순전한 나드 한 근을 가져다가 **예수의 발에 붓고** 자기 머리털로 그의 발을 닦으니 향유 냄새가 집에 가득하더라." 예수님의 바로 오른편에서 예수님의 품에 의지하여 비스듬히 누워 있던 요한의 눈에 보였던 장면이다. 이제 보이는가?

예수님 당시 '나드 한 근'은 '약 327.45g에서 340g 정도의 무게'였다고 알려져 있다. 부피로는 '350ml에서 800ml까지'로 정확한 양을 추정하기 어려

---

[145] 이것을 통해서도 우리는 요한이 '열두 제자 중 막둥이'였다는 사실을 알 수 있다.

우나 적지 않은 분량이었다. "어떤 사람들이 화를 내어 서로 말하되 어찌하여 이 향유를 허비하는가? **이 향유를 삼백 데나리온 이상에 팔아 가난한 자들에게 줄 수 있었겠도다.** 하며 그 여자를 책망하는지라." 베드로가 들었던 내용이다. "제자 중 하나로서 예수를 잡아 줄 가룟 유다가 말하되, **이 향유를 어찌하여 삼백 데나리온에 팔아 가난한 자들에게 주지 아니하였느냐?** 하니." 요한이 들었던 내용이다. 이 부분도 마찬가지다. '이 향유를 삼백 데나리온에 팔아 가난한 자들에게 줄 수 있었겠도다'라는 공통된 증언을 통하여, 우리는 베드로(마가)와 요한이 '동일 사건(同一 事件)'에 대해 이야기하고 있음을 알 수 있다. "어떤 사람들이 화를 내어 서로 말하되." 동시에 요한과 머릿짓을 통하여 의사소통할 만큼 떨어져 있었던 베드로는 그의 주변에서 화를 내던 사람들의 이야기를 전하고 있다. "제자 중 하나로서 예수를 잡아 줄 가룟 유다가 말하되." 반면 앞에서도 언급했듯이, 예수님을 가운데 두고 오른편에 있었던 요한은 예수님 바로 왼쪽에 있던 가룟 유다의 불평을 들을 수 있었다. 즉, **같은 공간에 있었지만, 베드로와 요한은 서로 다른 자리에서 그들의 위치에서 보고 들은 내용을 증언한 것이다.**

마리아가 예수님께 부은 향유는 '삼백 데나리온' 이상의 값어치를 가지고 있었다. 당시 노동자의 하루 품삯이 '한 데나리온'이었으니, 노동자 1년 치 연봉을 상회(上廻)하는 금액이었다. 신학자들은 아마도 마리아가 예수님께 부은 향유는 '그녀의 결혼 지참금'이었을 것이라고 말한다. '나사로와 마르다 그리고 마리아 남매'가 살던 동네의 이름인 '베다니'는 '가난한 자의 집'이라는 뜻이다. 즉, 그들 남매는 부유한 사람들이 아니었다. 쉽게 말해, 마리아는 그녀가 가진 모든 것을 예수님께 내어드린 것이다. 어쩌면 죽었던 그녀의 오빠를 살려주신 예수님에 대한 감사 표현이었을 수도 있다. "그는 힘을 다하여 내 몸에 향유를 부어 내 장례를 미리 준비하였느니라." 그렇게 마리아는 자신도 모르는 사이에 예수님의 장례를 준비하게 되었다. 마리아가 예수님께 부어드린 향유는 한두 방울만으로도 방 전체에 향기가 가득할 정도로 '강한 향'을 가졌다고 전해진다. 또한 그 향은 쉽게 지워지지 않았다고 한다. 즉, 십자가뿐 아니라 무덤에 계신 기간 내내 마리아가 부어드린 향유의 향이 예수님을 감싸 안았을 것이다. "예수께서 본래 마르다와 그 동생(마리아)과 나사로를 사랑하시더니."[146] 그렇게 예수님께서 사랑하셨던 마리아가 부어드린 향유의 향이 예수님의 십자가 고난 가운데 함께 했다.

사실, 마리아가 예수님께 부어드린 나드 향유는 한두 방울씩 사용하는 물건이었다. 그 누구도 마리아가 했던 것처럼 한 근을 한꺼번에 붓는 일은 없었다. 그러니 하는 말이다. 그러니 당연히 하는 상상이다. **마리아는 향유를 예수님의 머리에만 붓지 않았을 것이다. 마리아는 향유를 예수님의 발에만 붓지 않았을 것이다.** 마리아는 왼쪽 팔꿈치로 몸을 받쳐 비스듬히 누운 상태로 계셨던 예수님의 머리에서 발까지 향유를 쭉 부으며 내려갔을 것이 분명하다.

다시 한번 말하지만, 나드 향유는 그렇게 쓰는 물건이 아니었다. 한두 방울만으로도 충분히 '강한 향'을 풍기는 물건이었다. 원래 한 번에 한두 방울만 쓰는 물건이었다. 생각해 보라. 350ml에서 800ml 정도의 양이, 그 당시 노동자의 1년 치 연봉을 상회(上廻)하는 가치를 가진 물건이었다. 노동자 임

---

[146] 요한복음 11:5

금이니 하루 일당을 10만 원 정도라고 할 때, 1–2ml에 10만 원 정도 하는 향유였다는 이야기다. 요즘 대한민국 평균 임금을 생각하면, 1–2ml에 족히 20만 원 정도의 값어치를 가진 향유였다. '샘플(sample) 화장품'의 용량이 보통 10ml 정도라고 하니, '샘플 화장품'의 가격이 200만 원 정도인 향유를 사람들이 어떻게 사용할지는 따로 언급할 필요가 없을 것이다. 당연히 한 방울씩 아주 극소량만 사용해도 충분했을 것이다. 일반적으로는 그렇게 사용하는 나드 향유를 한꺼번에 예수님께 부어드리는 상황이었다. 그러니 마리아는 향유를 예수님의 머리에만 붓지 않았을 것이다. 예수님의 발에만 붓지 않았을 것이다. 당연히 마리아는 식사 자리에 비스듬히 누운 상태로 계셨던 예수님의 머리에서 발까지 향유를 쭉 부으며 내려갔을 것이 분명하다.

그렇게 마리아가 부어드린 나드 향유는 순식간에 '나병환자 시몬의 집' 전체에 퍼져나갔을 것이다. 사람들은 그들의 평생에 그렇게 강한 향기를 맡아본 적이 없었을 것이다. 당연히 모든 사람들의 시선(視線)은 그들의 후각(嗅覺)을 강하게 자극하는 곳을 향했을 것이다. "한 여자가 매우 값진 향유 곧 순전한 나드 한 옥합을 가지고 와서 그 옥합을 깨뜨려 **예수의 머리에 부으니.**" 그렇게 경험해 보지 못한 강한 향기에 음식으로부터 눈을 들어 예수님 쪽을 바라본 '베드로의 시선'에 한 여자가 들어왔다. 그녀는 '매우 값진 향유 곧 순전한 나드 한 옥합'을 가지고 와서 예수님의 머리에 붓고 있었다. 당연히 예수님의 가슴 아래는 식탁에 가려 그의 눈에 보이지 않았다. "마리아는 지극히 비싼 향유 곧 순전한 나드 한 근을 가져다가 **예수의 발에 붓고** 자기 머리털로 그의 발을 닦으니 향유 냄새가 집에 가득하더라." 요한 또한 경험해 보지 못한 강한 향기에 음식으로부터 눈을 들었을 것이다. 그러나 예수님의 품에 의지하여 누워 있던 요한의 시선은 마리아가 예수님의 머리에 향유를 붓는 장면을 볼 수 없었을 것이다. 강한 향기에 놀라 요한이 눈을 들었을 때는 이미 예수님의 머리를 지나 예수님의 발에 향유를 붓고 있었을 것이다. 그렇게 예수님의 머리로부터 발끝까지 나드 향유를 부으며 내려오는 마리아의 모습이 '요한의 시선'에 잡힌 것은 예수님의 발까지 향유를 부은 때였을 것이다. 그렇게 요한은 '지극히 비싼 향유 곧 순전한 나드 한 근'을 가져다가 예수님의 발에 붓고 자기 머리털로 발을 닦는 마리아의 모습을 가장 가까이서 볼 수 있었다.

그러니 하는 말이다. 우리 눈에 얼핏 모순되어 보이는 성경의 증언이 있는 경우, 답은 하나다. 양쪽의 증언이 모두 맞다. 우리 눈에 양쪽 증언이 모순되어 보이는 것은 우리 문제다. 이러한 증언들을 이해할 수 없는 것은 우리의 지식이 짧아서이지, 하나님 편의 문제가 아니다.

오히려 이렇게 '서로 엇갈린 내용'을 말하고 있는 베드로와 요한의 증언은 '그들이 현장에서 직접 그 모습을 본 목격자라는 강력한 증거'다. 그들이 현장에서 예수님과 함께 숨 쉬고 보았으며 직접 만졌다는 강력한 증거다.

바로 그 요한이 했던 증언이다. 바로 그 요한이 '예수님께서는 마치 육신을 가진 것처럼 보였을 뿐, 실제로 사람의 몸을 입고 이 땅에 오신 것이 아니라는 가현설(假現說)'에 직면하여 했던 선언이다. 그렇게 '우리 주 예수 그리스도의 인성(人性)을 부정하는 이단(異端)'을 향해 했던 경고다.

태초부터 있는 생명의 말씀에 관하여는 우리가 들은 바요 눈으로 본 바

요 자세히 보고 **우리의 손으로 만진 바라**(요한1서 1:1)

¹사랑하는 자들아 영을 다 믿지 말고 오직 영들이 하나님께 속하였나 분별하라 많은 거짓 선지자가 세상에 나왔음이라 ²이로써 너희가 하나님의 영을 알지니 곧 예수 그리스도께서 육체로 오신 것을 시인하는 영마다 하나님께 속한 것이요 ³예수를 시인하지 아니하는 영마다 하나님께 속한 것이 아니니 이것이 곧 적그리스도의 영이니라 오리라 한 말을 너희가 들었거니와 지금 벌써 세상에 있느니라(요한1서 4:1-3)

미혹하는 자가 세상에 많이 나왔나니 **이는 예수 그리스도께서 육체로 오심을 부인하는 자라** 이런 자가 미혹하는 자요 적그리스도니(요한2서 1:7)**¹⁴⁷**

그렇게 이 땅에 사람의 몸을 입고 오신 '예수님의 인성(人性)을 부정'하는 이단들을 경계하기 위해 썼던 '요한서신'이다. 동시에 '예수님의 신성(神性)을 부정'하는 이단들을 경계하기 위해 썼던 '요한서신'이다.**¹⁴⁸** 초대교회에 들어온 이단(異端)으로 말미암아 '예수께서 사랑하시는 그 제자'가 이제는 '그가 사랑하는 교회'에 했던 경계(警戒)다.

---

147 이 부분은 성육신(成肉身)하신 이후, '예수님의 인성(人性)을 부정하는 이단(異端)'들을 경계하는 내용이다.
148 이번 요한 인물 설교에서는 '예수님의 인성(人性)을 부정하는 이단(異端)'과 연관된 부분을 주로 다루었다. '예수님의 신성(神性)을 부정하는 이단(異端)'과 연관된 부분은 후에 하나님의 은혜로 '예수님'에 대한 출판이 될 때 다룰 생각이다.

18아이들아 지금은 마지막 때라 **적그리스도가 오리라는 말을 너희가 들은 것과 같이 지금도 많은 적그리스도가 일어났으니 그러므로 우리가 마지막 때인 줄 아노라** **19**그들이 우리에게서 나갔으나 우리에게 속하지 아니하였나니 만일 우리에게 속하였더라면 우리와 함께 거하였으려니와 그들이 나간 것은 다 우리에게 속하지 아니함을 나타내려 함이니라 **20**너희는 거룩하신 자에게서 기름 부음을 받고 모든 것을 아느니라 **21**내가 너희에게 쓰는 것은 너희가 진리를 알지 못하기 때문이 아니라 알기 때문이요 또 모든 거짓은 진리에서 나지 않기 때문이라 **22거짓말하는 자가 누구냐 예수께서 그리스도이심을 부인하는 자가 아니냐 아버지와 아들을 부인하는 그가 적그리스도니**[149] **23**아들을 부인하는 자에게는 또한 아버지가 없으되 아들을 시인하는 자에게는 아버지도 있느니라(요한1서 2:18-23)

"아이들아, 지금은 마지막 때라." 이제는 노인이 된 '예수께서 사랑하시는 그 제자'가 교회에 하는 말이 심금(心琴)을 울리는 것은, 그가 받았던 사랑의 깊이만큼이나 무거웠던 그의 삶 때문일까? 그가 겪어내야 했던 삶의 무게만큼 깊어진 그의 사랑 때문일까? "아이들아!" 이 한마디에 담긴 교회를 향한 노(老)사도의 사랑이 참으로 묵직하게 다가온다. '사랑의 수고'로 가득한 그의 삶이 참으로 묵직하게 다가온다.

---

[149] 이 부분은 '예수님의 신성(神性)을 부정하는 이단(異端)'들을 경계하는 내용이다.

밧모라 하는
섬에 있었더니

나 요한은 너희 형제요 예수의 환난과 나라와 참음에 동참하는 자라 **하나님의 말씀과 예수를 증언하였음으로 말미암아 밧모라 하는 섬에 있었더니**(요한계시록 1:9)

그렇게 '예수께서 사랑하시는 그 제자'는 노년(老年)에 '밧모섬'으로 유배되었다. 요한 두 번째 단원에서 자세히 다루었듯이, 나는 요한이 '요한복음, 요한1서, 요한2서, 요한3서, 요한계시록' 순서로 성경을 기록했다는 전통적인 관점(觀點)에 동의한다. 즉, 이번 단원은 '도미티아누스(Domitianus)'[150] 때 있었던 '기독교 박해'로 요한이 밧모섬에 유배되었다는 사실에 기초해서 이야기를 전개할 것이다.

---

[150] '로마 제11대 황제인 도미티아누스'는 '기원후 81년에서 96년까지' 재위(在位)했다.

교회사에 따르면, 요한은 '도미티아누스 황제' 말기인 95년경에 밧모섬에 유배된 것으로 알려져 있다. 참고로, '도미티아누스'는 요한 두 번째 단원에서 언급했던 '베스파시아누스'의 아들이자 '티투스'의 동생이다. 요한 두 번째 설교 중 관련 부분을 인용하는 것이 이해에 도움이 될 것 같다.

["너희가 예루살렘이 군대들에게 에워싸이는 것을 보거든 그 멸망이 가까운 줄을 알라." 그렇다면 예수님께서 예언하신 이 사건은 언제 일어났을까? 예수님의 이 말씀은 일차적으로는 '66년에서 73년 사이'에 있었던 '제1차 유대-로마 전쟁' 때 성취되었다. 정확히는 '68년 여름'에 성취되었다. … 결론을 미리 말하자면, 이러하다. '제1차 유대-로마 전쟁' 초기, 팔레스타인 지역의 반란을 진압하기 위해 예루살렘을 목표로 출발했던 '로마 군대'는 초반에는 성과를 내지 못했다. 거기에 더해, 사령관이 병으로 죽는 일까지 발생했다. 이에 네로 황제는 '베스파시아누스'를 사령관으로 임명해 유대인들의 반란을 진압하게 했고, '67년 5월'부터 본격적인 진압이 시작되었다. 그렇게 팔레스타인 북부 해안가로부터 시작된 진압 작전 끝에 로마군은 '68년 여름'에 예루살렘 성을 포위할 수 있었다. 그런데 이때 '네로'가 사망하는 사건이 벌어졌다. 쉽게 말해, 명령을 내릴 '군 통수권자'가 사라진 것이다. 그 덕에 약 1년 남짓한 휴전이 있었다. 네로의 사망으로 휴전이 되자, 당연히 예수님의 말씀을 믿지 않던 '유대 민족주의자'들은 '초대교회 교인'들을 비웃었을 것이다. 예수님의 말씀을 전하며, 빨리 피난 가야 한다는 '초대교회 교인'들을 경멸의 눈으로 봤을 것이다. 하나님이 자신들의 편을 든다며 '유대 민족주의자'들은 한껏 고양(高揚)되어 있었을 것이다. 그러나 예수

님의 말씀을 기억했던 '초대교회 교인'들은 이 시기에 대대적인 피난에 나섰고, 그 결과 거의 피해를 보지 않았다고 전해진다. 반면 1년 남짓한 휴전 기간, 로마 내부에서는 극심한 권력 투쟁이 벌어지고 있었다. 그 결과, '68년에서 69년 사이'에 세 명의 황제가 교체되는 일이 벌어졌다. 결과적으로 '69년 7월' 동방 군단에 의해 '제9대 로마 황제'로 추대된 '베스파시아누스'는 그의 아들 '티투스'에게 지휘권을 넘기고 '로마의 정치적 안정'에 집중했다. 그리고 '70년 8월 10일' 예루살렘 성전이 '티투스가 지휘하는 로마군'에 의해 불탔다. 그렇게 실질적인 전쟁은 70년에 끝났지만, 예루살렘을 탈출한 유대인들이 '마사다'에서 2년 이상을 버티다 최후를 맞이한 73년까지를 '제1차 유대-로마 전쟁' 기간으로 본다.]

즉, 요한을 밧모섬에 유배시킨 '도미티아누스'는 '제9대 황제인 베스파시아누스'의 아들이자 '제10대 황제인 티투스'의 12살 어린 동생이었다. 그의 아버지 '베스파시아누스'는 '로마 최초 평민 출신 황제'로, 황제가 된 이후에도 지극히 검소한 생활을 했다고 전해진다. 이러한 '베스파시아누스'의 통치는 네로의 폭정(暴政)에 이어 '짧은 기간 동안 여러 명의 황제가 난립했던' 로마를 급속히 안정시킬 수 있었다. 그 결과, 그는 그 시대 로마 시민들로부터 '우주의 보존자'라는 칭송을 받았다.

그의 형 '티투스' 또한 교회사에서는 '예루살렘 성전을 파괴한 장군'으로만 알려져 있지만, 1세기에 있었던 로마 황제 중 가장 성군(聖君)으로 알려진 인물이었다. 더군다나 '티투스'는 우리의 예상과 달리 개인적인 성품도 매우 매력적이었던 것으로 알려져 있다. 그러나 '티투스'는 황제가 된 이후

연이어 발생한 재난을 수습하는 과정에서 '과로사(過勞死)'한 것으로 알려져 있다. 2014년 2월 개봉된 재난 영화 '폼페이, 최후의 날'의 배경이 된 '베수비오(Vesuvio) 화산 대폭발'이 '티투스'가 황제가 되던 79년에 있었다. 그리고 81년에 연이어 발생한 전염병 등, 로마에 닥친 재난을 복구하기 위해 '황제 신분'이었음에도 불구하고 직접 현장을 뛰어다녔던 '티투스'는 요양차 떠난 온천에 도착한 지 얼마 지나지 않아 세상을 떠났다.

그렇게 동시대(同時代) 로마 시민들로부터 '인류의 애인'이라는 칭송을 받았던 '티투스'의 사망 원인으로는 '과로사와 열병'이 주로 거론된다. 하지만 일부 역사가들은 '티투스'의 사망에 그의 동생 '도미티아누스'가 관여했을 것이라는 주장을 펼치기도 한다. 물론 사실관계를 확정할 수는 없다. 그러나 이러한 주장을 통하여 우리가 알 수 있는 사실은 이것이다. 쉽게 말해, 요한을 밧모섬에 유배 보낸 '도미티아누스'는 그의 형 '티투스'와 사이가 좋지 않았던 것이 분명하다. 이러한 사실은 쉽게 예상할 수 있는 일이다. 평민 출신 아버지를 따라 전쟁터에서 젊은 시절을 보냈던 '티투스'였다. 그러한 이유로 '티투스'는 사치와는 거리가 먼 인물이었다. 그러나 어린 시절부터 로마의 궁궐에서 자란 '도미티아누스'는 사치스러웠고 허영심이 많았던 것으로 알려져 있다. 즉, 형제의 나이 차이가 12살이었다는 점을 생각할 때, '도미티아누스'는 그의 아버지가 로마에서 충분한 지위를 확보한 뒤에 태어났던 것으로 보인다.

역사 기록을 살펴보면, '도미티아누스'는 그의 아버지가 죽고 그의 형이 황제가 되자, 그의 아버지가 황제일 때 그의 형이 누렸던 것과 같은 지위를 요구했다고 전해진다. 그러나 그의 형 '티투스'의 눈에 '도미티아누스'는 그

만한 그릇이 안 되었던 것 같다. 결국 자신의 요구가 거절되자, 그 이후 '도미티아누스'는 그의 형에게 적대적인 태도를 보였다고 전해진다. 그러던 와중에 그의 형이 젊은 나이에 갑자기 요절(夭折)하자, 물려받은 황제 자리였다. 쉽게 말해, 어린 시절부터 황궁에서 자라 '사치스럽고 허영심으로 가득한 철부지'가 황제가 된 것이다. 그보다 앞서 황제 자리에 올랐던 그의 아버지와 형이 평생 전쟁터에서 잔뼈가 굵은 인물이었다는 점을 생각하면, 그의 성품이 그 당시 로마 시민들에게 어떻게 보였을지는 별도로 언급할 필요가 없을 것이다. 그 결과, 그는 집권 초기부터 귀족들의 미움을 받았다고 전해진다.

그 시대, 로마에는 '선정(善政)을 베푼 황제'가 죽은 후에는 그를 신으로 선포해 숭배하는 전통이 있었다. 이 전통에 따라 그의 아버지와 형은 '원로원'을 통해 '로마의 신'으로 선포되었다. 평민 출신으로 젊은 시절부터 전쟁터에서 일반 병사들과 고락(苦樂)을 같이하다가 황제가 되었던 그의 아버지와 형은 여러 면에서 '준비된 황제'였다. 그러나 어린 시절부터 궁궐에서 자라 사치스럽고 허영심만 많았던 '도미티아누스'는 여러 면에서 '준비되지 않은 황제'였다. 전임(前任) 황제인 그의 형의 갑작스러운 죽음으로 엉겁결에(?)[151] 오른 황제 자리였다.

더군다나 그의 아버지가 황제일 때 그의 형이 누렸던 것과 같은 지위를 요구했다가 거절당하자, 그의 형과 적대적인 자리에 섰던 그였다. 그러니

---

[151] 그가 그의 형의 죽음에 관여했다는 일부 역사가의 주장이 사실이라면 '엉겁결'이 아니므로 '물음표'를 표시했다.

그의 형이 '원로원'에 의해 '로마의 신'으로 선포된 후, '능력은 없지만 욕심과 허영심으로만 가득 찬 철부지'가 어떤 태도를 보일지는 안 봐도 뻔하지 않을까? 거기에 더해 '이런 특성을 가진 인간'이 자신을 경멸의 눈으로 바라보는 사람들에게 어떤 태도를 보일지는 정해져 있는 일이었다.

결과적으로, '도미티아누스'는 생전(生前)에 스스로를 '로마의 신'이라고 주장한 최초의 황제가 되었다. 그리고 그의 눈 밖에 난 '원로원 의원'들에게 누명을 씌워 재산을 압류했다. 쉽게 말해, 폭군(暴君)이었던 '네로' 이후 안정을 찾아가던 로마 시민들은 그 당시 '도미티아누스'를 보며 '제2의 네로'를 떠올리게 되었다.

이러한 상황은 '로마 시민'들에게만 국한(局限)된 일이 아니었다. 살아 있는 자신을 '로마의 신'으로 선포한 도미티아누스의 정책은 로마 제국 내에 존재하는 두 공동체에 '직접적인 타격'을 가했다. 도미티아누스 정책의 타격 지점은 '기독교인들'과 '유대인들'이었다.

흔히 알려진 '기독교 박해'는 '네로의 기독교 박해'다. 그런데 네로의 기독교 박해는 사실 '신앙적인 이유'보다는 '정치적인 이유'에서 시작되었다. 널리 알려져 있듯이, 네로의 기독교 박해는 64년에 발생한 '로마 대화재의 희생양'을 찾는 과정에서 시작되었다. 즉, 네로 시기의 기독교 박해는 로마를 중심으로 '제한적'으로 이루어졌다. 반면 도미티아누스의 기독교 박해는 '종교적인 이유'로 시작되었으며, 그 범위는 '로마 제국 전역'이었다. 쉽게 말해, 도미티아누스의 기독교 박해는 네로 때와는 비교도 할 수 없는 범위와 강도를 가진 것이었다. 네로의 기독교 박해로 '베드로와 바울'이 순교했다는 사실은 잘 알 것이다. 그러니 '요한'이 '요한계시록'을 기록할 당시 초대교회는 정말이지 '절체절명(絶體絶命)의 위기'에서 신음하고 있었다. 그 당시 역사 기록을 검색해 보면, '기독교 박해'와 연관하여 '로마 시대에 벌어진 것으로 알려진 끔찍한 일들' 중 상당수가 '도미티아누스'로부터 시작되었다는 사실을 알 수 있다. 즉, 요한계시록은 '극단적인 위기' 가운데 기록되었다.

그런 관점(觀點)에서, 요한계시록의 기록 중 '내 눈길을 사로잡은 구절'이 있었다.

> ¹내가 보매 보좌에 앉으신 이의 오른손에 두루마리가 있으니 안팎으로 썼고 일곱 인으로 봉하였더라 ²또 보매 힘있는 천사가 큰 음성으로 외치기를 누가 그 두루마리를 펴며 그 인을 떼기에 합당하냐 하나 ³하늘 위에나 땅 위에나 땅 아래에 능히 그 두루마리를 펴거나 보거나 할 자가 없더라 ⁴**그 두루마리를 펴거나 보거나 하기에 합당한 자가 보이지 아니하기로 내가 크게 울었더니** ⁵장로 중의 한 사람이 내게 말하되 **울지 말라** 유대 지파의 사자 다윗의 뿌리가 이겼으니 그 두루마리와 그 일곱 인을 떼시리라 하더라(요한계시록 5:1-5)

"**내(사도 요한)가 크게 울었더니.**" 나는 이번 단원에서 '요한계시록의 구조'를 언급할 생각은 없다.¹⁵² 즉, 위에 인용한 성경 본문이 '요한계시록 전체

---

152 요한계시록에 대해 더 많은 내용을 알고 싶은 경우 『요한계시록』(이광우 편역, 예영커뮤니케이

에서 어떤 역할을 담당하고 있는지'에 대해서는 설명하지 않겠다. **내가 위에 인용한 본문에서 주목했던 부분은 '요한'이 크게 울었다는 것이다.** '내 눈길을 사로잡은 구절'은 '예수께서 사랑하시는 그 제자'가 '보좌에 앉으신 이(성부 하나님)'[153]의 오른손에 들린 두루마리를 펴거나 볼 자가 없자 크게 울었다는 사실이었다. '사랑하는 스승, 예수님'께서 승천하신 지 60여 년의 세월이 지난 때였다. 예수님의 품 안에 안겨 질문하던 때, 10대 후반 혹은 20살 정도였던 '예수께서 사랑하시는 그 제자'는 그 사이 어느덧 팔십을 넘긴 노인이 되어 있었다. 즉, 위에 기록된 울음은 '청년의 울음'이 아니었다. 그의 울음은 온갖 모진 세월을 통과한 '80대 노사도(老使徒)의 울음'이었다. 이제는 열두 제자 중 혼자만 남아 초대교회를 지켜내야만 했던 '노인이 된 막둥이의 울음'이었다.

생각해 보라. '도미티아누스'의 '기독교 박해'로 초대교회가 '절체절명(絕體絕命)의 위기'에 빠진 시기, 과연 요한은 울 수 있었을까? 너무 외롭고, 너무 힘들다고, 언제 한 번 마음껏 목 놓아 울 수 있었을까? 다른 사람들이 있는 자리는 고사하고, 그렇게 마음껏 목 놓아 울 수 있는 혼자만의 시간과 공간이 허락되었을까? 그러니까 최후의 만찬 때 '예수의 품에 의지하여 누웠던, 예수께서 사랑하시던 막둥이'[154]는 요한계시록을 기록할 즈음 마음 놓고 울 수 있었을까? 설마 그럴 수 있다고 생각하는가? 다시 한번 강조하지만, 열

선)을 권한다.
153 이때 보좌에 앉으신 분은 '신 현현(神 顯顯)', 즉, 베일에 가린 '성부 하나님'의 모습이다.
154 "예수의 제자 중 하나 곧 그가 사랑하시는 자가 예수의 품에 의지하여 누웠는지라"(요한복음 13:23).

두 제자 중 그만 홀로 남아있던 상황이었다.

공생애 중 '마지막 유월절'이 다가오자, 십자가에 달리기 위해 예루살렘으로 향하시던 예수님을 찾아가 한 자리를 요구했던 그였다. 그의 형 야고보와 함께 어머니를 통하여 "나의 이 두 아들을 주의 나라에서 하나는 주의 우편에, 하나는 주의 좌편에 앉게 명하소서"라고 요구했던 그였다.[155] "너희는 너희가 구하는 것을 알지 못하는도다. 내가 마시려는 잔을 너희가 마실 수 있느냐?"라는 예수님의 말씀이 끝나기 무섭게 힘주어 답했던 그였다. "할 수 있나이다!" 사실, 대답이 아니라 '절규(絕叫)'였을 것이다. '욕망을 향한 절규' 말이다. 쉽게 말해, 악을 쓰듯 내뱉은 '욕망의 외침'이었을 것이다. 그 결과, 그의 친형인 야고보는 열두 제자 중 '첫 번째 순교자'가 되었다.[156] 그리고 요한은 열두 제자 중 '끝까지 남아 교회를 지키는 일'에 수고해야 했다. 즉, 그들 형제가 힘주어 "할 수 있나이다!"라고 외쳤던 '예수님께서 먼저 마셨던 잔'은 '순교의 잔'이었다.

물론 그의 형인 야고보가 순교했을 때, 요한은 마음껏 울 수 있었을 것이

---

155 "[20]그때에 세베대의 아들의 어머니가 그 아들들을 데리고 예수께 와서 절하며 무엇을 구하니 [21]예수께서 이르시되 무엇을 원하느냐 이르되 **나의 이 두 아들을 주의 나라에서 하나는 주의 우편에, 하나는 주의 좌편에 앉게 명하소서** [22]예수께서 대답하여 이르시되 너희는 너희가 구하는 것을 알지 못하는도다 내가 마시려는 잔을 너희가 마실 수 있느냐 그들이 말하되 **할 수 있나이다** [23]이르시되 너희가 과연 내 잔을 마시려니와 내 좌우편에 앉는 것은 내가 주는 것이 아니라 내 아버지께서 누구를 위하여 예비하셨든지 그들이 얻을 것이니라"(마태복음 20:20-23).

156 "[1]그때에 헤롯왕이 손을 들어 교회 중에서 몇 사람을 해하려 하여 [2]요한의 형제 야고보를 칼로 죽이니"(사도행전 12:1-2).

다. '야고보'는 열두 제자 중 '첫 번째 순교자'가 되었다는 말에서도 알 수 있듯이, 요한에게는 아직 열 명의 형들이 있었다.[157] 비록 "누가 크냐?"를 두고 다퉜던 형들이었지만, 예수님의 승천과 성령 강림 후 '그 이야기'는 '옛 추억과 교훈 거리'였을 뿐이다. 더군다나 십자가 상(上)에서 말씀하신 예수님의 부탁으로 그의 곁에는 '이모인 마리아'까지 있는 상황이었다. 그러니 야고보가 순교했을 때 요한은 마음껏 울 수 있었을 것이다.

그러나 이후 '공생애를 같이 했던 형들, 한명 한명의 순교 소식'을 접할 때마다 요한의 마음은 어떠했을까? 아니, 열두 제자뿐 아니라 신앙생활을 같이했던 수많은 형제자매들의 순교 소식이 쌓여가는 동안 요한은 어떻게 변해갔을까? 아무리 그의 마음에 '굳은 살이 박혔다' 해도 익숙해지지 않는 것이 바로 '순교의 소식' 아니었을까?

요한 첫 번째 단원에서 자세히 다루었듯이, 예수님께서 십자가에 못 박히시기 열흘 전쯤에 했던 요구였다. "나의 이 두 아들을 주의 나라에서 하나는 주의 우편에, 하나는 주의 좌편에 앉게 명하소서." 그렇게 자신들이 하는 요구가 무엇인지조차 몰랐던 '예수께서 사랑하시는 그 제자'는 이후 다시는 그 이전으로 돌아갈 수 없었다. 철없던 요구가 있은 지 열흘쯤 뒤부터 그를 둘러싼 모든 것이 폭풍처럼 휘몰아치기 시작했다. 물론 겟세마네 동산에서 예수님께서 '베드로와 야고보 그리고 요한'을 따로 데리고 기도하러 가실 때

---

[157] "제비 뽑아 맛디아를 얻으니 그가 열한 사도의 수에 들어가니라"(사도행전 1:26).: 예수님의 승천 후 가룟 유다의 자리에 들어간 '맛디아'까지 포함하여 열 명의 형이 있었다.

만 해도, 그는 그에게 몰아닥칠 미래에 대해 상상조차 하지 못했을 것이다. 그저 '유월절 식사'[158] 후 늦은 밤에 도착한 그곳에서 그를 사로잡은 것은 '식사 후의 나른함 혹은 하루의 피로'였던 것으로 보인다.[159]

그러나 바로 뒤, '몰아닥치기 시작한 상황'[160]은 요한에게 있어서 '그 이전과 이후로 그의 인생을 가르는 이정표(里程標)'가 되었을 것이다. 자다가 일어난 베드로의 칼질과 예수님의 반응[161], 대제사장의 집에서 신문 받으시던 예수님의 모습[162], 그렇게 밤새 여러 곳을 끌려다니며 온갖 수모와 채찍질

---

158 "[17]무교절의 첫날에 제자들이 예수께 나아와서 이르되 유월절 음식 잡수실 것을 우리가 어디서 준비하기를 원하시나이까 [18]이르시되 성안 아무에게 가서 이르되 선생님 말씀이 내 때가 가까이 왔으니 내 제자들과 함께 유월절을 네 집에서 지키겠다 하시더라 하라 하시니 [19]제자들이 예수께서 시키신 대로 하여 유월절을 준비하였더라 [20]저물 때에 예수께서 열두 제자와 함께 앉으셨더니"(마태복음 26:17-20).

159 "[36]이에 예수께서 제자들과 함께 겟세마네 하는 곳에 이르러 제자들에게 이르시되 내가 저기 가서 기도할 동안에 너희는 여기 앉아 있으라 하시고 [37]베드로와 세베대의 두 아들을 데리고 가실새 고민하고 슬퍼하사 [38]이에 말씀하시되 내 마음이 매우 고민하여 죽게 되었으니 너희는 여기 머물러 나와 함께 깨어 있으라 하시고 [39]조금 나아가사 얼굴을 땅에 대시고 엎드려 기도하여 이르시되 내 아버지여 만일 할 만하시거든 이 잔을 내게서 지나가게 하옵소서 그러나 나의 원대로 마시옵고 아버지의 원대로 하옵소서 하시고 [40]제자들에게 오사 그 자는 것을 보시고 베드로에게 말씀하시되 너희가 나와 함께 한 시간도 이렇게 깨어 있을 수 없더냐 [41]시험에 들지 않게 깨어 기도하라 마음에는 원이로되 육신이 약하도다 하시고 [42]다시 두 번째 나아가 기도하여 이르시되 내 아버지여 만일 내가 마시지 않고는 이 잔이 내게서 지나갈 수 없거든 아버지의 원대로 되기를 원하나이다 하시고 [43]다시 오사 보신즉 그들이 자니 이는 그들의 눈이 피곤함일러라 [44]또 그들을 두시고 나아가 세 번째 같은 말씀으로 기도하신 후 [45]이에 제자들에게 오사 이르시되 이제는 자고 쉬라 보라 때가 가까이 왔으니 인자가 죄인의 손에 팔리느니라 [46]일어나라 함께 가자 보라 나를 파는 자가 가까이 왔느니라"(마태복음 26:36-46).

160 "말씀하실 때에 열둘 중의 하나인 유다가 왔는데 대제사장들과 백성의 장로들에게서 파송된 큰 무리가 칼과 몽치를 가지고 그와 함께 하였더라"(마태복음 26:47).

161 "[10]이에 시몬 베드로가 칼을 가졌는데 그것을 빼어 대제사장의 종을 쳐서 오른편 귀를 베어버리니 그 종의 이름은 말고라 [11]예수께서 베드로더러 이르시되 칼을 칼집에 꽂으라 아버지께서 주신 잔을 내가 마시지 아니하겠느냐 하시니라"(요한복음 18:10-11).

162 "[15]시몬 베드로와 또 다른 제자 한 사람이 예수를 따르니 이 제자는 대제사장과 아는 사람이라 예수와 함께 대제사장의 집 뜰에 들어가고 [16]베드로는 문 밖에 서 있는지라 대제사장을 아

을 당하시던 예수님을 따라[163], 눈앞에 번뜩이던 횃불과 함께 꼬박 밤을 새운 뒤, 그는 십자가에 달리신 예수님의 곁에 서 있었다. 그리고 예수님의 부탁으로 그때부터 모시게 된 마리아로 인해[164], 그는 다른 제자들과는 다른 길을 가게 되었다.[165]

폭풍우 같던 십자가 사건을 지나, 부활하신 예수님을 만나고, 오순절에 성령을 받고, 공생애를 같이 했던 형들의 순교 소식이 다한 뒤에, 오랜 세월 동안 모시던 마리아까지 떠나보낸 뒤, 본격적으로 시작된 요한의 사역은 '이단(異端)과의 싸움'이었다. 어쩌면, 당연한 일이 아니었을까? 마리아와 열두 사도들 중 여러 명이 생존해 있을 때는 '이단 사상'이 가능했을까? '예수님의 육신의 모친과 직계 제자들'이 살아있는데, 이단들이 '다른 이야기'를 한다 한들 사람들에게 그 사상이 먹히기나 했을까? 불가능한 이야기다. 하지만 오랜 세월 마리아를 모시느라 사역 현장에 잘 보이지 않던 요한만 남

는 그 다른 제자가 나가서 문 지키는 여자에게 말하여 베드로를 데리고 들어오니"(요한복음 18:15-16).

[163] "²⁸그들이 예수를 가야바에게서 관정으로 끌고 가니 새벽이라 그들은 더럽힘을 받지 아니하고 유월절 잔치를 먹고자 하여 관정에 들어가지 아니하더라 ²⁹그러므로 빌라도가 밖으로 나가서 그들에게 말하되 너희가 무슨 일로 이 사람을 고발하느냐"(요한복음 18:28-29). "¹이에 빌라도가 예수를 데려다가 채찍질하더라 ²군인들이 가시나무로 관을 엮어 그의 머리에 씌우고 자색 옷을 입히고 ³앞에 가서 이르되 유대인의 왕이여 평안할지어다 하며 손으로 때리더라"(요한복음 19:1-3).

[164] "²⁵예수의 십자가 곁에는 그 어머니와 이모와 글로바의 아내 마리아와 막달라 마리아가 섰는지라 ²⁶예수께서 자기의 어머니와 사랑하시는 제자가 곁에 서 있는 것을 보시고 자기 어머니께 말씀하시되 여자여 보소서 아들이니이다 하시고 ²⁷또 그 제자에게 이르시되 보라 네 어머니라 하신대 그때부터 그 제자가 자기 집에 모시니라"(요한복음 19:25-27).

[165] 일부 전승에 따르면, 마리아를 모시고 있는 동안 '초대교회에서 활발하게 활동하던 다른 사도들을 보며' 요한은 스스로를 가리켜 "나는 사도도 아니다"라는 말을 했다고 전해진다. 물론 개인적으로는 '과연 그랬을까?'라는 의문이 들기도 하지만, '모든 하나님의 사람은 성장한다'는 사실을 놓고 볼 때 아예 가능성이 없는 이야기는 아닐 것이다.

은 상황에서는 어떠했을까? 즉, 마리아를 떠나보낸 뒤, 사역 현장에 복귀한 요한을 기다린 것은 '이단들'이었다.

> ¹⁸아이들아 지금은 마지막 때라 적그리스도가 오리라는 말을 너희가 들은 것과 같이 지금도 많은 적그리스도가 일어났으니 그러므로 우리가 마지막 때인 줄 아노라 ¹⁹**그들이 우리에게서 나갔으나 우리에게 속하지 아니하였나니** 만일 우리에게 속하였더라면 우리와 함께 거하였으려니와 그들이 나간 것은 다 우리에게 속하지 아니함을 나타내려 함이니라 (요한1서 2:18-19)

이러한 흔적은 '요한서신'에도 기록되어 있다. "그들이 우리에게서 나갔으나, 우리에게 속하지 아니하였나니." 우리는 요한의 이 기록을 통해, 요한이 사역했던 교회에서 있었던 일을 아주 쉽게 상상할 수 있다. 교회 생활 중 '분리의 아픔'을 겪었던 경험이 있다면 (이단의 문제가 아니라도), 이 일이 진행되는 과정에서 요한이 '어떤 아픔과 기가 막힌 처지에 몰렸을지' 상상하는 것은 어려운 일이 아니다. 그렇게 형들을 보내고, 마리아를 떠나보낸 뒤, 사역 현장에 복귀한 열두 제자 중 막둥이의 처지는 절대 녹록지 않았다. 쉽게 말해 "내가 마시려는 잔을 너희가 마실 수 있느냐?"는 예수님의 질문에 "할 수 있나이다!"를 외친 뒤, 요한의 삶은 단 하루도 쉽지 않았을 것이다. 단 하루도 그냥 지나가는 법이 없었을 것이다.

그렇게 사역 현장에 복귀하자마자 '**교회 내부에서는 이단 문제**'가 '**교회 외부에서는 로마의 기독교 박해**'가 그를 조여오기 시작했다. 그러니 하는 말이다. 요한계시록은 '도미티아누스의 기독교 박해'로 초대교회가 신음하던 시기에 기록되었다. 그렇다면 요한계시록을 기록하기 전, 수년간 요한은 마음 놓고 울 수 있었을까? 너무 외롭고, 너무 힘들다고, 언제 한 번 마음껏 목 놓아 울 수 있었을까? 다른 사람들이 있는 자리뿐 아니라, 그렇게 마음껏 목 놓아 울 수 있는 혼자만의 시간과 공간이 허락되었을까? 그러니까 최후의 만찬 때 '예수의 품에 의지하여 누웠던, 예수께서 사랑하시던 막둥이 제자'는 요한계시록을 기록할 즈음 마음껏 목 놓아 울 수 있었을까? 천만의 말씀이다.

'도미티아누스의 기독교 박해'로 초대교회가 '절체절명(絕體絕命)의 위기'에 빠진 시기, 초대교회 교인들의 눈은 모두 요한을 향해 있었을 것이다. 모두가 요한만 바라보는 상황이었을 것이다. 그러니 요한은 절대 울 수 없었을 것이다. '사람은 누울 자리를 보고 발을 뻗는다'는 속담이 있다. 인생을 살아보면 살아볼수록 '이보다 맞는 말이 있을까?' 싶은 속담이다. 내 자신이 '최후의 방어선 혹은 최후의 보루'라는 것을 아는 순간 사람은 '초인적인 능력'을 발휘하게 마련이다. 정말이지, 요한은 다른 성도들의 눈에 단단한 바위처럼만 느껴졌을 것이다. 누구나 알고 있는 '그가 열두 제자 중 막둥이였다는 사실'은 없었던 일처럼 취급되었을 것이다.

"그 두루마리를 펴거나 보거나 하기에 합당한 자가 보이지 아니하기로 내가 크게 울었더니." 그런데 그런 그가 밧모섬에서 어린아이처럼 울고 있다. 바위가 눈물을 쏟아내기 시작한 것이다. '초대교회 입구에 굳건히 서 있는 품 넓은 나무'가 소리를 내기 시작한 것이다. 그러니까 '예수께서 사랑하시는 그 제자'가 '보좌에 앉으신 이(성부 하나님)'의 오른손에 들린 두루마리를 펴거나 볼 자가 없자 펑펑 울기 시작했다. 마치 길을 잃어 '하얗게 질려 있던 아이'가 눈앞에 엄마가 나타나자 눈물을 쏟아내기 시작하듯이 펑펑 울기 시작했다. 그것은 온갖 모진 세월을 견뎌낸 '80대 노사도(老使徒)의 울음'이었다. 열두 제자 중 혼자 남아 초대교회를 지켜내야만 했던 '노인이 된 막둥이의 울음'이었다.

그렇다면, 무엇이 그렇게 요한을 '무장해제'한 것일까?

⁹나 요한은 너희 형제요 예수의 환난과 나라와 참음에 동참하는 자라 하나님의 말씀과 예수를 증언하였음으로 말미암아 **밧모라 하는 섬에 있었더니** ¹⁰주의 날에 내가 성령에 감동되어 내 뒤에서 나는 나팔 소리 같은 큰 음성을 들으니 ¹¹이르되 네가 보는 것을 두루마리에 써서 에베소, 서머나, 버가모, 두아디라, 사데, 빌라델비아, 라오디게아 등 일곱 교회에 보내라 하시기로 ¹²**몸을 돌이켜 나에게 말한 음성을 알아 보려고 돌이킬 때**에 일곱 금 촛대를 보았는데 ¹³**촛대 사이에 인자 같은 이가** 발에 끌리는 옷을 입고 가슴에 금띠를 띠고 ¹⁴그의 머리와 털의 희기가 흰 양털 같고 눈 같으며 그의 눈은 불꽃 같고 ¹⁵그의 발은 풀무불에 단련한 빛난 주석 같고 그의 음성은 많은 물 소리와 같으며 ¹⁶그의 오른손에 일곱 별이 있고 그의 입에서 좌우에 날선 검이 나오고 그 얼굴은 해가 힘있게 비치는 것 같더라 ¹⁷내가 볼 때에 그의 발 앞에 엎드러져 죽은 자 같이 되매 **그가 오른손을 내게 얹고 이르시되** 두려워하지 말라 나는 처음이요 마지막이니 ¹⁸곧 살아 있는 자라 내가 전에 죽었었노라 볼지어다 이제 세

세토록 살아 있어 사망과 음부의 열쇠를 가졌노니 ^{19}그러므로 네가 본 것과 지금 있는 일과 장차 될 일을 기록하라 ^{20}네가 본 것은 내 오른손의 일곱 별의 비밀과 또 일곱 금 촛대라 일곱 별은 일곱 교회의 사자요 일곱 촛대는 일곱 교회니라(요한계시록 1:9-20)

그 해답은 요한계시록의 시작 부분에 있다. 기억을 상기하자면, 요한은 요한계시록 5장에서 울기 시작했다. "나 요한은 너희 형제요 예수의 환난과 나라와 참음에 동참하는 자라. 하나님의 말씀과 예수를 증언하였음으로 말미암아 **밧모라 하는 섬에 있었더니.**" 요한은 '도미티아누스의 기독교 박해'로 95년경에 밧모섬으로 유배되었다. 그렇게 밧모섬에 유배되었던 요한은 약 18개월간의 유배 생활을 마치고 에베소교회로 돌아갔다고 전해진다. 물론 요한의 유배 기간이 더 길었다는 주장도 있다. 하지만 '도미티아누스'가 96년 9월 18일에 살해당했다는 역사 기록으로 보아 18개월이 맞는 것으로 보인다. 설마 '예수님의 사랑받는 막둥이 제자'를 유배 보낸 로마 황제를 예수님께서 그냥 두셨을까?

"주의 날에 내가 성령에 감동되어 내 뒤에서 나는 나팔 소리 같은 큰 음성을 들으니." 바로 그곳에서 요한은 성령에 감동되어 계시를 받았다. "주의 날에." 예수님께서 부활하셨던 주일이었다.[166] 그리고 그렇게 받은 계시를

---

[166] "안식 후 첫날 일찍이 아직 어두울 때에 막달라 마리아가 무덤에 와서 돌이 무덤에서 옮겨진 것을 보고"(요한복음 20:1).: 예수님은 안식 후 첫날, 즉 안식일 다음 날에 부활하셨다. 그렇게 예수님은 십자가에서 죽으시고 부활하심으로 '첫 번째 아담의 원죄'로 어긋나게 된 '하나님과 우리의 관계를 회복'시키셨다. 하나님과 우리 관계에 '안식(安息)'을 가져오셨다. '진정한 안식'을 그림과 같이 묘사하면 어떤 모습일까? 그것은 자신을 낳은 엄마의 품속에 안겨 있는 아기의

기록한 것이 바로 '요한계시록'이다. "이르되 네가 보는 것을 두루마리에 써서 에베소, 서머나, 버가모, 두아디라, 사데, 빌라델비아, 라오디게아 등 일곱 교회에 보내라 하시기로." 이때 언급된 일곱 교회는 요한이 '제1차 유대-로마 전쟁'을 피해 소아시아로 넘어간 뒤에 사역했던 교회들로 알려져 있다. 즉, 요한은 밧모섬에 유배되기 전에 사역했던 교회들에 편지를 하게 된 셈이다.

"몸을 돌이켜 나에게 말한 음성을 알아보려고 돌이킬 때에." 어찌됐든, '소아시아의 일곱 교회에 편지하라는 음성'이 요한에게는 '익숙한 목소리'였던 것 같다. 더군다나, 요한이 계시를 받았던 '계시 동굴 입구에서 보이는 해안의 모습'은 '갈릴리 호수의 북쪽 해안'과 흡사한 것으로 알려져 있다. 검은색 현무암으로 이루어진 토질뿐 아니라 항만의 모양 그리고 서식하는 식물의 종류 또한 비슷한 것으로 알려져 있다. 즉, 요한은 그를 사랑하셨던 예수님과 함께했던 '갈릴리 호수'를 쏙 빼닮은 곳에서 기도했던 것이다. 그러니 요한은 계시 동굴에 올 때마다 마치 고향에 온 느낌을 받았을 것이다. 동시에 그를 사랑하셨던 예수님 생각으로 가득했을 것이다. 그런데 '주의 날'에 성령에 감동되어 계시를 받았는데, '익숙한 목소리'가 들려오는 것이었다. 그러니 그 순간, 그 음성의 주인공을 확인하기 위해 몸을 돌이키는 것은

모습이 아닐까? 마찬가지로 '우리를 지으신 하나님 아버지의 품속에 안겨 있는 구원받은 성도의 모습'보다 '진정한 안식'의 모습이 있을까?: "본래 하나님을 본 사람이 없으되 아버지 품 속에 있는 독생하신 하나님이 나타내셨느니라"(요한복음 1:18).: 바로 그 진정한 안식을 '아버지 품속에 있는 독생하신 성자 하나님'께서 완성하셨다. 그리고 바로 그 '진정한 안식'이 완성된 날이 안식일 다음 날인 '주일(예수님께서 부활하신 날)'이다. 그렇게 우리 주 예수 그리스도께서 부활하심으로 '주일'이 '진정한 안식일'이 되었다. 그러므로 구약시대의 안식일을 고집하는 자들은 '우리 주 예수 그리스도의 십자가와 부활'을 부정하는 자들이다.

자연스러운 행동이었다.

"몸을 돌이켜 나에게 말한 음성을 알아 보려고 돌이킬 때에 일곱 금 촛대를 보았는데, **촛대 사이에 인자 같은 이가** 발에 끌리는 옷을 입고 가슴에 금띠를 띠고, 그의 머리와 털의 희기가 흰 양털 같고 눈 같으며 그의 눈은 불꽃 같고 그의 발은 풀무불에 단련한 빛난 주석 같고 그의 음성은 많은 물소리와 같으며 그의 오른손에 일곱 별이 있고 그의 입에서 좌우에 날선 검이 나오고 그 얼굴은 해가 힘 있게 비치는 것 같더라." 바로 앞에 인용한 말씀은, 그렇게 '익숙한 목소리'의 주인공을 확인하기 위해 몸을 돌이킨 요한의 눈에 비친 '예수님의 모습'이다. 사람들은 요한계시록을 이야기할 때 주로 '종말론'만을 이야기하는 경향이 있지만, '예수님에 대한 이야기'로 가득한 것이 '요한계시록'이다. 심지어 일곱 교회에 전한 내용도 '예수님에 대한 묘사'로 시작된다.[167]

그렇게 '익숙한 목소리'의 주인공을 확인하기 위해 몸을 돌이킨 요한의 눈에 '익숙한 모습'이 비쳤다. "일곱 금 촛대를 보았는데, 촛대 사이에 **인자**

---

[167] "에베소교회의 사자에게 편지하라 오른손에 있는 일곱 별을 붙잡고 일곱 금 촛대 사이를 거니시는 이가 이르시되"(요한계시록 2:1). "서머나교회의 사자에게 편지하라 처음이며 마지막이요 죽었다가 살아나신 이가 이르시되"(요한계시록 2:8). "버가모교회의 사자에게 편지하라 좌우에 날선 검을 가지신 이가 이르시되"(요한계시록 2:12). "두아디라교회의 사자에게 편지하라 그 눈이 불꽃 같고 그 발이 빛난 주석과 같은 하나님의 아들이 이르시되"(요한계시록 2:18). "사데교회의 사자에게 편지하라 하나님의 일곱 영과 일곱 별을 가지신 이가 이르시되 내가 네 행위를 아노니 네가 살았다 하는 이름은 가졌으나 죽은 자로다"(요한계시록 3:1). "빌라델비아교회의 사자에게 편지하라 거룩하고 진실하사 다윗의 열쇠를 가지신 이 곧 열면 닫을 사람이 없고 닫으면 열 사람이 없는 그가 이르시되"(요한계시록 3:7). "라오디게아교회의 사자에게 편지하라 아멘이시요 충성되고 참된 증인이시요 하나님의 창조의 근본이신 이가 이르시되"(요한계시록 3:14).

같은 이가." '인자'가 아니라 '인자 같은 이'라고 표현한 것은, 아마도 예수님의 '영화로운 모습' 때문이었을 것이다. 쉽게 말해, '익숙한 목소리'를 확인하기 위해 몸을 돌이킨 요한의 눈에 '어디선가 많이 본 익숙한 존재'가 보였다. 너무도 익숙하지만 '같은'이라는 표현을 쓴 이유는, 예수님께서 이 땅에서 그와 함께하실 때 입으셨던 복장과 너무도 차이가 났기 때문이었을 것이다. 요한은 요한복음에서 이미 예수님을 "인자(人子)"라고 여러 번 언급했었다.[168] 즉, "인자 같은 이"라는 표현은 "예수님 같은데? 복장이 너무 달라서…" 정도의 의미다.

"내가 볼 때에 그의 발 앞에 엎드러져 죽은 자 같이 되매, **그가 오른손을 내게 얹고 이르시되** 두려워하지 말라." 그렇게 '아무리 봐도, 예수님 같은데?' 정도의 마음이었을 요한에게 예수님께서 다가오셨다. 그리고 오른손을 얹으셨다. 너무도 강한 '예수님의 영광'에 요한 자신도 모르게 엎드러져 죽은 자 같이 된 상황이었다. 그렇게 엎드려져 움직이지 못하게 된 요한에게 예수님께서 다가와 그를 만지셨다. 오랫동안 금슬(琴瑟)이 좋은 부부라면 내가 지금 하는 말의 의미를 알 것이다. '시각(視覺)'보다 정확한 것은 '촉각(觸覺)'이다. 이 감각은 틀릴 수가 없다. 그렇게 예수님이 다가오셔서 요한을 만지신 순간 요한은 확신할 수 있었을 것이다.

---

[168] 일부만 인용하자면 이와 같다.: "이에 예수께서 이르시되 너희가 **인자를 든** 후에 내가 그인 줄을 알고 또 내가 스스로 아무 것도 하지 아니하고 오직 아버지께서 가르치신 대로 이런 것을 말하는 줄도 알리라"(요한복음 8:28). "³⁵예수께서 그들이 그 사람을 쫓아냈다 하는 말을 들으셨더니 그를 만나사 이르시되 **네가 인자를 믿느냐** ³⁶대답하여 이르되 주여 그가 누구시오니이까 내가 믿고자 하나이다 ³⁷예수께서 이르시되 **네가 그를 보았거니와 지금 너와 말하는 자가 그이니라**"(요한복음 9:35-37). "예수께서 대답하여 이르시되 **인자가 영광을 얻을 때가 왔도다**"(요한복음 12:23).

'아, 예수님이시다!' 그렇게 요한의 마음속에 깨달음이 스치는 순간, 예수님께서 말씀하셨다. "나는 처음이요 마지막이니 곧 살아 있는 자라." 이 말씀은 "나는 하나님이다"라는 뜻이다. "내가 전에 죽었었노라." 어쩌면 이 말씀은 요한의 확신을 돕기 위해 하신 말씀이었을 것이다. 예수님의 십자가와 부활을 직접 경험했던 요한에게 있어서 이 말씀보다 더 확실한 징표(徵表)가 있을까? "볼지어다. 이제 세세토록 살아 있어 사망과 음부의 열쇠를 가졌노니, 그러므로 네가 본 것과 지금 있는 일과 장차 될 일을 기록하라. 네가 본 것은 내 오른손의 일곱 별의 비밀과 또 일곱 금 촛대라 일곱 별은 일곱 교회의 사자요 일곱 촛대는 일곱 교회니라." 그렇게 예수님은 요한에게 일곱 교회에 전할 말씀을 이어가셨다.

> ¹이 일 후에 내가 보니 하늘에 열린 문이 있는데 내가 들은 바 처음에 내게 말하던 나팔 소리 같은 그 음성이 이르되 **이리로 올라오라** 이 후에 마땅히 일어날 일들을 내가 네게 보이리라 하시더라 ²내가 곧 성령에 감동되었더니 보라 하늘에 보좌를 베풀었고 **그 보좌 위에 앉으신 이가 있는데** ³앉으신 이의 모양이 벽옥과 홍보석 같고 또 무지개가 있어 보좌에 둘렸는데 그 모양이 녹보석 같더라(요한계시록 4:1-3)

그렇게 일곱 교회에 전하라는 예수님(성자 하나님)의 말씀이 2장과 3장에 걸쳐 끝나자, 요한은 '성부 하나님'께서 보좌에 '현현(顯顯)'하신 자리로 이끌려 올라갔다. 위에 인용한 4장 말씀은 그 내용을 담고 있다. 그리고 바로 그 자리에서 있었던 일이 5장의 '일곱 인으로 봉해진 두루마리' 이야기다. "내가 보매 보좌에 앉으신 이의 오른손에 두루마리가 있으니 안팎으로 썼고 일곱 인으로 봉하였더라. 또 보매 힘있는 천사가 큰 음성으로 외치기를 누가 그 두루마리를 펴며 그 인을 떼기에 합당하냐 하나, 하늘 위에나 땅 위에나 땅 아래에 능히 그 두루마리를 펴거나 보거나 할 자가 없더라. 그 두루마리를 펴거나 보거나 하기에 합당한 자가 보이지 아니하기로 **내가 크게 울었더니**, 장로 중의 한 사람이 내게 말하되 울지 말라 유대 지파의 사자 다윗의 뿌리가 이겼으니 그 두루마리와 그 일곱 인을 떼시리라 하더라."**169** 즉, 요한은 '현현(顯現)'하신 '성부 하나님'의 보좌 앞에서 큰 소리로 운 것이다.

어떻게 이것이 가능했을까? **무엇이 그렇게 요한을 '무장해제' 시킨 것일까?** 그렇다. 바로 요한을 그렇게 사랑하신 예수님, 바로 그분을 만났기 때문이다.

> ¹⁶내가 아버지께 구하겠으니 그가 **또 다른 보혜사를 너희에게 주사 영원토록 너희와 함께 있게 하리니** ¹⁷그는 진리의 영이라 세상은 능히 그를 받지 못하나니 이는 그를 보지도 못하고 알지도 못함이라 그러나 너희는 그를 아나니 그는 너희와 함께 거하심이요 또 너희 속에 계시겠음이라 ¹⁸**내가 너희를 고아와 같이 버려두지 아니하고 너희에게로 오리라**(요한복음 14:16-18)

물론 예수님은 이 땅에 계실 때 제자들에게 말씀하신 적이 있었다. "또

---

169 요한계시록 5:1-5

다른 보혜사(성령 하나님)"¹⁷⁰를 통하여 제자들과 영원토록 함께 하시겠다고 말이다. 분명히 '예수의 영'이신 '성령 하나님'을 통하여 그들과 함께하시겠다고 하신 적이 있었다. 하지만 예수님의 품 안에 있던 '사랑받던 그 제자'의 마음속에는 이 말씀이 더 가득하지 않았을까? "내가 너희를 고아와 같이 버려두지 아니하고, 너희에게로 오리라."¹⁷¹ 어쩌면, 요한에게는 예수님께서 승천하신 뒤 60여 년의 세월이 고아처럼 느껴지지는 않았을까?¹⁷²

그렇게 오랜 세월이 지나, 이제는 80대가 되어버린 '예수께서 사랑하시는 그 제자'가 예수님을 만난 것이다. 비록 겉 사람은 80대이지만, 속 사람은 여전히 10대 후반인 '열두 제자 중 막둥이'가 그를 사랑하시던 예수님을 만난 것이다. "내가 너희를 고아와 같이 버려두지 아니하고, 너희에게로 오리라"고 약속하신 예수님을 만난 것이다. 그러니 '초대교회 입구에 굳건히 서 있던 거목(巨木)'이 울기 시작한 것이다. 바위가 눈물을 흘리기 시작한 것이다.

---

170 '원(原) 보혜사'는 예수님이시다. '보혜사'의 원어(原語)를 우리말로 옮기는 것은 거의 불가능하다. 원어(原語)가 품고 있는 '보혜사'의 뜻은 정말 깊고도 넓다. 신학대학원 시절, 원어(原語)가 품고 있는 '보혜사'의 뜻을 A4 용지 20장으로 서술해서 제출하라는 리포트(report)를 썼던 기억이 난다. 우리말 중에 '보혜사'에 가장 가까운 단어는 '변호사'였던 것으로 기억한다.
171 당연히 예수님의 이 말씀은 '예수의 영'이신 '성령 하나님'을 통하여 우리를 고아와 같이 버려두지 않겠다는 말씀이다.: "그러나 내가 너희에게 실상을 말하노니 내가 떠나가는 것이 너희에게 유익이라 내가 떠나가지 아니하면 보혜사가 너희에게 오시지 아니할 것이요 **가면 내가 그를 너희에게로 보내리니**"(요한복음 16:7).: 즉, 위의 말씀은 예수님께서 승천하신 후 보내주시는 영이신 '성령 하나님'의 내주(內住)하심을 통하여 우리를 고아와 같이 버려두지 않겠다는 말씀이다. 하지만 당연히 '예수님의 품 안에 있던 사랑받는 제자 요한'의 입장은 우리와는 좀 다르지 않았을까?
172 물론, 이 표현은 신학적으로나 교리적으로 충분히 반박받을 수 있는 표현이다. 이유는 바로 앞 각주를 참고하면 된다. 그러나 나는 이 표현이 '예수님의 품 안에 있던 사랑받는 제자 요한'의 입장에서는 가능한 표현이라 믿는다.

도대체 무슨 말을 하려고 이 부분을 이렇게 추적하는 것일까? 이단(異端)들 때문에, 실존적(實存的)으로는 '마치 없는 성경처럼 취급'받고 있는 '요한계시록'을 성도들에게 돌려주고 싶은 마음 때문이다. 이단(異端)들 때문에, '무서운 책'으로만 인식되어 '마치 없는 성경처럼 취급'받고 있는 '요한계시록'을 성도들에게 돌려주고 싶은 마음 때문이다. '전천년설, 후천년설, 무천년설' 등 일반 성도들의 입장에서는 난해해 보이는 논쟁 때문에, 자꾸만 멀리하게 되는 '요한계시록'을 성도들에게 돌려주고 싶은 마음 때문이다.[173]

물론 요한계시록은 쉬운 책이 아니다. 동시에 잘못 해석할 경우 위험한 책이기도 하다. 우선 요한계시록에 나오는 상징들과 존재들이 '우리 편인지? 아니면 나쁜 놈들인지?'를 구분하는 것부터 '적지 않은 노력'이 필요하다.[174] 동시에 많은 이단들이 요한계시록으로부터 시작되었다는 점이 우리를 긴장하게 만든다.

그러나 모든 성도들이 신학도가 될 필요는 없다. 모든 성도들이 신학자가 될 필요 또한 없다. 하나님께서는 우리에게 필요 없는 말씀을 성경으로 주지 않으셨다. 즉, 하나님께서 우리에게 주신 말씀은 모두 우리에게 필요

---

[173] 솔직히 '천년 왕국 논쟁'은 나 또한 '신학대학원 3학년 시절 레포트(report)'를 제출한 뒤로는 살펴보지 않아, 그때 내가 어느 천년설을 지지했는지조차 잘 기억이 나지 않는다. '자신이 지지하는 천년설'을 정한 뒤에 '그 성경적 근거를 논증'하라는 레포트였다. 참고로 '교수님께서 지지하시는 천년설'을 지지한다고 더 높은 학점을 주지 않는다는 말씀과 함께 주셨던 레포트였다. 그 이전 학기에 A⁺를 받은 레포트는 '교수님의 견해와 다른 견해를 밝힌 전도사님의 레포트'였다는 말씀과 함께 주신 주제였다.
[174] 요한계시록에 대해 더 많은 내용을 알고 싶은 경우 『요한계시록』(이광우 편역, 예영커뮤니케이션)을 권한다.

한 말씀이다.[175] 동시에 하나님께서 우리에게 주신 말씀은 모두 복된 말씀이다.[176]

그래서 추적한 '예수께서 사랑하시는 그 제자'의 울음이었다. 그래서 추적한 요한계시록을 기록할 당시의 '예수께서 사랑하시는 그 제자'의 마음이었다. 어린 시절, 정말 뭣 모르던 시절, 예수님의 사랑을 받던 제자, 예수님의 부탁으로 마리아를 평생 모시며 세월을 보내고, 열한 명의 형들을 순교로 전부 보낸 뒤, 이제는 다 늙어버린 상태에서 교회가 직면한 이단과 (본격적으로 발흥하기 시작한 이단과) 홀로 싸워야 하는 상황에서, 거기에 더해 로마 황제 숭배를 거부하며 수없이 많은 초대교회 교인들이 속절없이 순교해 가는 상황 가운데, 60여 년 만에 예수님을 만나 기록한 성경이 바로 '요한계시록'이지 않은가?

그러한 상황에서 밧모섬에 유배되어 왕으로 등극하신 예수님을 만난 '요한의 심정? 심리? 마음?'은 어떠했을까? 요한의 눈에 예수님이 어떻게 보였을까? 낯설었을까? 반가웠을까? 원망스러웠을까? 이제는 다 늙어버린 자신의 모습을 보여드리는 것은 또 어떠했을까? 그렇지 않은가? 설마 어린 시절, 이 땅에서의 예수님과의 관계는 다 잊어버리고 '마치 처음 보는 사이'

---

[175] "[18]내가 이 두루마리의 예언의 말씀을 듣는 모든 사람에게 증언하노니 만일 누구든지 이것들 외에 더하면 하나님이 이 두루마리에 기록된 재앙들을 그에게 더하실 것이요 [19]만일 누구든지 이 두루마리의 예언의 말씀에서 제하여 버리면 하나님이 이 두루마리에 기록된 생명나무와 및 거룩한 성에 참여함을 제하여 버리시리라 [20]이것들을 증언하신 이가 이르시되 내가 진실로 속히 오리라 하시거늘 아멘 주 예수여 오시옵소서 [21]주 예수의 은혜가 모든 자들에게 있을지어다 아멘"(요한계시록 22:18-21).

[176] "이 예언의 말씀을 읽는 자와 듣는 자와 그 가운데에 기록한 것을 지키는 자는 복이 있나니 때가 가까움이라"(요한계시록 1:3).

처럼 예수님의 말씀을 받아 적지는 않았을 것 아닌가? '사무적인 관계'처럼 예수님의 말씀을 받아 적지는 않았을 것 아닌가? 설마 그럴 수 있다고 생각하는가? 그럴 수는 없는 것 아닌가? 그렇다면, 그렇게 기록된 '요한계시록'이 무섭기만 한 말씀일까? 위험하기만 한 말씀일까? 그러니까 '예수님과 요한의 사이'를 생각할 때, 요한계시록의 말씀은 하나님께서 우리에게 정말 들려주고 싶은 말씀일까? 아니면 외면해도 되는 말씀일까?

거꾸로 예수님 입장에서는 '이 땅에서 당신의 품 안에 안겨 있던 소년의 모습'을 보며 주셨던 말씀이 바로 '요한계시록'이 아니던가? 그러니 누군가의 오해처럼 '요한계시록'에 기록된 말씀이 '잔인한 경고'이기만 할까? 물론 엄중한 상황 가운데 주신 말씀이 '요한계시록'이다. 하지만 그 말씀을 주시는 예수님과 그 말씀을 기록하는 요한의 관계를 생각할 때, '요한계시록'의 말씀은 어떤 온도를 가지고 있을까?

이러한 배경을 이해하고 보면, 왜 신학자들이 '요한계시록'을 '희망의 책'이라고 하는지 조금은 마음에 와닿는 부분이 있을 것이다. 이러한 배경을 알고 보면, 왜 신학자들이 '요한계시록'을 '소망의 책'이라고 하는지 깨닫게 될 것이다. 이러한 분위기를 느끼고 보면, 왜 신학자들이 '요한계시록'의 주제가 '교회의 최후 승리'인지 알게 될 것이다.

내 첫 번째 책 『하나님을 위한 변명』 중 일부 내용을 인용하는 것으로 이번 단원을 마치려 한다.

[언젠가 요한계시록의 주제가 무엇인지 질문을 받은 적이 있다. "간사님,

요한계시록은 무시무시한 책이잖아요. 요한계시록은 무서운 책 맞지요?' 성경의 마지막을 장식하는 요한계시록의 주제는 '역사의 종말에 결국 교회가 승리한다'는 것이다. 그런 의미에서, 요한계시록은 '무서운 이야기'가 아니다. 요한계시록은 하나님의 자녀인 우리에게는 '희망의 책'이다. 아무리 현재 우리 눈앞에 보이는 현실이 절망적일지라도, '최후에는 결국 교회가 승리한다'라는 이야기가 담긴 책이 요한계시록이다. '역사의 종말에는 결국 어린양의 피로 깨끗케 함을 받은 교회가 승리한다!'

아무리 우리가 직면하고 있는 눈앞의 현실이 '절망적'이어도, '하나님의 주권'과 '하나님의 아빠 아버지로서의 사랑과 호의'를 믿고, '믿음'으로 강하게 버틸 때, 그러한 우리네 인생을 통하여 하나님께서는 이 땅에 '새로운 생명을 잉태'해 주실 것이다. 그리고 교회의 지체된 우리에게 '최후의 승리'를 안겨주실 것이다. 이것이 '요한계시록의 주제'다.]

요한은
어떤 사람이었을까?

¹안식 후 첫날 일찍이 아직 어두울 때에 막달라 마리아가 무덤에 와서 돌이 무덤에서 옮겨진 것을 보고 ²**시몬 베드로와 예수께서 사랑하시던 그 다른 제자에게 달려가서 말하되** 사람들이 주님을 무덤에서 가져다가 어디 두었는지 우리가 알지 못하겠다 하니 ³베드로와 그 다른 제자가 나가서 무덤으로 갈새 ⁴둘이 같이 달음질하더니 그 다른 제자가 베드로보다 더 빨리 달려가서 먼저 무덤에 이르러 ⁵구부려 세마포 놓인 것을 보았으나 들어가지는 아니하였더니 ⁶시몬 베드로는 따라와서 무덤에 들어가 보니 세마포가 놓였고 ⁷또 머리를 쌌던 수건은 세마포와 함께 놓이지 않고 딴 곳에 쌌던 대로 놓여 있더라 ⁸그때에야 무덤에 먼저 갔던 그 다른 제자도 들어가 보고 믿더라 ⁹(그들은 성경에 그가 죽은 자 가운데서 다시 살아나야 하리라 하신 말씀을 아직 알지 못하더라)(요한복음 20:1-9)

지금까지 우리는 '성경 저자로서의 요한'의 상황과 마음에 대해 살펴보았다. 요한의 경험이 성경 기록에 어떤 영향을 주었을지에 대해 추적해 보았다.[177] 이제 우리는 '요한의 성품(性品)'에 대해 살펴보려 한다. 즉, 이번 단원에서는 '요한이라는 사람은 어떤 사람이었을까?'에 대해 추적해 보려 한다. "안식 후 첫날 일찍이 아직 어두울 때에." 안식일 다음 날 이른 아침이었다. '막달라 마리아'가 예수님께서 장사 되신 무덤을 찾았다. 그곳은 원래 '아리마대 사람 요셉'이 자신을 위해 준비해 둔 새 무덤이었다.[178] "예수께서 십자가에 못 박히신 곳에 동산이 있고, 동산 안에 아직 사람을 장사한 일이 없는 새 무덤이 있는지라." 그곳은 바로 예수님이 십자가에 못 박히신 골고다 언덕에 위치해 있었다. 즉, 예수님은 십자가에 못 박히신 곳에 있던 무덤에 장사 되셨다. "이에 예수의 시체를 가져다가 유대인의 장례 법대로 그 향품과 함께 세마포로 쌌더라." 그 당시, 유대인의 장례는 우리와 달리 '삼일장(三日葬)'이 아니라 '하루'에 끝났다고 전해진다. 그리고 관에 시체를 넣지 않고, 세마포만으로 시체를 감싸 무덤에 넣은 뒤 무덤 입구를 석회로 밀봉했다고 한다.

---

[177] 이것이 바로 '성경은 100% 하나님의 작품인 동시에 100% 성경 기자의 작품이다. 그러므로 성경은 100% 참 하나님의 말씀이다"라는 신앙 고백의 일례(一例)다.
[178] "[38]아리마대 사람 요셉은 예수의 제자이나 유대인이 두려워 그것을 숨기더니 이 일 후에 빌라도에게 예수의 시체를 가져가기를 구하매 빌라도가 허락하는지라 **이에 가서 예수의 시체를 가져가니라** [39]일찍이 예수께 밤에 찾아왔던 니고데모도 몰약과 침향 섞은 것을 백 리트라쯤 가지고 온지라 [40]이에 예수의 시체를 가져다가 유대인의 장례 법대로 그 향품과 함께 세마포로 쌌더라 [41]**예수께서 십자가에 못 박히신 곳에 동산이 있고 동산 안에 아직 사람을 장사한 일이 없는 새 무덤이 있는지라** [42]이 날은 유대인의 준비일이요 또 무덤이 가까운 고로 예수를 거기 두니라"(요한복음 19:38-42).

화 있을진저 외식하는 서기관들과 바리새인들이여 **회칠한 무덤 같으니** 겉으로는 아름답게 보이나 그 안에는 죽은 사람의 **뼈**와 모든 더러운 것이 가득하도다(마태복음 23:27)

참고로, 유대인들이 무덤 입구를 석회로 밀봉하거나 회칠한 경우는 두 가지였다고 전해진다. 첫 번째는 새로운 시체를 무덤에 장사한 뒤에 '시체 썩는 냄새'가 밖으로 새어 나오지 않게 할 경우였다. 두 번째는 유월절과 같은 명절에 제사하러 오는 순례객들이 '부지불식(不知不識)' 중에 무덤에 접촉해서 '부정하게 되어 제사에 참여하지 못하는 불상사'를 예방하기 위해서였다. 유대인들은 가족무덤을 만들어 놓고서, 가족들이 죽을 때마다 조상들이 묻혀 있는 무덤에 시체를 세마포로 싸서 매장했다고 한다. 그리고 시체가 전부 썩어 뼈만 남게 되면, 그 뼈를 추려서 조상들의 뼈 옆에 두었다고 한다. 유대인들의 이러한 장례 문화를 이해하면, 구약에 기록된 "조상들과 함께 자매, 열조와 함께 장사되고, 열조와 함께 누우매"라는 표현이 좀 더 입체적으로 와 닿을 것이다. "아하스가 그의 **조상들과 함께 자매** 다윗성에 그 **열조와 함께 장사되고** 그의 아들 히스기야가 대신하여 왕이 되니라."[179] "므낫세가 그의 **열조와 함께 누우매** 그의 궁에 장사되고 그의 아들 아몬이 대신하여 왕이 되니라."[180] 즉, '아리마대 사람 요셉'이 예수님께 내어드린 무덤의 의미는 '한 사람만의 무덤'을 의미하지 않았다. '아리마대 사람 요셉'은

---

[179] 열왕기하 16:20
[180] 역대하 33:20

'그와 그의 후손 전부를 위해 마련한 무덤'을 예수님께 내어드린 것이었다.

　막달라 마리아가 이른 아침에 무덤을 찾은 이유는 예수님의 시체에 향품을 바르기 위해서였다.[181] 그녀는 '아리마대 사람 요셉'이 그의 무덤에 예수님을 장사할 때, 그 모습을 보고 있었다.[182] 그렇게 그녀는 예수님께서 장사 되신 무덤의 입구가 큰 돌로 닫히는 장면을 보았었다. "누가 우리를 위하여 무덤 문에서 돌을 굴려 주리요?" 그렇게 안식일 전날 미리 사둔 '향품과 향유'를 가지고 무덤을 향하던 '그들'[183]의 걱정은 무덤 입구에 있던 큰 돌이었다. 더군다나 무덤 앞을 지키고 있을 '대제사장들과 바리새인들에게 속한 경비병들'이 그들에게 호의(好意)를 베풀 것 같지는 않았을 것이다.[184] 하지

---

181 "¹안식일이 지나매 막달라 마리아와 야고보의 어머니 마리아와 또 살로메가 가서 **예수께 바르기 위하여 향품을 사다 두었다가** ²안식 후 첫날 매우 일찍이 해 돋을 때에 그 무덤으로 가며 ³서로 말하되 누가 우리를 위하여 무덤 문에서 돌을 굴려 주리요 하더니 ⁴눈을 들어본즉 벌써 돌이 굴려져 있는데 그 돌이 심히 크더라"(마가복음 16:1-4). "⁵⁵갈릴리에서 예수와 함께 온 여자들이 뒤를 따라 그 무덤과 그의 시체를 어떻게 두었는지를 보고 ⁵⁶돌아가 **향품과 향유를 준비하더라** 계명을 따라 안식일에 쉬더라 ¹안식 후 첫날 새벽에 이 여자들이 그 준비한 향품을 가지고 무덤에 가서 ²돌이 무덤에서 굴려 옮겨진 것을 보고 ³들어가니 주 예수의 시체가 보이지 아니하더라"(누가복음 23:55-24:3).

182 "⁵⁹요셉이 시체를 가져다가 깨끗한 세마포로 싸서 ⁶⁰바위 속에 판 자기 새 무덤에 넣어 두고 큰 돌을 굴려 무덤 문에 놓고 가니 ⁶¹거기 **막달라 마리아와 다른 마리아가 무덤을 향하여 앉았더라**"(마태복음 27:59-61).

183 막달라 마리아와 야고보의 어머니 마리아와 또 살로메: 즉, '막달라 마리아'와 '작은 야고보의 어머니' 그리고 '큰 야고보(요한의 형)의 어머니'

184 "⁶²그 이튿날은 준비일 다음 날이라 대제사장들과 바리새인들이 함께 빌라도에게 모여 이르되 ⁶³주여 저 속이던 자가 살아 있을 때에 말하되 내가 사흘 후에 다시 살아나리라 한 것을 우리가 기억하노니 ⁶⁴그러므로 명령하여 그 무덤을 사흘까지 굳게 지키게 하소서 그의 제자들이 와서 시체를 도둑질하여 가고 백성에게 말하되 그가 죽은 자 가운데서 살아났다 하면 후의 속임이 전보다 더 클까 하나이다 하니 ⁶⁵빌라도가 이르되 너희에게 경비병이 있으니 가서 힘대로 굳게 지키라 하거늘 ⁶⁶그들이 경비병과 함께 가서 돌을 인봉하고 무덤을 굳게 지키니라"(마태복음 27:62-66).

만 그러한 그녀들의 걱정은 기우(杞憂)였다. 그들이 무덤에 도착할 즈음, 큰 지진이 나며 주의 천사가 하늘로부터 내려와 무덤을 막고 있던 돌을 굴려냈다. 그리고 그러한 모습에 무덤 입구를 지키던 경비병들은 마치 죽은 사람과 같이 되었다.[185] 그리고 이 소식은 '베드로와 예수께서 사랑하시던 그 다

---

185 "¹안식일이 다 지나고 안식 후 첫날이 되려는 새벽에 막달라 마리아와 다른 마리아가 무덤을 보려고 갔더니 ²큰 지진이 나며 주의 천사가 하늘로부터 내려와 돌을 굴려 내고 그 위에 앉았는데 ³그 형상이 번개 같고 그 옷은 눈 같이 희거늘 ⁴**지키던 자들이 그를 무서워하여 떨며 죽은 사람과 같이 되었더라** ⁵천사가 여자들에게 말하여 이르되 너희는 무서워하지 말라 십자가에 못 박히신 예수를 너희가 찾는 줄 내가 아노라 ⁶그가 여기 계시지 않고 그가 말씀 하시던 대로 살아나셨느니라 와서 그가 누우셨던 곳을 보라 ⁷또 빨리 가서 그의 제자들에게 이르되 그가 죽은 자 가운데서 살아나셨고 너희보다 먼저 갈릴리로 가시나니 거기서 너희가 뵈오리라 하라 보라 내가 너희에게 일렀느니라 하거늘 ⁸그 여자들이 무서움과 큰 기쁨으로 빨리 무덤을 떠나 제자들에게 알리려고 달음질할새 ⁹예수께서 그들을 만나 이르시되 평안하냐 하시거늘 여자들이 나아가 그 발을 붙잡고 경배하니 ¹⁰이에 예수께서 이르시되 무서워하지 말라 가서 내 형제들에게 갈릴리로 가라 하라 거기서 나를 보리라 하시니라"(마태복음 28:1-10). "¹⁰이에 두 제자가 자기들의 집으로 돌아가니라 ¹¹마리아는 무덤 밖에 서서 울고 있더니 울면서 구부려 무덤 안을 들여다보니 ¹²흰옷 입은 두 천사가 예수의 시체 뉘었던 곳에 하나는 머리 편에, 하나는 발 편에 앉았더라 ¹³천사들이 이르되 여자여 어찌하여 우느냐 이르되 사람들이 내 주님을 옮겨다가 어디 두었는지 내가 알지 못함이니이다 ¹⁴이 말을 하고 뒤로 돌이켜 예수께서 서 계신 것을 보았으나 예수이신 줄 알지 못하더라 ¹⁵예수께서 이르시되 여자여 어찌하여 울며 누구를 찾느냐 하시니 마리아는 그가 동산지기인 줄 알고 이르되 주여 당신이 옮겼거든 어디 두었는지 내게 이르소서 그리하면 내가 가져가리이다 ¹⁶예수께서 마리아야 하시거늘 마리아가 돌이켜 히브리 말로 랍오니 하니 (이는 선생님이라는 말이라) ¹⁷예수께서 이르시되 나를 붙들지 말라 내가 아직 아버지께로 올라가지 아니하였노라 너는 내 형제들에게 가서 이르되 내가 내 아버지 곧 너희 아버지, 내 하나님 곧 너희 하나님께로 올라간다 하라 하시니 ¹⁸막달라 마리아가 가서 제자들에게 내가 주를 보았다 하고 또 주께서 자기에게 이렇게 말씀하셨다 이르니라"(요한복음 20:10-18, 1절에서 9절은 이번 단원 처음에 인용했다.).: 마태복음과 요한복음의 기록을 종합해서 볼 때, '이 일'과 '막달라 마리아가 부활하신 예수님을 만난 일' 사이에 '베드로와 요한이 무덤에 다녀갔음'을 알 수 있다. 즉, '막달라 마리아'는 이날 '제자들이 있던 숙소와 무덤 사이를 최소 두 번 왕복했음을 알 수 있다. 이번에는 이 부분을 자세히 추적하지는 않겠다. 참고로 사복음서에 기록된 이러한 내용들을 종합할 때 기준은 이러하다. 요한은 '마태복음, 마가복음, 누가복음'을 충분히 숙지한 다음에 '요한복음'을 기록했다. 즉, 요한은 '공관복음에 빠진 내용(반드시 기록되어야 하는데)'과 공관복음의 기록 중에 사람들이 오해할 가능성이 있는 부분을 보완하기 위해 요한복음을 기록했다. 그러한 이유로 사복음서에 기록된 내용 중 불분명한 부분이 있는 경우, 요한복음을 기준으로 살펴보면 된다.

른 제자'에게 전해졌다. 이때 언급된 '예수께서 사랑하시던 그 다른 제자'는 요한을 가리킨다.

"베드로와 그 다른 제자가 나가서 무덤으로 갈새, 둘이 같이 달음질하더니." 그렇게 막달라 마리아에게 소식을 전해 들은 '베드로와 요한'이 무덤을 향해 동시에 달려 나갔다. 그리고 이 부분에서 요한은 자신이 베드로보다 먼저 무덤에 도착했다고 증언한다. "그 다른 제자가 베드로보다 더 빨리 달려가서 먼저 무덤에 이르러 구부려 세마포 놓인 것을 보았으나 들어가지는 아니하였더니." 먼저 도착한 요한은 몸을 구부려 무덤 안을 살펴보았다. 그의 눈에 띈 것은 예수님의 시체를 감쌌던 세마포였다. 아마 요한은 '세마포에 묻은 핏자국'을 통해 무덤 안에 있던 세마포가 예수님을 감쌌던 것임을 알 수 있었을 것이다. '십자가에 달리시기 전날 밤 맞으셨던 채찍질'과 '십자가에 달리실 때 손과 발에 박혔던 못' 그리고 '예수님의 옆구리를 찔렀던 로마 병사의 창'으로 말미암아 흘러나왔던 '예수님의 보혈이 묻은 세마포' 안에는 정작 그것이 감쌌던 분이 계시지 않았다. 그것은 '막달라 마리아와 여인들'이 전해준 내용 그대로였다. [186] 여인들이 전해준 사실은 예수님께서 죽

---

[186] "¹안식 후 첫날 새벽에 이 여자들이 그 준비한 향품을 가지고 무덤에 가서 ²돌이 무덤에서 굴러 옮겨진 것을 보고 ³들어가니 주 예수의 시체가 보이지 아니하더라 ⁴이로 인하여 근심할 때에 문득 찬란한 옷을 입은 두 사람이 곁에 섰는지라 ⁵여자들이 두려워 얼굴을 땅에 대니 두 사람이 이르되 어찌하여 살아 있는 자를 죽은 자 가운데서 찾느냐 ⁶여기 계시지 않고 살아나셨느니라 갈릴리에 계실 때에 너희에게 어떻게 말씀하셨는지를 기억하라 ⁷이르시기를 인자가 죄인의 손에 넘겨져 십자가에 못 박히고 제삼일에 다시 살아나야 하리라 하셨느니라 한대 ⁸그들이 예수의 말씀을 기억하고 ⁹무덤에서 돌아가 이 모든 것을 열한 사도와 다른 모든 이에게 알리니 ¹⁰(이 여자들은 막달라 마리아와 요안나와 야고보의 모친 마리아라 또 그들과 함께 한 다른 여자들도 이것을 사도들에게 알리니라) ¹¹사도들은 그들의 말이 허탄한 듯이 들려 믿지 아니하나 ¹²베드로는 일어나 무덤에 달려가서 구부려 들여다 보니 세마포만 보이는지라 그 된 일을 놀랍

음에서 부활하셨다는 것이었다. "어찌하여 살아 있는 자를 죽은 자 가운데서 찾느냐? 여기 계시지 않고 살아나셨느니라. 갈릴리에 계실 때에 너희에게 어떻게 말씀하셨는지를 기억하라. 이르시기를 인자가 죄인의 손에 넘겨져 십자가에 못 박히고 제삼일에 다시 살아나야 하리라 하셨느니라." 정말이지, 무덤 안의 모습은 '천사들이 여인들에게 했다는 말' 그대로였다. 하지만 요한은 그 당시 '멍~' 했던 것 같다. 그냥 '눈에 보이는 현실과 그 의미'가 온전히 연결되지 않았던 것 같다. 그렇게 요한이 무덤 입구에서 멍하니 안을 들여다보는 사이 베드로가 뒤따라 도착했다. 그리고 알려진 그의 성격처럼 베드로는 바로 무덤에 들어갔다. 정말이지, 베드로다운 모습이었다.

"시몬 베드로는 따라와서 무덤에 들어가 보니 세마포가 놓였고 또 머리를 쌌던 수건은 세마포와 함께 놓이지 않고 딴 곳에 쌌던 대로 놓여 있더라. 그때에야 무덤에 먼저 갔던 그 다른 제자도 들어가 보고 믿더라." 그렇게 베드로가 무덤에 들어가 여인들이 전해준 말을 확인한 다음에야 요한도 따라 들어갔다. 그리고 여인들이 전해준 말을 믿게 되었다.

이 부분에서 일부 설교자들은 '요한의 겸손함'을 이야기하곤 한다. 그들이 '요한의 겸손함'을 이야기하면서 관련 구절로 드는 성경 말씀은 이 부분이다.

게 여기며 집으로 돌아가니라"(누가복음 24:1-12).: 누가의 증언을 통해서도 잘 알 수 있듯이, 예수님의 부활을 가장 먼저 이해하고 믿은 사람들은 사도들이 아니라 여인들이었다. 즉, 예수님께서 십자가에서 숨지신 후 처음 나왔던 신앙 고백이 '이방인 출신 백부장'의 입에서 나왔듯이, 예수님의 부활 또한 이방인과 같이 그 당시 사람 취급을 받지 못했던 '여인들'에 의해 전해졌다.

또 세베대의 아들 야고보와 야고보의 형제 요한이니 **이 둘에게는 보아너게 곧 우레의 아들이란 이름을 더하셨으며**(마가복음 3:17)

"야고보와 요한, 이 둘에게는 보아너게 곧 우레의 아들이란 이름을 다하셨으며." 예수님께서 '야고보 요한 형제'에게 주셨던 별명(別名)은 '보아너게 곧 우레의 아들'이었다. 즉, 이들 형제는 아마도 베드로와 같이 다혈질(多血質)이었던 것으로 보인다. 누가복음에는 이러한 야고보와 요한의 성품을 보여주는 사건이 기록되어 있다.

> [51]예수께서 승천하실 기약이 차가매 예루살렘을 향하여 올라가기로 굳게 결심하시고 [52]사자들을 앞서 보내시매 그들이 가서 예수를 위하여 준비하려고 사마리아인의 한 마을에 들어갔더니 [53]예수께서 예루살렘을 향하여 가시기 때문에 그들이 받아들이지 아니 하는지라 [54]제자 야고보와 요한이 이를 보고 이르되 **주여 우리가 불을 명하여 하늘로부터 내려 저들을 멸하라 하기를 원하시나이까** [55]예수께서 돌아보시며 꾸짖으시고 [56]함께 다른 마을로 가시니라(누가복음 9:51-56)

"예수께서 승천하실 기약이 차가매 예루살렘을 향하여 올라가기로 굳게 결심하시고." 예수님께서 장사 되신 무덤을 향하여 달려가던 때로부터 가까운 때에 있었던 일이다. 불과 몇 달 전에 있었던 일이다. "사자들을 앞서 보내시매, 그들이 가서 예수를 위하여 준비하려고 **사마리아인의 한 마을에 들어갔더니**, 예수께서 예루살렘을 향하여 가시기 때문에 **그들이 받아들이지**

아니 하는지라." 물론 대부분의 지체들은 이 부분을 아무 생각 없이 읽어 나갈 것이다. 하지만 성경의 꼼꼼한 독자라면 이런 질문이 나와야 마땅하다. '공생애 첫 번째 해에는 사마리아 마을이 예수님 일행을 받아들이지 않았나요?' 이때 있었던 사건이 예수님께서 만나주신 '우물가에 있던 수가성 여인 이야기'다. "사마리아 여자가 이르되, 당신은 유대인으로서 어찌하여 사마리아 여자인 나에게 물을 달라 하나이까? 하니, 이는 유대인이 사마리아인과 상종하지 아니함이러라." 물론 이때도 수가성 여인의 발언을 통해 유대인과 사마리아인의 관계를 알 수 있다. 하지만 '수가성 여인' 때는 예수님의 일행이 동네에 출입하는 것을 막는 정도는 아니었다.[187] 이때 수가성은 예수님을 메시아로 믿었다.[188] "사마리아인들이 예수께 와서 자기들과 함께 유하시기를 청하니, 거기서 이틀을 유하시매." 더군다나 그 당시 수가성 사람

---

187 "³유대를 떠나사 다시 갈릴리로 가실새 ⁴사마리아를 통과하여야 하겠는지라 ⁵사마리아에 있는 수가라 하는 동네에 이르시니 야곱이 그 아들 요셉에게 준 땅이 가깝고 ⁶거기 또 야곱의 우물이 있더라 예수께서 길 가시다가 피곤하여 우물 곁에 그대로 앉으시니 때가 여섯 시쯤 되었더라 ⁷사마리아 여자 한 사람이 물을 길으러 왔으매 예수께서 물을 좀 달라 하시니 ⁸이는 제자들이 먹을 것을 사러 그 동네에 들어갔음이러라 ⁹사마리아 여자가 이르되 당신은 유대인으로서 어찌하여 사마리아 여자인 나에게 물을 달라 하나이까 하니 이는 유대인이 사마리아인과 상종하지 아니함이러라 ¹⁰예수께서 대답하여 이르시되 네가 만일 하나님의 선물과 또 네게 물 좀 달라 하는 이가 누구인 줄 알았더라면 네가 그에게 구하였을 것이요 그가 생수를 네게 주었으리라"(요한복음 4:3-10).

188 "²⁵여자가 이르되 메시야 곧 그리스도라 하는 이가 오실 줄 내가 아노니 그가 오시면 모든 것을 우리에게 알려 주시리이다 ²⁶예수께서 이르시되 네게 말하는 내가 그라 하시니라 … ³⁹여자의 말이 내가 행한 모든 것을 그가 내게 말하였다 증언하므로 그 동네 중에 많은 사마리아인이 예수를 믿는지라 ⁴⁰사마리아인들이 예수께 와서 자기들과 함께 유하시기를 청하니 거기서 이틀을 유하시매 ⁴¹예수의 말씀으로 말미암아 믿는 자가 더욱 많아 ⁴²그 여자에게 말하되 이제 우리가 믿는 것은 네 말로 인함이 아니니 이는 우리가 친히 듣고 그가 참으로 세상의 구주신 줄 앎이라 하였더라 ⁴³이틀이 지나매 예수께서 거기를 떠나 갈릴리로 가시며"(요한복음 4:25-26, 39-43).

들은 그들이 먼저 예수님께 자신들과 함께하시기를 청했다.

그런데 왜 사마리아 마을은 십자가에 달리시려고 예루살렘으로 향하던 예수님을 받아들이지 않았을까? 물론 이때 언급된 '사마리아인의 한 마을'은 분명히 '수가성'이 아닐 것이다. 그럼에도 불구하고, 두 기록 사이에는 예수님 일행을 대하는 사마리아 사람들의 태도에 분명한 온도 차이가 있다. 그것은 바로 '예수님 일행이 향하는 행선지(行先地)'와 연관이 있었다. "예루살렘을 향하여 올라가기로 굳게 결심하시고." 이렇듯 예수님 일행이 유대 지역인 예루살렘을 향해 갈 때, 사마리아 사람들은 아주 적대적인 모습을 보였다. "유대를 떠나사 다시 갈릴리로 가실새, 이틀이 지나매 예수께서 거기를 떠나 갈릴리로 가시며." 반면 예수님 일행이 갈릴리로 향할 때는 사마리아 사람들의 적대감이 상대적으로 덜함을 알 수 있다.[189] 바로 이러한 사마리아 사람들의 적대감에 직면하여 '야고보와 요한 형제'가 보였던 반응이다. "주여, 우리가 불을 명하여 하늘로부터 내려 저들을 멸하라 하기를 원하시나이까?" 이미 이들은 예수님께서 주신 권능으로 많은 귀신을 쫓아내며 많은 병자를 고쳤던 경험이 있는 상태였다.[190] 이 땅에서 신음하던 수많은 '하나님의 형상들을 치유하는 데 쓰라고 받은 권능'이었다. 그런데 이번에는 '자신의 존재를 증명하는데' 쓰겠다는 것이었다. 그러한 이유로, 예수님께서

---

[189] 유대인과 사마리아인들 사이에 존재하는 이러한 앙금에 대해서는, 내 두 번째 책 『나사렛 여인, 마리아』, "천사 가브리엘의 두 번째 수태고지: 나사렛 마리아, 예수님의 어머니" 단원에서 자세히 설명해 두었다.

[190] "⁷열두 제자를 부르사 둘씩 둘씩 보내시며 더러운 귀신을 제어하는 권능을 주시고 … ¹²제자들이 나가서 회개하라 전파하고 ¹³많은 귀신을 쫓아내며 많은 병자에게 기름을 발라 고치더라"(마가복음 6:7, 12-13).

그들을 돌아보며 정색하시며 꾸짖으셨던 것이다. "예수께서 돌아보시며 꾸짖으시고." 이 사건을 통해서도 우리는 요한의 타고난 성품을 능히 가늠할 수 있다.

[그렇게 베드로가 무덤에 들어가 여인들이 전해준 말을 확인한 다음에야 요한도 따라 들어갔다. 그리고 여인들이 전해준 말을 믿게 되었다. 이 부분에서 일부 설교자들은 '요한의 겸손함'을 이야기하곤 한다. 그들이 '요한의 겸손함'을 이야기하면서 관련 구절로 드는 성경 말씀은 이 부분이다.] 앞에서 언급했던 내용이다. 여기까지 설명을 듣고 나면, 일부 설교자들이 말하는 '요한의 겸손함'이 오히려 어색하게 들릴 수도 있다. '요한의 겸손함'을 이야기한다면서 왜 이 부분을 인용하는지 어리둥절할 것이다. 도대체 무슨 말을 하는지 이해가 안 될 것이다.

일부 설교자들이 이 부분을 '요한의 겸손함'에 대한 관련 구절로 인용하는 이유는 이러하다. 그들은 '요한과 같은 성품을 가진 사람들의 특성'을 이야기하곤 한다. 쉽게 말해, 요한과 같이 다혈질(多血質)인 사람들은 '사람과 사람 사이의 관계'를 '수평적인 관계보다는 수직적인 관계'로 보는 경향이 있다는 것이다. 요한과 같이 '직설적이고 자신의 감정을 숨기지 않고 표현하는 사람들'의 경우, 상하관계에 민감하다는 주장이다. 그 결과, 먼저 무덤에 도착했지만, 자신보다 연장자(年長者)인 베드로가 도착할 때까지 기다렸다는 것이다. 그렇게 베드로를 기다려 순서대로 무덤에 들어갔다는 논리다. 그리고 이러한 태도가 '요한의 겸손함'이라는 주장이다.

이분들의 주장에 대한 내 입장은 뭐랄까? '글쎄다'이다. 이것을 '요한의 겸손함'으로 해석할 수 있다면, 우리는 '겸손의 정의'에 대해 다시 논의해 보아야 한다. 생각해 보라. 불과 몇 달 전에 요한은 "주여, 우리가 불을 명하여 하늘로부터 내려 저들을 멸하라 하기를 원하시나이까?"라고 외쳤다. 그 때문에 예수님께 꾸지람을 받았다. 설마 사람이 몇 달 만에 바뀌는 경우를 본 적이 있는가? 더구나 불과 '보름 정도 전'[191]에 그의 어머니를 통하여 "나의 이 두 아들을 주의 나라에서 하나는 주의 우편에, 하나는 주의 좌편에 앉게 명하소서"라고 요구했던 요한이었다. 이때 요한의 요구는 베드로보다 높은 자리를 달라는 것이었다. 그러니 예수님의 무덤에 먼저 도착했지만, 베드로가 도착할 때까지 무덤에 들어가지 않은 요한의 행위를 '겸손함'으로 해석하는 것은 무리가 있다.

이러한 해석이 난무하는 이유는, 은연중에 성경에 나오는 인물들을 '우리와 다른 성정(性情)[192]을 가진 존재'로 보기 때문이다. 성경에 나오는 인물들을 아예 우리와는 다른 수준의 사람으로 이상화(理想化)하기 때문이다. 이런 시도는 사실이 아닐뿐더러 '신앙적 유익'도 없다. 내가 이 부분을 지적하는 이유는 이와 같다. 누군가를 '이상화(理想化)'한다는 것은 결국 그의 삶과 나의 삶이 상관없다는 결과를 가져온다. 성경에 나오는 인물들이 처음부터 우리와는 다른 사람들이었다면, 우리는 그들의 삶을 통해서 배울 수 있는 것

---

191 요한 첫 번째 단원에서 자세히 살펴보았듯이, 길게 잡아 예수님께서 십자가에 못 박히시기 열흘쯤 전에 있었던 일이었을 것이다. 그러니 베드로와 요한이 무덤에 달려갔던 시점으로부터 정확히는 13일 전쯤이라고 해야 맞기는 할 것 같다.

192 성질과 심정, 타고난 본성, 성품.

이 없게 된다.

그런데 사람들은 왜 이럴까? 그것은 성경에 나오는 인물들의 소위 '인간적 요소(human factors)'를 무시하고 싶기 때문이다. 즉, 그가 가지는 '사람으로서의 한계와 아픔 그리고 어려움'을 외면하고 싶기 때문이다. 왜냐하면 그가 나와 같은 사람이라는 것을 인정하는 순간, '그의 한계와 아픔 그리고 어려움'에 공감해 줘야 하는데 그럴 생각이 없기 때문이다. 그가 나와 같은 사람이라는 것을 인정하는 순간, 나도 예수님의 제자로서, 그와 같이 '육신을 가진 사람이기에 가질 수밖에 없는 한계와 아픔 그리고 어려움'에도 불구하고, 이를 극복하고 대가(代價)를 치르는 삶을 살아내야 하기 때문이다. 쉽게 말해 오직 나의 사정만 무한대로 늘려 생각하고, 오직 나의 사정만 무한대로 늘려 배려받고 싶기 때문이다.

어찌됐든, 나는 요한이 '사람과 사람 사이의 관계'를 '수평적인 관계보다는 수직적인 관계'로 보는 경향이 있었을 것이라는 관점을 부정하지 않는다. 어떻게 표현하는 것이 좀 더 정확할까? 요한은 '사람과 사람 사이의 관계'를 '수직적인 관계로 보는 사람'이라는 표현보다는, 뭐랄까? **요한은 '자신보다 나이가 많은 사람을 잘 따르는 성품'이었던 것으로 보인다.**

우선 베드로와 요한의 나이 차이는 얼마나 되었을까? 요한 두 번째 단원에서 설명했듯이, 아마도 이 당시 요한의 나이는 '16세에서 20세 사이'였을 것이다. 그렇다면 이 시기, 베드로의 나이는 얼마나 되었을까? 사실 베드로의 나이는 정확히 특정(特定)하기 힘들다. 베드로의 나이에 대해서는 예수님보다 약간 나이가 많았다는 기록뿐 아니라 약간 적었다는 기록 또한 존재한다. 그러나저러나, 여러 주장들을 살펴볼 때 예수님과 큰 차이가 나지는 않았던 것 같다.[193] "예수께서 가르치심을 시작하실 때에 삼십 세쯤 되시니라."[194] 그리고 예수님께서는 삼십삼 세에 십자가에서 돌아가셨다. 그렇다면 베드로와 요한의 나이 차이는 얼마나 되었을까? 아마도 어림잡아 15세 정도는 되지 않았을까?

물론 21세기 대한민국을 기준으로 하면 대충 '늦둥이 막내 삼손 혹은 막내 이모'와 조카의 나이 차이일 수 있다. 하지만 여성의 경우 16세 정도에 첫 아이를 낳던 시절이었다. 그러니 베드로와 요한의 나이 차이는 그 시절

---

[193] "14예수께서 **베드로의 집에 들어가사 그의 장모가 열병으로 앓아 누운 것을 보시고** 15그의 손을 만지시니 열병이 떠나가고 여인이 일어나서 예수께 수종들더라"(마태복음 8:14-15).: 예수님께 부름을 받았던 당시, 베드로는 이미 결혼한 상태였다. 물론 예수님 당시 유대인 남성은 보통 스무 살 정도에 혼인했다. 어찌됐든, 이 부분을 통해서 우리는 베드로가 너무 어린 나이는 아니었다는 사실을 알 수 있다.: "18내가 진실로 진실로 네게 이르노니 **네가 젊어서는 스스로 띠 띠고 원하는 곳으로 다녔거니와 늙어서는 네 팔을 벌리리니 남이 네게 띠 띠우고 원하지 아니하는 곳으로 데려가리라** 19이 말씀을 하심은 베드로가 어떠한 죽음으로 하나님께 영광을 돌릴 것을 가리키심이러라 이 말씀을 하시고 베드로에게 이르시되 나를 따르라 하시니"(요한복음 21:18-19).: 또한 부활하신 후에 하셨던 예수님의 말씀을 통하여 우리는 베드로가 너무 나이 들지도 않았다는 사실을 알 수 있다. 즉, 베드로의 나이가 예수님보다 약간 많거나 적었다는 주장이 맞아 보인다.

[194] 누가복음 3:23 전반부: 물론 이때 기록된 "삼십 세쯤 되시니라"는 표현이 '모든 일에 익숙할 나이'라는 관용적인 표현이라는 주장 또한 있다. 이러한 주장을 하는 사람들이 추가로 인용하는 성경 구절이 이 부분이다.: "57유대인들이 이르되 **네가 아직 오십 세도 못되었는데 아브라함을 보았느냐** 58예수께서 이르시되 진실로 진실로 너희에게 이르노니 아브라함이 나기 전부터 내가 있느니라 하시니 59그들이 돌을 들어 치려 하거늘 예수께서 숨어 성전에서 나가시니라"(요한복음 8:57-59).: 공생애 당시 예수님의 나이가 40대 중반을 넘었다고 주장하는 사람들이 이렇게 말한다. [유대인들은 이 논쟁에서 당연히 예수님의 나이가 적다는 것을 강조하고 싶었을 것이다. 즉, 예수님이 삼십 세쯤 되셨다면, 유대인들은 이렇게 말했을 것이다. "네가 아직 삼십오 세도 못되었는데, 아브라함을 보았느냐? 네가 아직 사십 세도 못되었는데, 아브라함을 보았느냐?"] 이에 대한 내 입장은 '글쎄다'이다. 예수님 때로부터 약 2천 년 전에 있었던 사람과의 비교에서 예수님의 나이가 30세인지 혹은 50세인지가 중요했을까? 어찌됐든, 나는 예수님이 삼십삼 세에 십자가에 달려 죽으셨다고 믿는다.

로 치면 '한 세대 가까운 차이'로 보아도 무리가 없어 보인다.[195] 그렇게 놓고 보면, 예수님께서 당신의 품에 기대어 누운 요한을 예뻐하신 정황이 좀 더 가슴에 와닿는다. 쉽게 말해, 여과 없이(?) 감정을 쉽게 드러내는 '한 세대 가까이 어린 사촌 동생'을 바라보는 예수님의 마음은 어떠했을까? 거기에 더해, 그 동생이 '자신보다 나이가 많은 사람을 잘 따르는 성품'이었다면?

요한은 밤낮없이 예수님 옆에 붙어 있었던 것 같다. **"그런데 바리새인 중에 니고데모라 하는 사람이 있으니** 유대인의 지도자라. 그가 밤에 예수께 와서 이르되, 랍비여 우리가 당신은 하나님께로부터 오신 선생인 줄 아나이다. 하나님이 함께 하시지 아니하시면, 당신이 행하시는 이 표적을 아무도 할 수 없음이니이다."[196] 일례(一例)로, 한밤중에 예수님을 찾아왔던 '니모데모 이야기'는 요한복음에만 기록되어 있다. "아리마대 사람 요셉은 예수의 제자이나 유대인이 두려워 그것을 숨기더니, 이 일 후에 빌라도에게 예수의 시체를 가져가기를 구하매 빌라도가 허락하는지라. 이에 가서 예수의 시체를 가져가니라. **일찍이 예수께 밤에 찾아왔던 니고데모도 몰약과 침향 섞은 것을 백 리트라쯤 가지고 온지라.** 이에 예수의 시체를 가져다가 유대인의 장례 법대로 그 향품과 함께 세마포로 쌌더라."[197] 또한 무덤에 장사 되신 예수님 이야기에 '니고데모'가 했던 일까지 기록한 것은 '요한복음'뿐이다. 다른 복음서에는 '아리마대 사람 요셉'이 준비한 무덤에 예수님이 장사 되셨

---

195 물론 그 시절로 치더라도 '한 세대 차이'라기에는 약간 모자란 감(感)이 있기는 하다. 오랜 기간 동안, 여러 아이들을 출산하던 시절이니 말이다.
196 요한복음 3:1-2
197 요한복음 19:38-40

다는 기록만 있을 뿐이다. 쉽게 말해, 다른 제자들은 이전에 니고데모를 본 적이 없었을 가능성이 높다. 결과적으로, 예수님의 장례를 준비하는 과정에 찾아온 니고데모를 알아본 사람은 요한뿐이었던 것 같다. 바리새인이었던 니고데모가 한밤중에 예수님을 찾아왔다는 것은, 그가 예수님의 '숨은 제자'라는 것을 의미한다. 이것으로 보아, 니고데모가 예수님을 찾아왔을 당시에 예수님의 곁에는 요한만 있었을 가능성이 높다. '자신보다 나이가 많은 사람을 잘 따르는 성품'이 아니고서야, 이러한 일이 가능했을까?

앞에서도 언급했듯이, 불과 '보름 정도 전'에는 엄마를 앞세워 "나의 이 두 아들을 주의 나라에서 하나는 주의 우편에, 하나는 주의 좌편에 앉게 명하소서"라고 했던 요한이었다. 그런 점에서, '요한이 베드로를 무작정 잘 따랐다고 보기에는 무리가 있어 보이지 않냐?'고 할 수 있다. 요한이 '자신보다 나이가 많은 사람을 잘 따르는 성품'이라고 너무 쉽게 단정(斷定)하는 것 아니냐고 할 수도 있다. 그러나 사람이라는 존재는 그렇게 간단한 존재가 아니다. 사람이라는 존재는 그렇게 일관성이 있지 않다. 정신과에서는 이러한 감정을 '양가감정(兩價感情)'이라고 한다. '양가감정'이란, 한 대상에 대해 '상반(相反)되는 두 가지의 감정'이 동시에 나타나는 상태를 의미한다. 인생을 살아보면 알겠지만, 사람이라는 존재는 참으로 모순된 존재다. 특별히 이러한 모순된 감정은 '오랜 시간, 같은 공간을 공유한 대상'에게 발생하는 경향이 있다. 즉, '양가감정'은 낯선 대상에게 발생하는 감정이 아니다.

[16]갈릴리 해변으로 지나가시다가 시몬과 그 형제 안드레가 바다에 그물

던지는 것을 보시니 그들은 어부라 ¹⁷예수께서 이르시되 나를 따라오라 내가 너희로 사람을 낚는 어부가 되게 하리라 하시니 ¹⁸곧 그물을 버려 두고 따르니라 ¹⁹**조금 더 가시다가** 세베대의 아들 야고보와 그 형제 요한을 보시니 그들도 배에 있어 그물을 깁는데 ²⁰곧 부르시니 그 아버지 세베대를 품꾼들과 함께 배에 버려 두고 예수를 따라가니라(마가복음 1:16-20)

마태복음**198**과 마가복음에는 예수님께서 '베드로 안드레 형제와 야고보 요한 형제'를 부르시는 장면이 기록되어 있다. 이 두 형제를 부르시는 장면을 잇는 말은 이러했다. "조금 더 가시다가." 무슨 이야기인가? 이 두 형제는 원래 같은 공간에서 고기를 잡던 사이였다. 즉, 이들은 예수님의 제자로 부르심을 받기 전부터 잘 알던 사이였다는 이야기다. 어쩌면 매일매일 반복되는 작업 후, '서로의 어획량을 비교하던 사이'였을지도 모른다. 하지만 동시에 거친 풍랑과 같은 비상 상황에서는 서로를 지켜주고 도와주던 사이였을 것이다. 그리고 요한 세 번째 단원에서 다루었듯이, 베드로와 달리 요한의 집안은 팔레스타인 지역에서 '이름 있는 수산업자'였다. 즉, 어부로서 요한의 눈에 비친 베드로는 상반된 모습이었을 것이다. 대제사장의 집을 마음

---

198 "¹⁸갈릴리 해변에 다니시다가 두 형제 곧 베드로라 하는 시몬과 그의 형제 안드레가 바다에 그물 던지는 것을 보시니 그들은 어부라 ¹⁹말씀하시되 나를 따라오라 내가 너희를 사람을 낚는 어부가 되게 하리라 하시니 ²⁰그들이 곧 그물을 버려 두고 예수를 따르니라 ²¹**거기서 더 가시다가** 다른 두 형제 곧 세베대의 아들 야고보와 그의 형제 요한이 그의 아버지 세베대와 함께 배에서 그물 깁는 것을 보시고 부르시니 ²²그들이 곧 배와 아버지를 버려 두고 예수를 따르니라" (마태복음 4:18-22).

대로 드나들 수 있을 정도로 '유명한 수산업자 집안의 자제(子弟)'였던 요한이었다. 그러니 요한의 눈에 베드로는 작은 규모의 '생계형 어부' 정도로 보였을 것이다. 평소 별생각이 없을 때는 자신보다 한 단계 아래에 위치 한 사람으로만 보였을 수도 있다. 그러나 언제인가 거친 풍랑과 같이 거스를 수 없는 자연의 힘 앞에 숨이 멎을 것만 같던 순간, 어부로서의 경력이 길었을 베드로는 요한의 눈에 '든든한 어른'으로 각인되었을 가능성이 높다. 즉, 요한의 눈에 베드로는 '자신보다 아래인 동시에 기대고 싶은 어른의 모습'을 모두 가진 그 무엇이 아니었을까?

그러니 요한 첫 번째 단원에서 다루었듯이, 베드로가 '물 위를 걸었을 때' 그리고 "주는 그리스도시요, 살아 계신 하나님의 아들이시니이다"라는 빛나는 신앙 고백을 했을 때' 요한은 묘한 경쟁심에 조바심이 났을 것이다. 자신보다 아래에 있다고 생각했던 사람에게 추월당했다는 느낌은 평정심(平靜心)을 깨는 주범(主犯)이다. 하지만 감정 표현에 있어서 거침이 없는 등, 닮은 지점이 많았던 베드로는 요한에게 있어서 '편한 동시에 든든한 대상'이었던 것으로 보인다.

그리고 이러한 '양가감정'은 베드로의 입장에서도 마찬가지였을 가능성이 있다. '마찬가지였던 것으로 보인다'라고 표현하지 않은 이유는, 성경 한 구절만 보고 단정(斷定)하기 힘들어서다.

¹⁸내가 진실로 진실로 네게 이르노니 네가 젊어서는 스스로 띠 띠고 원하는 곳으로 다녔거니와 늙어서는 네 팔을 벌리리니 남이 네게 띠 띠

우고 원하지 아니하는 곳으로 데려가리라 [19]이 말씀을 하심은 베드로가 어떠한 죽음으로 하나님께 영광을 돌릴 것을 가리키심이러라 이 말씀을 하시고 베드로에게 이르시되 나를 따르라 하시니 [20]베드로가 돌이켜 예수께서 사랑하시는 그 제자가 따르는 것을 보니 그는 만찬석에서 예수의 품에 의지하여 주님 주님을 파는 자가 누구오니이까 묻던 자더라 [21]이에 베드로가 그를 보고 예수께 여짜오되 **주님 이 사람은 어떻게 되겠사옵나이까** [22]예수께서 이르시되 **내가 올 때까지 그를 머물게 하고자 할지라도 네게 무슨 상관이냐 너는 나를 따르라** 하시더라"(요한복음 21:18-22).

"내가 올 때까지 그를 머물게 하고자 할지라도 네게 무슨 상관이냐? 너는 나를 따르라." '요한의 결국'에 대해 묻는 베드로에게 하셨던 예수님의 답이다. 무슨 뜻일까? 어쩌면 요한을 향한 베드로의 이러한 감정에 예수님께서 '이제는 그만할 때가 되지 않았냐?'고 하신 것은 아닐까?

어찌됐든, 내가 '베드로와 요한의 관계'를 이렇게 보는 근거는 이와 같다. 우선 성경에 기록된 사건 중, '요한과 베드로'가 같이 등장하는 장면이 적지 않다. 물론 '마가복음의 실질적인 정보제공자인 베드로'[199]와 '요한복음의 저자인 요한'이니까, 이 둘이 많이 등장하는 것이 아니냐고 할 수도 있다. 하지만 그것이 전부일까? 그렇게만 해석하기에는 이 둘만의 '에피소드

---

[199] 신학자들이 '마가복음'을 '베드로복음'이라고 부르는 이유에 대해서는 이전에 설명했었다.

(episode)'가 너무 많다.

우선 최후의 만찬 때, 제자 중 하나가 당신을 팔 것이라는 예수님의 말씀에 베드로와 요한은 서로 머릿짓으로 소통했다.[200] 즉, 베드로와 요한은 평소 대화가 뜸한 사이가 아니었다. 그리고 겟세마네 동산에서 모든 제자가 예수님을 버리고 도망간 뒤에, 대제사장의 집에 따라간 제자는 베드로와 요한 둘뿐이었다. 물론 이 둘 또한 처음에는 정신없이 그 자리를 피해 도망 나오기는 했다.[201] 하지만 어느 정도 정신을 차린 뒤, 멀리서나마 대제사장 집으로 압송당하시는 예수님을 따라간 제자는 이들 둘뿐이었다.[202] 즉, 이들 둘은 목숨의 위협을 받는 급박한 상황에서 함께 했다. 그 긴박한 상황에서 요한의 곁에는 그의 '친형인 야고보'가 아니라 '베드로'가 함께 했다. 물론 베드로의 곁에 요한이 함께한 것일 수도 있지만 말이다. 그렇게 중요한 시기에 '베드로와 요한'은 함께였다. 즉, 요한에게 있어 베드로의 존재는 '경쟁심

---

[200] "²¹예수께서 이 말씀을 하시고 심령이 괴로워 증언하여 이르시되 내가 진실로 진실로 너희에게 이르노니 너희 중 하나가 나를 팔리라 하시니 ²²제자들이 서로 보며 누구에게 대하여 말씀하시는지 의심하더라 ²³예수의 제자 중 하나 곧 그가 사랑하시는 자가 예수의 품에 의지하여 누웠는지라 ²⁴시몬 베드로가 머릿짓을 하여 말하되 말씀하신 자가 누구인지 말하라 하니 ²⁵그가 예수의 가슴에 그대로 의지하여 말하되 주여 누구니이까"(요한복음 13:21-25).

[201] "그러나 이렇게 된 것은 다 선지자들의 글을 이루려 함이니라 하시더라 **이에 제자들이 다 예수를 버리고 도망하니라**"(마태복음 26:56).

[202] "¹⁵**시몬 베드로와 또 다른 제자 한 사람이 예수를 따르니** 이 제자는 대제사장과 아는 사람이라 예수와 함께 대제사장의 집 뜰에 들어가고 ¹⁶베드로는 문 밖에 서 있는지라 대제사장을 아는 그 다른 제자가 나가서 문 지키는 여자에게 말하여 베드로를 데리고 들어오니 ¹⁷문 지키는 **여종이 베드로에게 말하되 너도 이 사람의 제자 중 하나가 아니냐 하니 그가 말하되 나는 아니라 하고**"(요한복음 18:15-17).: 대제사장의 집 문을 지키는 여종의 말을 통해, **우리는 이 여종이 '요한을 예수님의 제자'로 분명히 인식하고 있다는 사실을 알 수 있다.** "문 지키는 여종이 베드로에게 말하되, 너도 이 사람의 제자 중 하나가 아니냐?" '너도'라는 의미는 '요한과 마찬가지로'를 의미한다.

을 유발하기는 하지만 동시에 기대고 싶은 어른의 모습'을 가진 그 무엇이었을 것이다.

그뿐이 아니다. 이번 단원 초반에서 다루었듯이, '막달라 마리아'에게 예수님의 부활 소식을 들었을 때, 이들 둘만 함께 뛰기 시작했다. 쉽게 말해, 예수님께서 무덤에 계실 때 이들 둘은 함께 있었다. 물론 제자 열둘이 함께 있었지만, 이들 둘만 뛴 것이 아니냐고 할 수도 있다. 그랬을 가능성도 있다. 그러나 그렇다 하더라도, 우리가 알 수 있는 사실은 이것이다. 평소 요한과 베드로는 소위(所謂) '한 세트(set)'로 움직이는 사이였다. "무덤에 들어가서 흰 옷을 입은 한 청년이(천사) 우편에 앉은 것을 보고 놀라매, 청년이 이르되 놀라지 말라. 너희가 십자가에 못 박히신 나사렛 예수를 찾는구나. 그가 살아나셨고 여기 계시지 아니하니라. 보라, 그를 두었던 곳이니라. **가서 그의 제자들과 베드로에게 이르기를** 예수께서 너희보다 먼저 갈릴리로 가시나니 전에 너희에게 말씀하신 대로 너희가 거기서 뵈오리라 하라 하는지라."[203] 천사가 '막달라 마리아'에게 전하라고 했던 대상은 "그의 제자들과 베드로에게"였다. 그러니 천사가 예수님의 부활을 전하라고 했던 대상의 대표는 베드로였다. 그렇게 대표로 소식을 들은 베드로가 뛰기 시작할 때 요한이 그와 함께했다.

그리고 예수님께서 부활하신 후 '세 번째로 제자들에게 나타나신 때'[204]

---

[203] 마가복음 16:5-7
[204] "이것은 예수께서 죽은 자 가운데서 살아나신 후에 세 번째로 제자들에게 나타나신 것이라"(요한복음 21:14).

에도 베드로와 요한은 함께 있었다. 그들이 삼 년 전에 예수님께 '사람 낚는 어부'로 부름심을 받았던 갈릴리 호숫가에서 있었던 일이다.[205] 물론 이때 베드로와 함께했던 제자들은 '베드로를 포함해서 모두 일곱 명'이었다.[206] 그렇게 바닷가에 서신 예수님을 가장 먼저 알아본 요한이 베드로에게 "주님이시라"고 하자마자 베드로는 물로 뛰어들었다. 즉, 물고기를 잡으러 배에 오른 일곱 제자 가운데 이 둘은 반대편이 아니라 바로 곁에 있었다.[207]

아마도 이러한 둘의 관계는 열두 제자들뿐 아니라 예수님도 알고 계셨던 것 같다. **"예수께서 베드로와 요한을 보내시며 이르시되** 가서 우리를 위하여 유월절을 준비하여 우리로 먹게 하라."[208] 이 부분은 주의 깊게 성경을 읽어본 성도들도 잘 모르는 사실일 것이다. 최후의 만찬은 예수님의 지시에 따라 '베드로와 요한' 둘이 준비했다.

이렇듯 예수님의 공생애 내내 붙어 다녔던 베드로와 요한은 예수님의 승천 이후에도 함께였다. 오순절 성령 강림 후, 나면서 못 걷게 된 사람을 일

---

[205] "그 후에 예수께서 디베랴 호수에서 또 제자들에게 자기를 나타내셨으니 나타내신 일은 이러하니라"(요한복음 21:1): '디베랴 호수'는 '갈릴리 호수'의 다른 이름이다.
[206] "시몬 베드로와 디두모라 하는 도마와 갈릴리 가나 사람 나다나엘과 세베대의 아들들과 또 다른 제자 둘이 함께 있더니"(요한복음 21:2).
[207] "³시몬 베드로가 나는 물고기 잡으러 가노라 하니 그들이 우리도 함께 가겠다 하고 나가서 배에 올랐으나 그날 밤에 아무 것도 잡지 못하였더니 ⁴날이 새어갈 때에 예수께서 바닷가에 서셨으나 제자들이 예수이신 줄 알지 못하는지라 ⁵예수께서 이르시되 얘들아 너희에게 고기가 있느냐 대답하되 없나이다 ⁶이르시되 그물을 배 오른편에 던지라 그리하면 잡으리라 하시니 이에 던졌더니 물고기가 많아 그물을 들 수 없더라 ⁷**예수께서 사랑하시는 그 제자가 베드로에게 이르되 주님이시라** 하니 시몬 베드로가 벗고 있다가 주님이라 하는 말을 듣고 겉옷을 두른 후에 바다로 뛰어 내리더라"(요한복음 21:3-7).
[208] 누가복음 22:8

으키며 했던 베드로의 유명한 말을 기억할 것이다. "은과 금은 내게 없거니와, 내게 있는 이것을 네게 주노니 나사렛 예수 그리스도의 이름으로 일어나 걸으라." 베드로가 이 말을 선포했을 때, 그의 곁에는 요한이 있었다.[209] '제 구 시 기도 시간'에 '베드로와 요한' 둘이 성전에 올라가다가 있었던 일이었다. 즉, '오순절 성령 강림' 이후에도 이 둘은 매일 함께 성전에 올라가 기도했다.

이 일의 여파로 체포된 '베드로'가 공회에서 예수님을 증언할 때도 요한이 함께했다. "그들이 **베드로와 요한이 담대하게 말함을 보고**, 그들을 본래 학문 없는 범인으로 알았다가 이상히 여기며, 또 전에 예수와 함께 있던 줄도 알고, 또 병 나은 사람이 그들과 함께 서 있는 것을 보고 비난할 말이 없는지라. … 그들을 불러 경고하여 도무지 예수의 이름으로 말하지도 말고 가르치지도 말라 하니, **베드로와 요한이 대답하여 이르되** 하나님 앞에서 너희의 말을 듣는 것이 하나님의 말씀을 듣는 것보다 옳은가 판단하라. 우리는 보고 들은 것을 말하지 아니할 수 없다 하니."[210]

스데반 집사의 순교로 흩어진 사람 중, 빌립에 의해 사마리아에 복음이

---

[209] "'제 구 시 기도 시간에 베드로와 요한이 성전에 올라갈새 ²나면서 못 걷게 된 이를 사람들이 메고 오니 이는 성전에 들어가는 사람들에게 구걸하기 위하여 날마다 미문이라는 성전 문에 두는 자라 ³그가 베드로와 요한이 성전에 들어가려 함을 보고 구걸하거늘 ⁴베드로가 요한과 더불어 주목하여 이르되 우리를 보라 하니 ⁵그가 그들에게서 무엇을 얻을까 하여 바라보거늘 ⁶베드로가 이르되 **은과 금은 내게 없거니와 내게 있는 이것을 네게 주노니 나사렛 예수 그리스도의 이름으로 일어나 걸으라** 하고 ⁷오른손을 잡아 일으키니 발과 발목이 곧 힘을 얻고 ⁸뛰어 서서 걸으며 그들과 함께 성전으로 들어가면서 걷기도 하고 뛰기도 하며 하나님을 찬송하니 ⁹모든 백성이 그 걷는 것과 하나님을 찬송함을 보고 ¹⁰그가 본래 성전 미문에 앉아 구걸하던 사람인 줄 알고 그에게 일어난 일로 인하여 심히 놀랍게 여기며 놀라니라"(사도행전 3:1-10).

[210] 사도행전 4:13-14, 18-20

전해졌다는 소식이 전해졌을 때도 마찬가지였다. 이때, 예루살렘 교회에서 사마리아에 파송한 사도가 바로 '베드로와 요한'이었다.²¹¹ 즉, '베드로와 요한'은 예수님과 초대교회가 인정하는 단짝이었다. **이것이 바로 내가 요한을 향해 "자신보다 나이가 많은 사람을 잘 따르는 성품의 소유자"라고 하는 근거다.**

물론, 이러한 나의 관점에 대해 "너무 성급한 일반화가 아니냐?"라는 반박이 있을 수 있다. 그러나 이런 반박에 대해서 내 생각은 좀 다르다. 내가 아는 하나님은 당신의 사람을 쓰실 때 '그 일에 필요한 성품과 재능'을 함께 주시는 분이시다. 물론 '자만하지 말라는 의미'에서, '우리 눈에는' 꼭 필요한 성품과 재능 중 일부를 꺾어놓으시기도 하신다. 그러나 전반적인 흐름에서 볼 때 **'하나님은 직분과 함께 능력을 주시는 분'**이시다.

이 사람 모세는 온유함이 지면의 모든 사람보다 더하더라(민수기 12:3)

모세에 대한 하나님의 평가다. 얼핏 가볍게 볼 때, 모세의 온유함은 '부드

---

211 "'그 흩어진 사람들이 두루 다니며 복음의 말씀을 전할새 ⁵빌립이 사마리아 성에 내려가 그리스도를 백성에게 전파하니 ⁶무리가 빌립의 말도 듣고 행하는 표적도 보고 한마음으로 그가 하는 말을 따르더라 … ¹²빌립이 하나님 나라와 및 예수 그리스도의 이름에 관하여 전도함을 그들이 믿고 남녀가 다 세례를 받으니 ¹³시몬도 믿고 세례를 받은 후에 전심으로 빌립을 따라다니며 그 나타나는 표적과 큰 능력을 보고 놀라니라 ¹⁴예루살렘에 있는 사도들이 사마리아도 하나님의 말씀을 받았다 함을 듣고 베드로와 요한을 보내매 ¹⁵그들이 내려가서 그들을 위하여 성령 받기를 기도하니 ¹⁶이는 아직 한 사람에게도 성령 내리신 일이 없고 오직 주 예수의 이름으로 세례만 받을 뿐이더라 ¹⁷이에 두 사도가 그들에게 안수하매 성령을 받는지라"(사도행전 8:4-6, 12-17).

러움 혹은 자기를 낮추는 겸손한 태도'로만 읽힐 수 있다. 더군다나 민수기 12장 3절 말씀은 그의 누이와 형인 미리암과 아론이 모세를 비방했다는 기사에 이어서 나오는 평가다.[212] 그런 점에서, 우리는 성경에 나오는 '온유함'을 '겸손 정도로 이해하는 경향'이 있다. 그러나 성경에서 말하는 '온유함'은 '부드러움 혹은 자기를 낮추는 겸손한 태도'만을 의미하지 않는다. 성경에서 말하는 '온유함'은 '내면에서 솟구치는 강력한 힘이 훈련을 통해 통제되는 상태'를 의미한다. 쉽게 말해 그의 본성(本性)은 '야성(野性)과 강력한 힘'을 가지고 있지만, 그의 '야성과 강력한 힘'이 연단을 통해 하나님의 도구로 사용될 때, 그것을 '온유함'이라고 칭(稱)한다.

즉, "이 사람 모세는 온유함이 지면의 모든 사람보다 더하더라"는 성경의 평가는 겉으로 보이는 '모세의 부드러움 혹은 자기를 낮추는 겸손한 태도'만을 의미하지 않는다. 우리는 '미디안 광야'에서 40년간 연단 받기 전의 모세의 모습을 기억해야 한다.

> [11] 모세가 장성한 후에 한번은 자기 형제들에게 나가서 그들이 고되게 노동하는 것을 보더니 어떤 애굽 사람이 한 히브리 사람 곧 자기 형제를 치는 것을 본지라 **[12] 좌우를 살펴 사람이 없음을 보고 그 애굽 사람을 쳐 죽여 모래 속에 감추니라** … [15] 바로가 이 일을 듣고 모세를 죽이고자 하여 찾는지라 모세가 바로의 낯을 피하여 미디안 땅에 머물며 하루는 우

---

[212] "모세가 구스 여자를 취하였더니 그 구스 여자를 취하였으므로 **미리암과 아론이 모세를 비방하니라** [2] 그들이 이르되 여호와께서 모세와만 말씀하셨느냐 우리와도 말씀하지 아니하셨느냐 하매 여호와께서 이 말을 들으셨더라"(민수기 12:1-2).

물 곁에 앉았더라 ¹⁶미디안 제사장에게 일곱 딸이 있었더니 그들이 와서 물을 길어 구유에 채우고 그들의 아버지의 양 떼에게 먹이려 하는데 **¹⁷목자들이 와서 그들을 쫓는지라 모세가 일어나 그들을 도와 그 양 떼에게 먹이니라**(출애굽기 2:11-12, 15-17)

애굽의 궁정에서 자란 모세가 '미디안 광야'로 쫓겨나기 전, 그는 자신의 동족인 히브리 사람을 학대하는 애굽 사람을 맨손으로 쳐 죽였었다. 그렇게 바로의 낯을 피해 도망간 미디안 땅에서 훗날 그의 아내가 될 십보라와 그의 자매들을 도와 양떼에게 물을 먹였다. 도망자의 신세로 여러 날 제대로 먹지도 마시지도 자지도 못한 상태에서 있었던 일이다. 그렇게 열악한 상태에서 십보라와 그의 자매들을 쫓는 목자들을 혼자 제압한 뒤에 했던 행동이었다. 어떻게 이러한 일이 가능했을까?

알려진 바에 따르면, 바로의 딸의 아들로 자란 모세는 '군권(軍權)을 가진 장군'이었다고 한다. 이러한 사실은 애굽 감독관을 쳐 죽인 모세를 '바로가 죽이려 한 이유'를 이해하게 한다. 왕정 국가였다. 그런데 왕정 국가의 왕자가 하급 관리 한 명을 쳐 죽인 것이 과연 죽을 일이었을까? 물론 지금의 기준으로 보면 심각한 문제가 맞다. 하지만 왕정 국가에서 그 정도의 일은 식사 자리에서 바로에게 "너는? … 그 성질 좀 죽여라." 정도의 핀잔이 최고 수준의 질책 아니었을까? 그런데 바로는 이 일을 듣고 모세를 죽이려 했다. 그렇게 바로가 모세를 찾은 이유는 이러했다고 전해진다. 아마도 모세가 '애굽 혈통'이었다면 문제 될 일이 아니었다. 모세가 '실질적인 군사력을 가진 장군'이 아니었다면 문제 될 일이 아니었을 것이다. 하지만 모세라는 이름에서도 알 수 있듯이[213], 사람들은 모두 그가 '히브리 혈통'이라는 사실을 알고 있었다. 쉽게 말해, 애굽 정권의 입장에서 '애굽 혈통'이 아닌 모세가 군사력을 가지고 있다는 사실이 불편했던 것 같다. 당연히 불안했을 것이다. 결정적인 순간에 '그가 히브리 민족의 편을 든다면 어찌할 것인가?'라는 생각이 바로의 머리를 떠나지 않았던 것 같다. 그런데 결정적인 순간에 '그가 히브리 민족의 편을 들 것이라는 증거'가 잡힌 셈이었다. 그러니 그 일을 들은 바로가 모세를 죽이려 찾은 것은 당연한 일이었다.

"**이 사람 모세는 온유함이 지면의 모든 사람보다 더하더라.**" 바로 그러한 배경을 가진 모세에 대한 성경의 평가다. 무슨 의미일까? 모세가 그 정도 성품과 능력이 되지 않았다면, 과연 여자와 아이까지 포함하여 이삼백만 명 정도나 되는 이스라엘 족속을 이끌고 광야로 나설 수 있었을까?[214] 어림도 없는 소리다. **하나님은 모세 정도의 성품과 능력을 주지 않고 그런 일을 시키시는 분이 아니시다.** 즉, 모세는 '하나님께서 주신 타고난 성품'과 '하나님의 섭리로 받게 된 애굽에서의 교육'을 통해 준비된 종이었다. 그리고 그렇게 준비된 성품과 능력이 '주인이신 하나님의 도구로 사용될 수 있도록 하는 연단'이 바로 '미디안 광야 40년'을 통해 완성되었던 것이다. 즉, 모

---

[213] "⁵바로의 딸이 목욕하러 나일 강으로 내려오고 시녀들은 나일 강 가를 거닐 때에 그가 갈대 사이의 상자를 보고 시녀를 보내어 가져다가 ⁶열고 그 아기를 보니 아기가 우는지라 그가 그를 불쌍히 여겨 이르되 **이는 히브리 사람의 아기로다** … ¹⁰그 아기가 자라매 바로의 딸에게로 데려가니 그가 그의 아들이 되니라 **그가 그의 이름을 모세라 하여 이르되 이는 내가 그를 물에서 건져내었음이라 하였더라**"(출애굽기 2:5-6, 10).

[214] "³⁷이스라엘 자손이 라암셋을 떠나서 숙곳에 이르니 유아 외에 보행하는 **장정이 육십만 가량**이요 ³⁸수많은 잡족과 양과 소와 심히 많은 가축이 그들과 함께 하였으며"(출애굽기 12:37-38).

세의 '내면에서 솟구치는 강력한 힘이 미디안 광야 40년 훈련을 통해 통제되는 상태'가 된 뒤에야 하나님께서는 그를 보내셨다. "이제 가라. 이스라엘 자손의 부르짖음이 내게 달하고, 애굽 사람이 그들을 괴롭히는 학대도 내가 보았으니, 이제 내가 너를 바로에게 보내어 너에게 내 백성 이스라엘 자손을 애굽에서 인도하여 내게 하리라."[215]

같은 맥락에서, 내가 요한을 향해 **"자신보다 나이가 많은 사람을 잘 따르는 성품의 소유자"**라고 보는 이유는 '예수님의 육신의 어머니인 마리아'와 연관이 있다.

> [25]예수의 십자가 곁에는 **그 어머니와 이모와** 글로바의 아내 마리아와 막달라 마리아가 섰는지라 [26]예수께서 자기의 어머니와 사랑하시는 제자가 곁에 서 있는 것을 보시고 자기 어머니께 말씀하시되 **여자여 보소서 아들이니이다** 하시고 [27]또 그 제자에게 이르시되 **보라 네 어머니라** 하신대 **그때부터 그 제자가 자기 집에 모시니라**(요한복음 19:25-27)

요한 두 번째 단원에서 자세히 다루었듯이, 예수님의 십자가 이후 요한이 마리아를 모셨다. 물론 '예수님의 열두 제자 중 십자가 곁에 있었던 제자가 요한밖에 없지 않았냐?'고 할 수도 있다. 하지만 예수님의 십자가 곁에는 '예수님의 이모, 즉, 요한의 어머니' 또한 서 있었다. 더군다나 '요한의 어머

---

[215] 출애굽기 3:9-10

니와 마리아는 자매 관계'로 알려져 있다. 그런데 예수님께서 굳이 아직 어린 요한에게 마리아의 부양(扶養)을 맡긴 이유가 뭘까? 예루살렘에 집을 가지고 있다는 점에서 볼 때, 사실 요한보다는 요한의 어머니가 더 권리가 있지 않았을까? 물론 남성 위주의 사회인 유대 사회에서 아들을 대신할 부양자는 남성이었어야 할 것이다. 남성 위주의 사회인 유대 사회에서 보호자는 당연히 남성이었어야 할 것이다.

그렇다면 비록 십자가 곁에 없었다 하더라도, 왜 야고보가 아닌 요한이었을까? 마리아 입장에서는 똑같은 조카 아니던가? 나는 예수님께서 요한을 마리아의 부양자로 선택한 배경에는 **"자신보다 나이가 많은 사람을 잘 따르는 요한의 성품"** 또한 작용했으리라 본다. 물론 야고보는 요한과 마찬가지로 자신의 감정을 여과 없이 드러내는 감성적인 성품의 소유자였을 것이다.[216] 즉, 자신의 감정에 솔직한 성품의 소유자였을 것이다. 그러나 야고보는 요한과 달리 '나이가 많은 사람을 잘 따르거나 다정다감(多情多感)한 성품의 소유자'는 아니었던 것 같다. 이러한 사실은 예수님께서 '베드로와 야고보 그리고 요한'을 따로 데리시고 가셨던 기사 외에는 야고보의 행적이 나타나지 않는 것으로 어느 정도 예상할 수 있다.

즉, 예수님은 당신이 이 땅을 떠나 하늘 보좌로 올라가신 뒤[217], 육신의 어머니인 마리아를 가장 잘 섬길 수 있는 사람으로 요한을 선택하신 것이

---

[216] "또 세베대의 아들 야고보와 야고보의 형제 요한이니 이 둘에게는 보아너게 곧 우레의 아들이란 이름을 더하셨으며"(마가복음 3:17).
[217] 예수님의 인성(人性)을 따라 그러하다. 성자 하나님이신 예수님은 인성(人性)을 따라서는 이 땅을 떠나 하늘 보좌로 올라가셨으나 신성(神性)을 따라서는 온 땅에 충만하셨다.

다. 내 설교에서 끊임없이 반복했듯이, 성육신(成肉身)하신 이후 '우리와 100퍼센트 동일본질(同一本質)이신 예수님'이셨다. 그러니 당신이 이 땅을 떠나신 뒤, 당신의 어머니를 모실 사람을 선택하시는 예수님의 마음을 따로 설명할 필요는 없으리라 본다. 이것이 바로 내가 요한을 향해 **"자신보다 나이가 많은 사람을 잘 따르는 성품의 소유자"**라고 하는 근거다.

그렇게 놓고 보면, 요한은 **"자신보다 나이가 많은 사람을 잘 따르는 성품의 소유자"**인 동시에 **"무언가를 혼자서 하기보다는 모든 일을 누군가와 함께하는 것을 선호하는 성품"**이었던 것으로 보인다. 쉽게 말해, 요한은 열두 제자 중 한 명이었을 때는 정말 행복했을 것이다. 그냥 형들을 따라다니며, 형들과 함께 형들이 하는 일을 같이하는 것이 익숙했을 것이다. 동시에 그러한 상황이 요한에게 잔잔한 행복감을 주었을 것이다. 식사때마다 예수님의 곁에 앉아 예수님의 품에 기대어 음식을 전달하며 먹는 것이 좋았을 것이다.[218] 그 과정에서, 형들이 하는 이야기를 예수님께 전달하기도 하고 예수님의 말씀을 형들에게 전달하기도 하는 것이 좋았을 것이다. 아마도 이번 단원 초반에 인용했던 무덤에서 있었던 일 또한 요한의 그러한 성품을 보여주는 예일 것이다. 분명히 요한은 베드로보다 먼저 무덤에 도착했다. 그러나 들어가지 않고 무덤 안을 들여다보는 것이 전부였다. 베드로가 도착하고 베드로가 무덤 안에 들어간 뒤에야 무덤에 들어가 무덤 안에 펼쳐진 모습을

---

[218] 이전에도 언급했듯이, 식사 자리에서 예수님의 자리는 최상석(最上席)이었다. 그리고 최상석의 바로 오른편, 요한이 앉은 자리는 말석(末席)이었다. 요한의 자리는 하인이 날라 온 음식을 전달하는 역할을 맡은 사람이 앉는 자리였다.

살펴보는 것이 요한의 일상적인 모습이었다. 오순절 성령 강림 이후에도 요한은 항상 베드로 곁에 있었다. 베드로가 먼저 설교한 뒤에 혹은 베드로가 먼저 예수님을 증언한 뒤에 베드로와 같은 말을 했다. 즉, 요한은 '**무언가를 혼자서 하기보다는 모든 일을 누군가와 함께하는 것을 선호하는 성품**'이었던 것으로 보인다.

그런데 "요한복음, 요한1서, 요한2서, 요한3서, 요한계시록"을 기록할 당시 요한은 혼자였다. 베드로와 바울이 살아 있을 당시 초대교회의 주요한 도전은 '유대주의'였다. 그러나 모두가 순교한 뒤, 요한만 남은 초대교회는 본격적으로 이단과의 싸움을 시작해야 했다. 즉, 요한은 혼자 남게 된 직후 본격적으로 사역 현장에 복귀해야 했다. 그리고 사역 현장에 복귀하자마자 이단과 싸워야 하는 처지에 몰리게 되었다. 이제 요한 단독으로 이단을 상대해야 하는 상황에 내몰리게 된 것이다.

그 상황에서 요한이 자신을 가리켜 했던 말이 바로 이것이었다. "**예수께서 사랑하시는 그 제자.**" 바로 그렇게 "예수께서 사랑하시는 막둥이 제자"의 사역이 본격적으로 시작되었다.

한편 "요한복음과 요한서신"이 요한의 작품이 아니라는 주장이 있다. "나 **요한은** 너희 형제요, 예수의 환난과 나라와 참음에 동참하는 자라. 하나님의 말씀과 예수를 증언하였음으로 말미암아 밧모라 하는 섬에 있었더니."[219]

---

[219] 요한계시록 1:9

아마도 '그러한 주장을 하는 자들'[220]은 할 수만 있다면 '요한계시록' 또한 요한의 작품이 아니라는 주장을 하고 싶었을 것이다. 어쩌면 요한계시록에 나오는 '나 요한은'마저 나중에 누군가 삽입한 것이라고 주장하고 싶었을지도 모른다. 우리는 '학문적'이라는 말로 이러한 헛소리를 하는 자들을 조심해야 한다. '요한복음과 요한서신'이 요한의 작품이 아니라고 주장하는 자들 중 상당수가 인용하는 말은 이것이다. "요한복음은 아이가 헤엄쳐 들어갈 수 있을 만큼 얕으면서도 코끼리가 익사할 만큼 깊다." 이 말은 '불트만(Rudolf Karl Bultmann)'[221]의 제자인 '에른스트 케제만(Ernst Käsemann)'이 했다고 전해진다.

> [13]그들이 베드로와 요한이 담대하게 말함을 보고 **그들을 본래 학문 없는 범인으로 알았다가** 이상히 여기며 또 전에 예수와 함께 있던 줄도 알고 [14]또 병 나은 사람이 그들과 함께 서 있는 것을 보고 비난할 말이 없는지라(사도행전 4:13-14)

그들이 '요한복음과 요한서신'을 요한의 작품이 아니라고 주장하는 이유는 바로 이것이다. "그들이 베드로와 요한이 담대하게 말함을 보고 **그들을**

---

[220] '신학자들'이라고 하지 않고 '자들'이라고 한 것은 의도적인 표현이다.
[221] '루돌프 불트만': 신학을 전공하지 않은 일반 성도들의 입장에서 알 필요가 없는 인간이다. 이 자가 주장했던 '성경의 비신화화(非神話化)'의 대표적인 예로는 '예수님의 동정녀 탄생 부정' 그리고 이번 요한 설교에서 예로 들었던 '예수님께서 물 위를 걸어오신 사건 부정' 등을 들 수 있다. 이 두 가지 예를 통해서도, 이 자가 주장하는 '성경의 비신화화(非神話化)'가 무엇을 의미하는지 가늠할 수 있을 것이다.

본래 학문 없는 범인으로 알았다가 이상히 여기며." 이때 '베드로와 요한을 본래 학문 없는 범인(凡人, 평범한 사람)으로 알았다'는 표현은 베드로와 요한이 소위(所謂) '서기관 학교' 출신이 아니라는 이야기다. 유대인의 교육 과정에 대해서는 내 다섯 번째 책『하나님은 사람을 고쳐서 쓰신다-마태, 마가』에서 자세히 설명한 적이 있다. 쉽게 말해, 베드로와 요한은 유대인 중 극소수만 진학하는 '랍비가 되기 위한 교육'을 받은 적이 없다는 이야기다. 당연한 이야기다. 베드로와 요한은 어부 출신이었다. 유대인들에게 있어서 이것이 의미하는 것은 분명했다. 베드로와 요한은 초등교육만 마친 뒤 90% 이상의 유대인 아이들이 그러했듯이 '생업(生業)을 위한 직업교육'을 받았다. 이때 이 둘이 받은 '생업을 위한 직업교육'은 당연히 '어부로서 필요한 지식'이었을 것이다.

즉, '요한복음과 요한서신'이 요한의 작품이 아니라고 주장하는 자들은 이 부분을 파고든다. 쉽게 말해, '랍비가 되기 위한 교육'을 받은 적이 없는 요한이 어떻게 '신학적으로 그토록 깊은 수준의 글'을 쓸 수 있냐는 것이다. "요한복음은 아이가 헤엄쳐 들어갈 수 있을 만큼 얕으면서도 코끼리가 익사할 만큼 깊다." 이 말을 한 자가 문제여서 그렇지, 요한복음에 대한 이와 같은 평가는 사실이다. 공관복음(共觀福音)을 보완할 뿐 아니라, 예수님의 신성(神性)에 대해 깊이 있게 증언하는 요한복음은 하나님께서 우리에게 주신 선물 중에 걸작(傑作)이다. 그 결과, 누구나 쉽게 이해할 수 있게 쓰여진 요한복음은 교회 역사상 가장 많은 회심자를 배출한 복음서가 되었다. 동시에 어느 신학자도 감히 요한복음을 다 이해했다고 말할 수 없을 만큼의 깊이를 가지고 있다. 요한계시록 또한 마찬가지다. 요한계시록이 우리에게 어려운 이유는 요한계시록에 나오는 표현이 전부 구약성경과 연결되어 있기 때문이다. 즉, 구약을 모르는 사람에게 요한계시록은 암호로 보일 수밖에 없다. 쉽게 말해, 구약성경을 자유자재로 인용할 수 있는 실력이 없고서는 절대 요한계시록과 같은 작품을 쓸 수 없다. 그러니 요한은 구약에 아주 밝은 식견(識見)이 있었음에 틀림없다.

그렇다면, 유대인의 영재교육인 '서기관 학교'를 다닌 적이 없는 요한은 어디에서 언제 이러한 지식을 배울 수 있었을까? 우리는 그 답을 요한복음에서 찾을 수 있다.

> ¹⁵시몬 베드로와 또 다른 제자 한 사람이 예수를 따르니 **이 제자는 대제사장과 아는 사람이라 예수와 함께 대제사장의 집 뜰에 들어가고** ¹⁶베드로는 문 밖에 서 있는지라 대제사장을 아는 그 다른 제자가 나가서 문 지키는 여자에게 말하여 베드로를 데리고 들어오니 ¹⁷문 지키는 여종이 베드로에게 말하되 너도 이 사람의 제자 중 하나가 아니냐 하니 그가 말하되 나는 아니라 하고(요한복음 18:15-17)

앞에서도 여러 번 언급했듯이, 요한은 대제사장의 집을 마음대로 드나들 수 있을 정도로 '유명한 수산업자 집안의 자제(子弟)'였다. 요한은 갈릴리에서 물고기를 잡는 것뿐 아니라, 예루살렘에 있던 매장을 관리하는 훈련 또한 받았다고 전해진다. 쉽게 말해, 예수님의 부르심을 받기 전부터 요한은 갈릴리와 예루살렘을 오가며 '가업(家業)을 물려받는 교육'을 받고 있었다.

앞에 언급한 '유명한 수산업자 집안'이라는 말에서 알 수 있듯이, 요한의 집안은 '일종의 상단(商團)'²²²이었다. 역사책 혹은 드라마(drama)에서 간접적으로나마 '상단'이 어떻게 운영되는지 접해본 적이 있을 것이다. 말 그대로 '상단'은 '그 시대, 그 지역의 정보'가 집중되는 곳이었다. 이러한 현상은 그 시절뿐이 아니다. 21세기에도 '정부의 정보기관' 못지않은 정보가 집중되는 곳은 '기업'이다. 지금도 이 시대의 첨단기술이 집중되는 곳은 '기업'이다. 어느 누구도 '기업이 가진 기술'이 '대학'만 못하다고 할 수 없을 것이다. 더군다나 요한의 집안이 상대하는 대상은 '유대인'이었다. "이 제자는 대제사장과 아는 사람이라." 그렇다면 요한에게 있어서 '가업(家業)을 물려받는 교육'의 기본은 무엇이었을까? 당연히 요한에게는 어린 시절부터 유대인의 영재교육기관인 '서기관 학교'에서 가르치는 내용 못지않은 수준의 교육이 집중되었을 것이다.

물론 처음에는 복음(福音)을 위해 배운 내용이 아니었다. 하지만 이러한 예는 요한뿐이 아니다. 모세는 '애굽의 왕궁'에서 자랐다. 바울은 '유대교 신학자'로서 배운 지식 때문에 '초대교회'를 핍박했었다. 그러나 하나님에게 잡힌 뒤에는 그 배움이 모두 '하나님 나라'를 위해 사용되었다. '눈덩이 효과'에 대해 들어본 적이 있을 것이다. '작은 규모의 초기 현상이나 사건'이 시간이 갈수록 점점 더 커져서 '결국에는 큰 영향력을 갖게 되는 상황'을 의미한다는 것을 알 것이다. 그렇게 처음에는 가업(家業)을 위해 배운 지식이었을 것이다. 그러나 예수님께 부름 받은 뒤에 요한은 예수님 가장 가까이서 많

---

222 비록 취급하는 품목이 '수산물'로 제한된다 해도

은 것을 보고 들을 수 있었다. 앞에서 예로 들었던 '니고데모 이야기'에서도 알 수 있듯이 밤낮이 없는 교육 과정이었을 것이다. 그리고 예수님의 십자가 후에 모시게 된 마리아로부터 다른 사도들은 들은 적이 없었던 많은 이야기를 들을 수 있었을 것이다. 특별히 예수님의 어린 시절에 대한 많은 이야기를 들을 수 있었을 것이다. 요한복음을 기록할 당시는 그렇게 보낸 세월이 이미 반세기를 넘긴 후였다. 요한계시록은 에베소에서 사역을 시작한 지 20년이 넘은 때에 기록되었다. 당연히 요한은 공부에 재능이 없어서 영재교육인 '서기관 학교'에 진학하지 않은 것이 아닐 것이다.

그러니 요한복음을 기록할 당시 요한은 '근현대(近現代)에 들어 헛소리를 하는 자칭(自稱) 신학자들'과는 비교도 할 수 없는 깊이와 수준을 갖추고 있었다. 또한 요한은 '구약뿐 아니라 삶과 인생에 대한 깊이'가 절정에 이르렀을 때 밧모섬에서 계시를 받았다. 그렇게 해서 기록된 책이 바로 "역사의 종말에 결국 교회가 승리한다"는 '요한계시록'이다. 그 결과, 우리는 '요한의 전 생애를 통한 수고'가 모여 기록된 '요한복음과 요한서신 그리고 요한계시록'을 통해 요한이 그분의 품에 안겨서 들었던 '예수님의 숨결'을 바로 오늘 느낄 수 있다. 이 모든 것은 '예수님께서 사랑하신 그 제자'가 온 생애로 응답한 '사랑의 수고'가 모여 맺어진 '사랑의 열매'였다. 그렇게 '사랑의 수고'로 쓰여진 '사랑의 복음'이 완성되었다.